Herausforderungen im Führungsalltag

Gudrun Happich

# Herausforderungen im Führungsalltag

24 Führungsthemen für den Weg ins Topmanagement

1. Auflage

Haufe Group
Freiburg · München · Stuttgart

Die erste Auflage erschien unter dem Titel »Ärmel hoch! - Die 20 schwierigsten Führungsthemen und wie Top-Führungskräfte sie anpacken« bei Orell Füssli, 2011.

**Bibliografische Information der Deutschen Nationalbibliothek**

Die Deutsche Nationalbibliothek verzeichnet diese Publikation in der Deutschen Nationalbibliografie; detaillierte bibliografische Daten sind im Internet über http://dnb.dnb.de/ abrufbar.

**Print:** ISBN 978-3-648-14273-8  Bestell-Nr. 10560-0001
**ePub:** ISBN 978-3-648-14274-5  Bestell-Nr. 10560-0100
**ePDF:** ISBN 978-3-648-14275-2  Bestell-Nr. 10560-0150

Gudrun Happich
**Herausforderungen im Führungsalltag**
1. Auflage, Januar 2021

© 2021 Haufe-Lexware GmbH & Co. KG, Freiburg
www.haufe.de
info@haufe.de

Bildnachweis (Cover): © Mariia, Adobe Stock

Produktmanagement: Rathgeber, Anne

Dieses Werk einschließlich aller seiner Teile ist urheberrechtlich geschützt. Alle Rechte, insbesondere die der Vervielfältigung, des auszugsweisen Nachdrucks, der Übersetzung und der Einspeicherung und Verarbeitung in elektronischen Systemen, vorbehalten. Alle Angaben/ Daten nach bestem Wissen, jedoch ohne Gewähr für Vollständigkeit und Richtigkeit.

# Inhaltsverzeichnis

| | | |
|---|---|---:|
| Stimmen zum Buch | | 11 |
| Vorwort zur komplett überarbeiteten und ergänzten Auflage | | 13 |
| Einführung | | 17 |
| **Teil I:** | **Führung der Mitarbeiter** | 21 |
| **1** | **So finden Sie Ihre Rolle als Führungskraft** | 23 |
| 1.1 | Verschaffen Sie sich ein Bild von der neuen Position | 26 |
| 1.2 | Bereiten Sie sich auf die Veränderung vor | 28 |
| 1.2.1 | Nutzen Sie interne und externe Unterstützung | 28 |
| 1.2.2 | Stellen Sie einen »Businessplan« auf | 29 |
| 1.2.3 | Planen Sie den Antrittstag | 30 |
| 1.2.4 | Meistern Sie die ersten 100 Tage | 30 |
| 1.2.5 | Gestern Mitarbeiter – heute Führungskraft | 31 |
| 1.3 | Zusammenfassung | 34 |
| **2** | **So bauen Sie eine leistungsfähige Mannschaft auf** | 37 |
| 2.1 | In sieben Schritten zum leistungsfähigen Team | 37 |
| 2.1.1 | Schritt 1: Bereiten Sie sich auf Ihre Gruppe vor | 39 |
| 2.1.2 | Schritt 2: Klären Sie Rahmenbedingungen und Ziele | 40 |
| 2.1.3 | Schritt 3: Gewinnen Sie Ihre Mitarbeiter | 41 |
| 2.1.4 | Schritt 4: Vermitteln Sie Strategie und Ziele | 42 |
| 2.1.5 | Schritt 5: Legen Sie Erwartungen und Spielregeln fest | 43 |
| 2.1.6 | Schritt 6: Treffen Sie Zielvereinbarungen | 45 |
| 2.1.7 | Schritt 7: Schaffen Sie Vernetzungen – also Beziehungen und Austausch untereinander | 46 |
| 2.2 | Wie Sie das Team zusammenhalten | 48 |
| 2.2.1 | Umgang mit Widerstand: Ist es ein fauler Apfel? | 48 |
| 2.2.2 | Kritisieren ohne zu demotivieren | 49 |
| 2.2.3 | High Performer: Ziehen lassen statt festhalten | 51 |
| 2.3 | Zusammenfassung | 52 |
| **3** | **Delegieren Sie!** | 55 |
| 3.1 | Führungskraft statt Experte: Wechseln Sie die Perspektive | 55 |
| 3.2 | Loslassen und vertrauen | 56 |
| 3.3 | Strategie: Wie Sie richtig delegieren | 58 |
| 3.4 | Zusammenfassung | 60 |

## 4 So führen Sie in Veränderungsprozessen ... 63
- 4.1 Veränderung: Eine Ausnahmesituation für das ganze Team ... 63
- 4.2 Die Veränderungssituation managen ... 65
  - 4.2.1 Regel 1: Kämpfen Sie nicht gegen das Unvermeidliche an ... 65
  - 4.2.2 Regel 2: Holen Sie alle erreichbaren Informationen ein ... 66
  - 4.2.3 Regel 3: Identifizieren Sie die Chancen und Potenziale der Veränderung ... 66
  - 4.2.4 Regel 4: Kommunizieren Sie offen mit Ihren Mitarbeitern ... 66
  - 4.2.5 Regel 5: Spielen Sie mögliche Szenarien durch ... 67
  - 4.2.6 Regel 6: Halten Sie Ihr Team leistungsfähig ... 68
- 4.3 Wenn die Führungskraft selbst führungslos ist ... 68
- 4.4 Zusammenfassung ... 69

## 5 Wie Sie als Führungskraft noch besser werden ... 71
- 5.1 Gefangen im Regelkreis ... 71
- 5.2 Handeln Sie im Einklang mit Ihrer inneren Überzeugung ... 74
- 5.3 Zusammenfassung ... 75

## 6 So finden Sie Ihren eigenen Führungsstil ... 77
- 6.1 Die schwierige Suche nach dem eigenen Stil ... 78
  - 6.1.1 Kopieren Sie nicht den Führungsstil Ihres Chefs! ... 78
  - 6.1.2 Der Weg zum eigenen Führungsstil ... 80
- 6.2 Wie Ihr Führungsstil sich weiterentwickelt ... 80
- 6.3 Zusammenfassung ... 82

## Teil II: Führung der Vorgesetzten ... 85

## 7 Wie Sie vom Vorgesetzten bekommen, was Sie brauchen ... 87
- 7.1 Strategisches Wirken für Fortgeschrittene: Über die Bande spielen ... 88
- 7.2 Beachten Sie die Hierarchieebene des Vorgesetzten ... 91
- 7.3 Dolmetscher zwischen den Ebenen: Die F2-Führungskraft ... 92
- 7.4 Zusammenfassung ... 93

## 8 So werden Sie und Ihr Team wahrgenommen und anerkannt ... 95
- 8.1 Fordern Sie die Aufmerksamkeit ein! ... 96
- 8.2 Wie Sie Ihren Vorgesetzten zum Feedback bewegen ... 97
- 8.3 Auch Nichtssagen kann ein Lob sein ... 99
- 8.4 Zusammenfassung ... 99

## 9 Bleiben Sie handlungsfähig! ... 101
- 9.1 Situation 1: Die Einmischung ist der Ausnahmefall ... 102
- 9.2 Situation 2: Hinter der Fremdsteuerung steht ein Strukturproblem ... 103

| | | | |
|---|---|---|---|
| 9.3 | | Situation 3: Der Chef mischt sich ständig ein | 104 |
| 9.4 | | Was Sie gegen Fremdsteuerung von oben tun können | 105 |
| 9.5 | | Zusammenfassung | 108 |

## 10 Wie Sie mit nicht erfüllbaren Vorgaben umgehen .... 111

| | | | |
|---|---|---|---|
| 10.1 | | Variante 1: Die schleichende Überforderung | 112 |
| | 10.1.1 | Die Weggabelung erkennen | 113 |
| | 10.1.2 | Den anderen Weg einschlagen | 114 |
| 10.2 | | Variante 2: Das unrealistisches Ziel | 116 |
| 10.3 | | Wenn der Chef Unmögliches verlangt – und hart bleibt | 118 |
| 10.4 | | Zusammenfassung | 119 |

## 11 Wie Sie gegenüber Ihrem Vorgesetzten mehr Durchsetzungskraft entwickeln .... 121

| | | |
|---|---|---|
| 11.1 | Handeln Sie mit innerer Überzeugung | 122 |
| 11.2 | Überzeugen Sie auch emotional | 124 |
| 11.3 | Zusammenfassung | 126 |

## 12 Wie Sie mit einem entscheidungsschwachen Vorgesetzten umgehen .... 129

| | | |
|---|---|---|
| 12.1 | Respektvoll: Den Vorstand zur Entscheidung bewegen | 129 |
| 12.2 | Sachlich begründet: Den Chef unter Zugzwang setzen | 130 |
| 12.3 | Zusammenfassung | 132 |

## Teil III: Besondere Herausforderungen .... 133

## 13 So bewegen Sie sich auch auf hochpolitischem Parkett sicher und souverän .... 135

| | | | |
|---|---|---|---|
| 13.1 | | Knapp der Kündigung entgangen | 136 |
| 13.2 | | Womit Sie im Topmanagement rechnen müssen | 137 |
| | 13.2.1 | Hidden Agendas und doppelter Boden | 137 |
| 13.3 | | Die sieben häufigsten Fehler der Newcomer im Topmanagement | 139 |
| | 13.3.1 | Fehler 1: Sich auf vertraute Werte, Erwartungen und Regeln verlassen | 141 |
| | 13.3.2 | Fehler 2: Mit dem Vorgesetzten das Gespräch auf Augenhöhe suchen | 142 |
| | 13.3.3 | Fehler 3: Offenes und direktes Feedback geben | 142 |
| | 13.3.4 | Fehler 4: Ausschließlich fachlich argumentieren | 142 |
| | 13.3.5 | Fehler 5: Die eigene Person über die Rollenerwartung stellen. | 143 |
| | 13.3.6 | Fehler 6: Ausbleibende Kritik als Zustimmung interpretieren | 143 |
| | 13.3.7 | Fehler 7: Davon ausgehen, dass ein Topmanager stets meint, was er sagt | 144 |
| 13.4 | | Zusammenfassung | 144 |

| | | |
|---|---|---|
| **14** | **So treffen Sie schwierige Entscheidungen** | **147** |
| 14.1 | Was Entscheidungen so schwierig macht | 147 |
| 14.2 | Wie die Natur Entscheidungen trifft | 149 |
| 14.3 | Der Entscheidungsfindungsprozess | 151 |
| | 14.3.1 Schritt 1: Klarheit gewinnen | 151 |
| | 14.3.2 Schritt 2: Lösungen und Alternativen suchen | 153 |
| | 14.3.3 Schritt 3: Szenarien durchspielen | 154 |
| | 14.3.4 Schritt 4: Entscheidung treffen | 155 |
| | 14.3.5 Schritt 5: Spielregeln festlegen | 155 |
| 14.4 | Entscheiden in schwierigen Situationen | 156 |
| | 14.4.1 Strategie 1: Fragen Sie nach dem höchsten Ziel | 157 |
| | 14.4.2 Strategie 2: Transferieren Sie das Bauchgefühl in den Kopf | 158 |
| | 14.4.3 Strategie 3: Packen Sie die Verantwortung dahin, wo sie hingehört | 159 |
| | 14.4.4 Strategie 4: Übernehmen Sie bewusst die Verantwortung | 161 |
| | 14.4.5 Strategie 5: Starten Sie einen aktiven Leerlauf | 163 |
| | 14.4.6 Strategie 6: Stellen Sie das höchste Ziel sicher | 165 |
| 14.5 | Zusammenfassung | 168 |
| | | |
| **15** | **Knüpfen Sie Beziehungen!** | **171** |
| 15.1 | Bauen Sie ein strategisches Netzwerk auf | 172 |
| 15.2 | Netzwerken auf Topebene: Die Community | 174 |
| 15.3 | Gefahren des Netzwerkens: Vorsicht Falle! | 175 |
| | 15.3.1 Falle 1: Sie werden Opfer einer parasitären Beziehung | 176 |
| | 15.3.2 Falle 2: Sie betreiben ein »Wohlfühlnetzwerk« | 177 |
| | 15.3.3 Falle 3: Sie übersehen, dass die Kontakte nur Ihrer Funktion gelten | 178 |
| 15.4 | Zusammenfassung | 179 |
| | | |
| **16** | **Das Minimumgesetz – So managen Sie zwei Vollzeitaufgaben parallel** | **181** |
| 16.1 | Prioritäten setzen – und auf den Engpass zuspitzen | 182 |
| 16.2 | Zusammenfassung | 183 |
| | | |
| **17** | **Das Zuckertütchenspiel – Wie Sie die zunehmende Komplexität Ihrer Aufgaben bewältigen** | **185** |
| 17.1 | Schritt 1: Überblick verschaffen | 187 |
| | 17.1.1 Klarheit durch Draufsicht: Zuckertütchenspiel | 187 |
| | 17.1.2 Die entscheidende Frage: Was ist wirklich wichtig? | 189 |
| 17.2 | Schritt 2: Eine Lösung finden | 189 |
| | 17.2.1 Die Aufmerksamkeit nach vorne richten | 189 |
| | 17.2.2 Die Wurzelraumanlage: Stets die Problemlösung im Blick | 191 |
| 17.3 | Schritt 3: Ins Handeln kommen | 192 |
| 17.4 | Zusammenfassung | 193 |

| | | |
|---|---|---|
| **18** | **Wie Sie mit Ihrem Perfektionismus besser umgehen** | 195 |
| 18.1 | Was den Profi vom Perfektionisten unterscheidet | 195 |
| 18.2 | Wie Sie der Perfektionismusfalle entgehen | 196 |
| 18.3 | Zusammenfassung | 197 |

**Teil IV: Sich selbst führen – Die eigene Karriere im Blick behalten** ............. 199

| | | |
|---|---|---|
| **19** | **Die U-Liste – Wie Sie Ihre eigene Karriere im Blick behalten** | 201 |
| 19.1 | Die vier häufigsten Karrierefallen | 202 |
| 19.2 | Den Rahmen festlegen | 203 |
| | 19.2.1 Die Wunschliste: Der ideale Rahmen | 204 |
| | 19.2.2 Die U-Liste: Der unbedingt notwendige Rahmen | 205 |
| 19.3 | Karrieresteuerung mit der U-Liste | 205 |
| | 19.3.1 Check der Rahmenbedingungen: Veränderbar oder fix? | 206 |
| | 19.3.2 Die U-Liste als Steuerungsinstrument – zwei Beispiele | 207 |
| 19.4 | Zusammenfassung | 208 |

| | | |
|---|---|---|
| **20** | **Die Chipkarte – Finden Sie Ihre beste Position!** | 211 |
| 20.1 | Setzen Sie auf das Evolutionsprinzip | 211 |
| 20.2 | Das Chipkarten-Modell: Der andere Weg | 213 |
| 20.3 | Den Chip entwickeln: Designen Sie Ihre Position | 214 |
| | 20.3.1 Drei Methoden, wie Sie Ihre wirklichen Stärken entdecken | 215 |
| | 20.3.2 Ziehen Sie Ihre persönliche Bilanz | 216 |
| 20.4 | Die Chipkarte einsetzen: Realisieren Sie Ihre Karriere | 218 |
| | 20.4.1 Beispiel 1: Die Nebenbei-Tätigkeit zur Hauptsache gemacht | 218 |
| | 20.4.2 Beispiel 2: Auf den Engpass gezielt | 219 |
| | 20.4.3 Achten Sie auf den Preis Ihrer Traumposition | 220 |
| 20.5 | Zusammenfassung | 221 |

| | | |
|---|---|---|
| **21** | **Karriereziel Topmanagement – Traum oder Albtraum?** | 223 |
| 21.1 | Illusion Topmanagement: Das Bild ist trügerisch | 224 |
| 21.2 | Schwierige Entscheidung: Wie Topmanager ihren Platz finden | 225 |
| | 21.2.1 Überfordert und gescheitert | 225 |
| | 21.2.2 Ungewollt ins Topmanagement geraten | 226 |
| | 21.2.3 Unterlegen im politischen Ränkespiel | 227 |
| | 21.2.4 Nachdenkliche Worte eines erfolgreichen Topmanagers | 229 |
| 21.3 | Viele Wege führen ins Topmanagement | 229 |
| 21.4 | Zusammenfassung | 230 |

| 22 | Schalten Sie ab! | 233 |
|---|---|---|
| 22.1 | Balance-Management: Das Gleichgewicht wiederfinden | 233 |
| 22.2 | Eins nach dem andern | 234 |
| | 22.2.1 Rituale einführen: Freitags 17 Uhr Rad fahren | 234 |
| | 22.2.2 Der Theater-Trick: Komödie oder Krimi? | 235 |
| | 22.2.3 Wie Sie zum Gleichgewicht zurückfinden | 236 |
| 22.3 | Extremsituationen: Abschalten und Ruhe bewahren | 237 |
| | 22.3.1 Den Worst Case durchspielen | 237 |
| | 22.3.2 Person und Sache trennen | 238 |
| | 22.3.3 Wie Sie in Extremsituationen abschalten | 239 |
| 22.4 | Zusammenfassung | 240 |

| 23 | So bleiben Sie dauerhaft leistungsfähig | 241 |
|---|---|---|
| 23.1 | Welcher Leistungstyp sind Sie? | 241 |
| | 23.1.1 Der Gepard: Einzelgänger und Sprinter | 242 |
| | 23.1.2 Der Löwe: Teamplayer und Dauerläufer | 242 |
| 23.2 | Zusammenfassung | 243 |

| 24 | Wie Sie den richtigen Sparringspartner finden | 245 |
|---|---|---|
| 24.1 | Was den guten Coach ausmacht | 246 |
| 24.2 | Wie Sie den richtigen Coach auswählen | 247 |
| 24.3 | Zusammenfassung | 248 |

| Über die Autorin | 251 |
|---|---|
| Literatur | 255 |

# Stimmen zum Buch

»Mit dem problematischen Aufstieg von Führungskräften haben sich schon viele Autoren beschäftigt. Executive Business Coach Gudrun Happich schafft es jedoch, das Thema mit einem neuen, charmanten Zungenschlag anzugehen: (...) Ihr Ratgeber formuliert die Spielregeln für eine erfolgreiche Führungskarriere so präzise auf den Punkt, dass auch viel beschäftigte Manager hier in kurzer Lesezeit einen großen Erkenntnisgewinn erzielen können.«

*Harvard Business Manager*

»(...) längst nicht jeder angebliche Führungskräfteberater kennt sich auch in den Chefetagen aus. Das ist bei Gudrun Happich anders. ... Ihr Buch, das ohne das typische Management-Geschwurbel auskommt, behandelt schwierige Fragen. ... Die Antworten sind auch für Leser lehrreich, die nicht ins Top-Management streben.«

*Süddeutsche Zeitung*

»**Lesen!** ... die erfahrene Führungskräfteberaterin Gudrun Happich zeigt worauf man achten muss, wie man nach oben und unten richtig agiert, souverän auftritt und dabei sich selbst treu bleibt. ... Viele Positiv- und Negativbeispiele etablierter TopManager stellen den Praxisbezug her. Aufschlussreich auch für die, die (noch) nicht ganz oben sind.«

*Capital*

Mein Fazit: **sehr empfehlenswert!** Vor allem für die erste Gruppe von Menschen, die Danny Kaye meinte, als er riet: *»Es gibt zwei Möglichkeiten, Karriere zu machen: Entweder leistet man wirklich etwas, oder man behauptet etwas zu leisten. Ich rate zur ersten Methode, denn hier ist die Konkurrenz bei Weitem nicht so groß.«*

*Roland Kopp-Wichmann, Persönlichkeits-Blog*

»Für alle, die im Führungsalltag von den Besten lernen wollen.«

*VDI – Aktueller Buch-Tipp:*

»Ein guter Kompass durch den Unternehmensdschungel. Es ist eines der wenigen Bücher, die ganz explizit den Karriereweg in großen Unternehmen und Konzernen unter die Lupe nehmen. Im Mittelpunkt stehen die zwei wesentlichen »Metamorphosen«, die zukünftige Top-Kräfte durchleben müssen.«

## Stimmen zum Buch

*Buch der Woche und Empfehlung für Karrierestrategien, Managementbuch.de – Wolfgang Hanfstein.*

»Das beste Managementbuch, das ich bis dato gelesen habe.

Alles in allem ist das Buch von Frau Happich eines meiner persönlichen Buch-Highlights der letzten Zeit, das ich nur wärmstens empfehlen möchte.«

*Geschäftsführer*

»Führung ist ein weites Feld, ebenso wie Top-Management. Und die Kombination ist es erst recht. Umso mehr beeindruckt, wie die Klarheit der beschriebenen Fälle und Herangehensweise ausgearbeitet sind. Aus meiner Sicht eins, wenn nicht das beste Buch zu diesem Themenfeld!«

*Dr. Christoph von Blomberg, Festo*

»Selten ein so gutes Sachbuch gelesen.

Die Ausführungen zeugen von sehr hoher Kompetenz – viele relevante Praxisbeispiele sind sinnvoll eingeflochten.

Dennoch ist das Buch traumhaft verständlich geschrieben, sodass – obgleich hoher Lernfaktor – das Lesen nicht zur Qual wird.

Mehr davon!«

*Michael Pilgermann*

»Mit Charme und Effizienz entwirft Gudrun Happich neue Perspektiven für den steinigen Weg zur Führungsspitze.«

*Dr. Andreas Bruns, Henkel*

# Vorwort zur komplett überarbeiteten und ergänzten Auflage

Sind die Führungsherausforderungen noch aktuell? Sind die »Lösungen« noch zeitgemäß? Passt das noch?

Es sind ein paar Jahre vergangen seit das Vorbuch, »Ärmel hoch!«, veröffentlicht wurde. »Ärmel hoch!« hatte es schnell auf die Bestsellerliste geschafft und wurde als eines der **vier besten »deutschsprachigen Wirtschaftsbücher des Jahres«** prämiert.

Ich freute mich überaus und war begeistert davon, dass viele Führungskräfte »Ärmel hoch« als Ihr »Standardwerk« für den Führungsalltag benutzen. Gibt es eine schönere Rückmeldung?

Nun fragte ich mich immer häufiger: Sind meine Ansätze und Ideen eigentlich noch up to date und fortschrittlich? Immerhin vergeht kein Tag, an dem nicht ein neues Buzzword erfunden wird, ein neues »Wunder-Tool« oder eine »Methode« auf den Markt gebracht wird. Die Welt ist volatil (unbeständig), unsicher, komplex, ambiguous (mehrdeutig), kurz: VUCA. Sie ist digital, agil, schnell und unvorhersehbar. Aber auch New Work – die zukunftsweisende und sinnstiftende Arbeit – will integriert sein. Bei allen Betrachtungsweisen bleibt die Ambivalenz in den Dingen bestehen. Schwierig, oder?

Was es meiner Ansicht nach braucht, ist ein Leitfaden, der Ihnen durch die Wirren des Führungsalltages die Richtung weist. Erfahrungswissen, Insider Know-how und Beispiele, jenseits von Hypes und Moden/Methoden und vor allem Beispiele, die Ihnen eine Idee geben, wie SIE IHRE FÜHRUNGSHERAUSFORDERUNGEN auf eine Art und Weise, die a) funktioniert und b) zu Ihnen, zur Situation und zum Unternehmen passt, lösen können.

Mich selbst gruselt es bei einem erhobenen Zeigefinger, ich empfinde dies bereits als übergriffig, »Du musst« ist eine Formulierung, bei der sich mir die Nackenhaare aufstellen und ich sofort in Widerstand gehe. Auch Fachchinesisch stößt mich eher ab, als das es bei mir Vertrauen oder Kompetenz auslöst. Komplexes einfach darstellen, ist zwar eine Kunst, doch genau dies ist bei den aktuellen Herausforderungen im Führungsalltag – meiner Ansicht nach – notwendiger denn je.

Falls es Ihnen auch so geht, dann lade ich Sie zu meinem neuen/alten Standardwerk ein. In den letzten Jahren habe ich meine Ansätze erweitert, getestet und modifiziert. Auch meine Erkenntnisse haben sich natürlich weiterentwickelt, weshalb ich in diesem Buch verschiedenste Verbesserungen angebracht habe. Darüber hinaus finden

Sie noch weitere vier wertvolle Kapitel zu zentralen Führungsherausforderungen. Lesen Sie, wie Sie eine noch bessere Führungspersönlichkeit werden können. Lesen Sie, wie Sie als souveräne Führungskraft Ihre Ziele leichter, einfacher und schneller erreichen – ohne sich zu verbiegen. Stärken Sie Ihre Führungskraft, meistern Sie schwierige Führungs- und Karrieresituationen. Nutzen Sie wertvolles Insiderwissen und führen Sie wirksam auf allen Ebenen. Gestalten Sie Führung und Karriere im Digitalen Zeitalter.

Das erfolgreichste Unternehmen der Welt – die Natur – dient mir nach wie vor als Vorbild für unkonventionelle und erfolgreiche Lösungen bzw. Antworten in einer sich ständig verändernden Welt.

Die Antwort auf die oben aufgeführten Fragen ist kurz und simpel und lautet: JA!

**Digitale Extras**
Zusätzlich zu den von mir und vielen meiner Klienten überprüften Prinzipien, Methoden und Instrumenten, können Sie sich meine kostenlosen **Audio-Coachings für Führungskräfte** herunterladen.

Sie haben die Wahl zwischen drei Schwerpunkten:

**In Führung gehen:**
»Neue Rolle an der Spitze – Macht und Politik«
https://www.galileo-institut.de/audiocoaching-unternehmenslenker/,

**In Führung sein:**
»Moderne Führung an der Unternehmensspitze«
https://www.galileo-institut.de/audiocoaching-unternehmenslenker/,

**Karriereplanung:**
»Unzufrieden – ich weiß nicht, was ich will«
https://www.galileo-institut.de/audiocoaching-unternehmenslenker/,

Diese Audio-Coachings zeigen Ihnen in »Kurz-Coachings« von max. fünf Minuten, die wichtigsten Prinzipien und Impulse, um so schnell wie möglich gut, sehr gut oder gern auch hervorragend Ihre Herausforderungen im Führungsalltag gezielt zu meistern.

Sie erfahren, wie Sie in der neuen Führungsrolle starten, wie Sie Ihr Team aufbauen, wie Sie in Führung gehen, wie Sie Ihre Karriere planen oder auch wie Sie schneller Entscheidungen treffen, Ihre Mitarbeiter zum Mitdenken bewegen, die Fettnäpfe auf dem Politischen Parkett an der Unternehmensspitze sicher umschiffen.

Die jeweils sieben- bis neunteilige Audio-Coaching-Reihe ist so aufgebaut, dass ich Ihnen das jeweils wichtigste Prinzip erläutere und Ihnen eine kurze Umsetzungsidee vermittle. Vereinfachen Sie Ihren Führungsalltag durch kurze lösungsorientierte Impulse »für die Ohren«, die mit minimalem täglichen Aufwand umsetzbar sind.

Mithilfe der Audio-Coachings schlagen Sie die erste Abkürzung zu Ihrem Ziel ein.

Darüber hinaus können Sie sich mein **»Nie wieder scheitern«**-E-Book herunterladen. Das E-Book »Nie wieder scheitern« zeigt Ihnen die zehn größten Fehler, die verhindern, dass Sie als erfahrene Führungskraft eine moderne Unternehmenskultur etablieren – und wie Sie es stattdessen besser machen können!

www.galileo-institut.de/ebook

Halten Sie die Kamera-App Ihres Smartphones einfach über diesen QR-Code und Sie gelangen direkt zum E-Book »**Nie wieder scheitern**«!

Darüber hinaus finden Sie in jedem Kapitel eine zusammenfassende Checkliste oder weitere nützliche Extras.

# Einführung

Hätten Sie mit solchen Überraschungen gerechnet? Die folgenden drei Führungskräfte jedenfalls nicht.

Fall eins, eine junge Abteilungsleiterin, erstmals in eine Führungsposition aufgerückt: Als sie hoch motiviert ihre Stelle antritt, trifft sie bei ihren Mitarbeitern völlig unerwartet auf eine sehr reservierte Stimmung. Sie versteht die Welt nicht mehr, bis sie nach einigen Tagen den Grund herausfindet: Zu ihrem Team zählt eine Mitarbeiterin, die sich seit Jahren Hoffnung auf die Abteilungsleitung gemacht hat und nun alles tut, um der »Neuen« das Leben schwer zu machen.

Fall zwei, ein Abteilungsleiter im mittleren Management, gerade auf eine vielversprechende Position gewechselt: Nach wenigen Tagen lernt er eine besondere Eigenart seines neuen Chefs kennen. Der liebt es nämlich, sich ständig einzumischen. »Das ist jetzt wichtig ...« – »Da sollten Sie unbedingt hingehen, in Ihrer Position!« – »Tut mir leid, aber das ist Anweisung von ganz oben, vom Vorstand ...« Anstatt eigenständig seine Ziele verfolgen zu können, fühlt sich der Abteilungsleiter fremdgesteuert.

Fall drei, ein gestandener Manager, kürzlich in den Vorstand aufgestiegen: Er freut sich über die Beförderung, ist stolz auf seine neue Aufgabe, fühlt sich sicher und souverän. Erst nach einigen Wochen erfährt er auf Umwegen, dass er durch sein betont lässiges Verhalten (mit dem er bislang niemals Probleme hatte, ganz im Gegenteil!) gegen die ungeschriebenen Spielregeln im Topmanagement verstoßen hat. Kaum zu glauben, doch seine Ahnungslosigkeit hätte ihn beinahe seine Stelle gekostet.

Alle drei Fälle haben eines gemeinsam: Es kam anders, als es die Führungskraft erwartet hatte – und das ist typisch. Vielleicht haben Sie sich sogar hervorragend auf eine Herausforderung vorbereitet. Trotzdem wartet die Realität dann mit Überraschungen auf: Plötzlich stehen Sie vor Führungssituationen, mit denen Sie so nicht gerechnet haben. Sie möchten weiterkommen, Sie möchten gestalten und bewegen, erfolgreich Karriere machen – doch nun hängen Sie fest. Was nun? Wie überwinden Sie diese Blockade?

Genau hierauf gibt Ihnen dieses Buch Antworten. Insgesamt schöpfe ich aus den Erfahrungen von mehr als 20.000 Coachingstunden und durfte über 1.000 Geschäftsführer, C-Levels, Vorstände und Leistungsträger als Sparringspartnerin, Mentorin und Executive Coach begleiten. Ich habe die häufigsten Probleme und Anliegen meiner Klienten gebündelt und zusammen mit möglichen Lösungsstrategien dargestellt. Diese Vorgehensweisen haben somit den unschätzbaren Vorteil, dass sie in der Praxis schon funktioniert haben.

Die 24 Kapitel führen Sie durch die Realitäten des Führungsalltags. Hierzu zählt nicht nur die Führung der eigenen Mitarbeiter (Teil I), sondern ebenso der richtige Umgang mit den Vorgesetzten, also die Kunst, »nach oben« zu führen (Teil II). Zu den besonderen Herausforderungen (Teil III) gehören unter anderem der Sprung in die Topetage, das Entscheiden in schwierigen Situationen und der Aufbau eines strategischen Netzwerks. Speziell die Planung der eigenen Karriere nimmt Teil IV in den Blick: Wie können Sie vorgehen, um Ihre Idealposition zu finden?

Erfolg heißt vor allem auch, das Unternehmen und sich selbst als Führungskraft inmitten von Wettbewerb und Krisen zukunftsfähig zu halten. Dahin zu kommen, gibt es viele Wege, deren Spektrum vom harten Konkurrenzkampf über Möglichkeiten der Kooperation bis hin zu Prinzipien wie Selbstorganisation und Nachhaltigkeit reicht. Für welchen Weg Sie sich entscheiden, liegt allein an Ihnen. Maßgeblich hierfür ist die innere Einstellung.

Die in diesem Buch vorgestellten Lösungen haben eine nachhaltige Entwicklungsperspektive im Blick. Dies entspricht nicht nur dem Wunsch meiner Klienten, sondern leitet sich auch aus der Tatsache ab, dass Nachhaltigkeit eine Strategie ist, die sich in der Natur bewährt hat. Immerhin hat die Natur in Millionen von Jahren erfolgreich gewirtschaftet. Deshalb liegt es nahe, besser den Prinzipien des »Unternehmens Natur« zu folgen, als jedem modernen Managementtool nachzulaufen. Gerade beim Umgang mit schwierigen Führungssituationen bietet es sich an, die Evolutions- und Systemgesetze der Natur zum Vorbild zu nehmen.

Die meisten meiner Klienten kommen mit dem Anliegen: »Wie schaffe ich es, beruflich erfolgreich zu sein, ohne mich innerlich zu verbiegen?« Das Buch gibt hierauf eine klare Antwort: Man kann es schaffen! Wie Sie sehen werden, ist es sogar der bessere Weg, von dem beide Seiten profitieren – die Führungskraft ebenso wie das Unternehmen.

> Wenn Sie wissen wollen, wie ich Ihnen in Ihrem konkreten Führungsalltag helfen kann, weiterzukommen, zu gestalten, zu bewegen, erfolgreich Karriere zu machen ...
> Kurz: Wie SIE Ihre Ziele leichter, einfacher und schneller erreichen – und das alles, ohne sich zu verbiegen, lade ich Sie zu einem kostenlosen Strategie-Gespräch ein.
> In diesem Gespräch:
> - erarbeiten wir Ihre kristallklare Vision für Ihren einzigartigen Führungserfolg, Ihre ideale Lebensvision und legen Ihre Ziele fest.
> - decken wir Ihre versteckten Herausforderungen auf, die Sie davon abhalten, Ihren Führungserfolg wachsen zu lassen. Wo hängen Sie fest? Wie kommen Sie wieder vorwärts?

- geben wir Ihrer Motivation einen gehörigen Schub, um Ihnen in Ihrer Führungarbeit leichter, einfacher und produktiver zum Erfolg zu verhelfen, kontinuierlich und mit weniger Zeit bessere Ergebnisse zu erzielen und deutlich mehr Leichtigkeit zu gewinnen, damit Ihre Visionen Wirklichkeit werden.
- klären wir, ob und wie ich Ihnen dabei helfen kann.

Melden Sie sich am Besten gleich zu diesem kostenlosen Strategie-Gespräch, bevor es in der Hektik des Alltags untergeht: info@galileo-institut.de.

**Zu den Schreibweisen**

Ich mag die Unterscheidung zwischen Männern und Frauen nicht, wenn es um den Erfolg oder auch Misserfolg in der Berufswelt geht. Aus diesem Grunde weise ich darauf hin, dass mit der männlichen Schreibweise natürlich auch die Frauen gemeint sind, aber wegen der Verständlichkeit ich immer nur eine Schreibweise wähle.

# Teil I: Führung der Mitarbeiter

# 1 So finden Sie Ihre Rolle als Führungskraft

Die Metamorphose von der Raupe zum Schmetterling zählt zu den faszinierendsten Vorgängen, die wir in der Natur beobachten können. Stellen wir uns vor, wie sich die Raupe verpuppt, wie aus dem Kokon ein prachtvolles Pfauenauge schlüpft, wie der Schmetterling seine neue Freiheit entdeckt, in den blauen Himmel hineinfliegt – sich wenig später auf einer Blüte niederlässt und die Frühlingssonne genießt. Ein wunderschönes Bild.

Abb. 1: Metamorphose (Bildnachweis: Mathisa_s / istockphoto.com)

Wie fühlt sich dieser Wandlungsprozess aber für die Raupe an? Für sie bedeutet es zunächst das Ende ihrer bisherigen Existenz. Was ihr vertraut, lieb und teuer war, löst sich in Nichts auf. Neues und Unbekanntes steht bevor. Auch die vage Vorstellung, später einmal fliegen zu können, muss eher beängstigend wirken als tröstlich. Denn was ist das eigentlich, dieses Fliegen? Keine Frage: Das Tier durchlebt eine Art existenzielle Krise.

Im Leben einer Führungskraft gibt es eine solche Metamorphose zwei Mal. Zum einen ganz am Anfang, beim Wechsel von der Fach- zur Führungskraft, und dann noch einmal beim Sprung ins Topmanagement. Von außen gesehen sind es glänzende Karriereschritte – und auch die Führungskraft selbst ist natürlich stolz und freut sich sehr, wenn sie das Angebot erhält, befördert zu werden. Oft versäumt sie es dann jedoch, sich ernsthaft über die Hintergründe und Inhalte der neuen Position zu informieren. Wenn dann die Realität naht, sieht sie sich häufig immer mehr in der Rolle der Raupe: Das Alte gilt nicht mehr – und das Neue mag noch so großartig klingen, im Augenblick ist es einfach nur neu und fremd. Bis vor Kurzem wusste sie noch genau, was in welcher Situation zu tun war. Jetzt bringen diese Verhaltensweisen nicht mehr das gewünschte Ergebnis. Was vorher richtig war, ist jetzt womöglich falsch. Es entsteht ein Gefühl von Festgefahrensein, von Ohnmacht.

Um das Geschehen genauer zu verstehen, werfen wir einen Blick auf den Karriereweg eines Leistungsträgers im Unternehmen (s. Abb. 2). Der Berufseinstieg erfolgt auf der Mitarbeiterebene (in der Abbildung ganz unten). Der neue Mitarbeiter wird als Fachkraft geschätzt. Für ihn kommt es darauf an, dass er fachlich gute Arbeit leistet und als Experte für ein bestimmtes Thema auf sich aufmerksam macht. Damit bereitet er seinen ersten großen Karriereschritt vor – von der Fach- zur Führungskraft; denn oft ist es immer noch so, dass die »Belohnung« für die gute fachliche Leistung die Beförderung zur Führungskraft ist. Was ihm möglicherweise nicht bewusst ist: Mit diesem Schritt betritt er eine neue Welt, in der andere Spielregeln gelten: Galt es bisher, sich über fachliche Leistungen zu profilieren, ändern sich nun die Anforderungen grundlegend. Von der jungen Führungskraft wird erwartet, dass sie eine Mannschaft erfolgreich aufbauen und führen kann (mehr hierzu in Kapitel 2). Der Wechsel von Leistungsstufe 1 zu Leistungsstufe 2 ist die erste Metamorphose im Leben einer Führungskraft.

Abb. 2: Karriereweg eines Leistungsträgers: Die zwei Metamorphosen im Leben einer Führungskraft

Es folgen Schritte innerhalb der Leistungsstufe 2. Die Führungskraft steigt vom unteren ins mittlere Management auf, was auch mit Quersprüngen in andere Bereiche oder Unternehmen verbunden sein kann. Auch hier erlebt sie erhebliche Veränderungen und Herausforderungen – zum Beispiel betreut sie jetzt 17 statt 4 Mitarbeiter, übernimmt mehrere Teams, die zusammengelegt werden, oder erhält internationale Aufgaben. Die Grundaufgabe bleibt jedoch immer die gleiche: Von der Führungskraft wird erwartet, dass sie gemeinsam mit ihren Mitarbeitern die vereinbarten Ergebnisse erzielt. Es zählt die *Team*leistung und nicht mehr – wie in Stufe 1 – die *Einzel*leistung.

So unterschiedlich die Aufgaben in der zweiten Leistungsstufe sind, es gelten im Wesentlichen immer die gleichen Gesetze und Spielregeln. Das ändert sich – für die meisten Aufsteiger völlig überraschend – beim Wechsel ins Topmanagement. Die Führungskraft sieht sich mit ganz neuen Regeln konfrontiert. Ging es gestern noch darum, mit seinem Team die Abteilungs- oder Bereichsziele zu erreichen, stehen an der Unternehmensspitze plötzlich ganz andere Dinge im Vordergrund: Hier geht es um Strategien, Beziehungen, Verhandlungen – vor allem aber auch um politisches und taktisches Kalkül. Eine komplett neue Welt. Um sich darin zurechtzufinden, bedarf es der zweiten Metamorphose im Leben der Führungskraft (Mehr zu den unterschiedlichen Spielregeln im mittleren und im Topmanagement in Kapitel 13 »So bewegen Sie sich auch auf hochpolitischem Parkett sicher und souverän«).

Diese Transformation von der leistungsorientierten zur strategisch denkenden und politisch taktierenden Führungskraft erfolgt häufig auf einer Position in der zweiten Führungsebene. Wie Abbildung 2 zeigt, liegt diese zweite Führungsebene (»F2-Ebene«) zwischen den Leistungsstufen 2 und 3. Hier findet die Metamorphose statt, in der sich die Raupe zum Schmetterling wandelt.

Konkret heißt das: Die F2-Führungskraft steht bereits im direkten Kontakt zur neuen Welt des Topmanagements. Während nach unten die alten Regeln gelten, also vor allem Leistung und Inhalte zählen, kommt es im Kontakt nach oben weit mehr auf Strategie, Taktik und Politik an (siehe Kapitel 7 und Kapitel 10). Als Mittler zwischen den Welten spielt die F2-Führungskraft eine besonders anspruchsvolle Rolle. In den Augen der Führungskräfte des mittleren Managements ist sie der Verbindungsmann »zu denen ganz oben«, der sich für ihre Belange einsetzen soll – etwa nach dem Motto: »Kämpfe für uns!« Das Topmanagement indes möchte, dass die F2-Führungskraft die Interessen der Unternehmensleitung vertritt: »Setzen Sie sich durch!«

Wie die Analyse der Karrierewege zeigt, gibt es zwei besonders kritische Situationen: den Wechsel von der Fach- zur Führungskraft und den Wechsel ins Topmanagement. In beiden Fällen kommt es darauf an, alte Verhaltensweisen über Bord zu werfen und ganz neue Regeln zu erlernen. Doch auch beim Wechsel innerhalb des mittleren Managements können erhebliche Veränderungen anstehen. Wie gelingt es Ihnen, in

der jeweiligen Situation Ihre Rolle als Führungskraft zu finden? Grundsätzlich sind drei Schritte notwendig, die im Folgenden näher beschrieben werden:
- Information: Verschaffen Sie sich ein Bild von der neuen Position.
- Vorbereitung: Bereiten Sie sich auf die Veränderung vor.
- Rollenfindung: Meistern Sie die ersten 100 Tage.

## 1.1 Verschaffen Sie sich ein Bild von der neuen Position

Ein junger, engagierter Abteilungsleiter eines großen Chemieunternehmens machte durch gute Leistungen auf sich aufmerksam. Es dauerte nicht lange, da erhielt er das Angebot, eine frei werdende Position in einer anderen Sparte zu übernehmen. Das neue Aufgabengebiet erschien ihm attraktiv, also nahm er an. Was niemand erwartet hatte: Das Leistungsniveau der bisher so erfolgreichen Führungskraft brach ein, ihre Ergebnisse waren allenfalls noch mittelmäßig.

Was war geschehen? Den Grund erfuhr ich im Coaching mit dieser Führungskraft. Wie sich herausstellte, hatte mein Klient in seiner alten Position – ohne dass er sich dessen bewusst war – einen für ihn idealen Chef: ein loyaler Vorgesetzter, der forderte und förderte, der zuhörte, ihm vertraute und großen Entscheidungsspielraum gewährte. Ganz anders in der neuen Position: Mein Klient erhielt einen Vorgesetzten, der autoritär führte. Anstatt Spielräume zu gewähren, schrieb er genau vor, wie eine Aufgabe zu lösen sei. Anstatt auf Vertrauen, setzte er auf Kontrolle.

Damit kam der Kern des Problems zum Vorschein: In der früheren Umgebung hatte mein Klient Rahmenbedingungen gehabt, die für ihn ideal waren. Er war sich dessen jedoch nicht bewusst – er dachte, das wäre normal. Deshalb versäumte er es, sich näher nach den Verhältnissen seiner künftigen Stelle zu erkundigen.

Wie der Fall des jungen Abteilungsleiters zeigt, ist es besser sich im Vorfeld ein genaues Bild von einer neuen Stelle verschaffen – selbst wenn es sich nur um einen Wechsel innerhalb des mittleren Managements handelt. Natürlich gilt diese »Informationspflicht« noch weit mehr, wenn mit dem Positionswechsel der Aufstieg in eine neue Leistungsstufe ansteht, wenn also die erste Führungsposition oder der Sprung ins Topmanagement ansteht. Dies gilt umso mehr bei einem Wechsel in ein anderes Unternehmen.

Verschaffen Sie sich ein genaues Bild von dem, was Sie erwartet. Beantworten Sie hierzu vor allem folgende Fragen:
1. Auf welcher Ebene liegt die neue Position?
2. Welches Image hatte der Vorgänger?
3. Welche Ziele, Aufgaben und Erwartungen sind mit der neuen Position verbunden?
4. Stimmen die Rahmenbedingungen?

*Zu Frage 1: Auf welcher Ebene liegt die neue Position?*

Wie bereits deutlich wurde, sind die Übergänge zwischen den Leistungsstufen nicht trivial; sie verlangen von der Führungskraft einiges an Anpassungs- und Lernfähigkeit ab. Bei jedem Level-Übergang müssen neue Fähigkeiten und Regeln erlernt oder verlernt werden (siehe oben Abbildung 2). Im ersten Schritt gilt es daher, die neue Position innerhalb der Organisation zu orten und die dort gültigen Spielregeln zu erkennen und zu beachten.

*Zu Frage 2: Welches Image hatte der Vorgänger?*

Machen Sie sich ein Bild vom bisherigen Inhaber der Ihnen angebotenen Position. Wie kam er bei Mitarbeitern, Vorgesetzten und Kunden an? Ob Sie es wollen oder nicht: Sie werden immer auch an Ihrem Vorgänger gemessen. Studien zufolge ist es schwieriger, einen Star zu beerben als eine schlechte Führungskraft, die eine desolate Situation hinterlassen hat. So zeigt eine Analyse aus 790 Unternehmen, dass ein erfolgreicher Vorgänger selten gute Voraussetzungen für den Nachfolger bietet: In einer amerikanischen Studie lagen Konzernchefs, deren Vorgänger zu den oberen 50 Prozent zählten, im Schnitt 583 Plätze hinter jenen, deren Vorgänger weniger erfolgreich waren[1].

*Zu Frage 3: Welche Ziele, Aufgaben und Erwartungen sind mit der neuen Position verbunden?*

Suchen Sie nun ein erstes Gespräch mit dem künftigen Vorgesetzten. Fragen Sie ihn, warum gerade Sie das Angebot erhalten haben. Aus der Antwort können Sie erkennen, wie man Sie einschätzt, wo man Ihre Stärken sieht und welche Erwartungen an Sie bestehen. Es ist klar, dass ein Sanierer völlig andere Erwartungen erfüllen muss als ein Manager, der eine florierende Einheit übernimmt. Falls Sie Ihren Vorgesetzten noch gar nicht kennen, kann es auch sinnvoll sein, ihn zu fragen: »Was haben Sie über mich gehört? Wie ist denn mein Ruf? Was hat man über mich erzählt?«

Wenn nötig, vermitteln Sie dem Vorgesetzten bei diesem Gespräch (also noch *vor* dem Wechsel) klar, wer Sie sind, was Sie können und wofür Sie stehen. Wenn man Sie z. B. als Sanierer sieht, Sie diese Rolle aber auf keinen Fall übernehmen möchten, dann ist *jetzt* der Zeitpunkt, dies kundzutun.

Wenn mit der neuen Position zugleich der Sprung in eine neue Leistungsstufe verbunden ist, lohnen sich Gespräche mit Führungskräften, die in der neuen Welt bereits zu Hause sind. Der Raupe würde man hier empfehlen, einmal ein paar Schmetterlinge zu

---

[1] Harvard Business Manager, Februar 2010.

fragen: »Okay, wie ist das denn nun mit dem Fliegen? Was heißt das, ein Schmetterling zu sein?« Wichtig ist dabei, nicht andere Raupen zu fragen – denn diese können keine Auskunft geben.

Verschaffen Sie sich also zunächst Klarheit über Ihre künftige Position. Nur dann werden Sie sich später in der neuen Welt zurechtfinden – und können sich in Ihre neue Führungsrolle zügig einfinden. Nun können Sie auch entscheiden, ob Sie die Position wirklich annehmen (mehr zum Thema »Entscheiden« in Kapitel 14).

*Zu Frage 4: Stimmen die Rahmenbedingungen?*

Stellen Sie fest, wer Ihre künftigen Ansprechpartner und Mitarbeiter sind, aber auch welche Besonderheiten das neue Umfeld prägen. So wechselte zum Beispiel in einem Energiekonzern eine Führungskraft vom Bereich Bergbau in eine Position, bei der er es überwiegend mit Kernenergie-Spezialisten zu tun hatte, und traf dort auf eine völlig andere Kultur. Achten Sie also bei jedem Wechsel – nicht nur beim Weggang in ein anderes Unternehmen – auf die Werte und Regeln, die dort gelten. Hier werden oft Fehler gemacht, die der Wechsler erst zu spät erkennt und die nicht selten mit einer vorzeitigen Kündigung enden.

## 1.2   Bereiten Sie sich auf die Veränderung vor

Sie haben sich entschieden, die Stelle anzunehmen. Jetzt gilt es, den Start in die neue Position sorgfältig vorzubereiten. Prüfen Sie hierzu auch die Angebote der Personalentwicklung. Vielleicht können Sie ein Führungskräfteseminar buchen, das auf die neue Rolle vorbereitet. Nach meiner Erfahrung können auch gestandene Führungskräfte hiervon profitieren. Allerdings sollte es dann ein Kurs mit einem hohen Praxisanteil sein, der viel Austausch unter Kollegen erlaubt – ein Kurs also, in dem Sie Ihre eigenen Erfahrungen anhand von Beispielen aus der Praxis reflektieren und gegebenenfalls ergänzen oder korrigieren können.

### 1.2.1   Nutzen Sie interne und externe Unterstützung

Viele Firmen, die über eine systematische Personalentwicklung verfügen, haben die Bedeutung des Themas erkannt. Es ist deshalb auch absolut legitim, vor Übernahme einer neuen Führungsposition dort Unterstützung zu holen. Für Mitarbeiter, die erstmals eine Führungsposition übernehmen, gibt es meist auch spezielle Programme.

Anders beim Übergang ins Topmanagement: Obwohl diese Situation nicht weniger kritisch ist, fehlen fast immer die geeigneten Angebote. Allerdings gibt es mehr und mehr Unternehmen, die einer Führungskraft die Begleitung durch einen externen Coach ermöglichen. Je höher die Position, umso häufiger ist ein begleitendes Einzelcoaching sinnvoll. In vielen Unternehmen werden hierfür auch Mittel bereitgestellt, doch gilt das ungeschriebene Gesetz, dass die Initiative für die Maßnahme von der Führungskraft selbst ausgehen soll. Deshalb die Empfehlung: Ergreifen Sie die Initiative und fragen Sie beim Vorgesetzten oder bei der Personalentwicklung nach. In der Regel werden Sie es ohne großen Aufwand genehmigt bekommen.

### 1.2.2 Stellen Sie einen »Businessplan« auf

Es lohnt sich, die künftige Tätigkeit möglichst genau zu planen. Ein ausführliches Gespräch mit dem künftigen Vorgesetzten ermöglicht es, ein klares Bild über Ziele und Aufgaben zu erhalten. Stellen Sie dann in Abstimmung mit dem Vorgesetzten einen »Businessplan« auf. Gemeint ist damit eine Art Bauplan zur strategischen Entwicklung der Organisationseinheit, der sich in drei Teile gliedert:

1. Der Abschnitt »*Orientierung*« dient zur Bestandsaufnahme und damit zur Standortbestimmung in der neuen Funktion.
2. Der Abschnitt *Positionierung* enthält einen Zukunftsentwurf und konkretisiert das Vorhaben aus Sicht der Führungskraft.
3. Der Abschnitt *Realisierung* schließlich beschreibt, wie das Vorhaben mithilfe von Projekten und Maßnahmen umgesetzt wird und welcher Zeitrahmen dafür geplant ist.

Anhand dieses Plans wird deutlich, mit welchen Maßnahmen Sie ihre künftigen Ziele erreichen wollen, welche Ressourcen Sie hierfür benötigen und wie Sie diese Ressourcen effektiv einsetzen. Der Plan ist damit eine gute Grundlage, um mit Ihrem künftigen Vorgesetzten die Rahmenbedingungen festzulegen, möglicherweise auch zusätzliche Entscheidungsspielräume und Ressourcen auszuhandeln. Zudem gewinnen Sie als Führungskraft an Profil, weil Ihr unternehmerischer Gestaltungswille sichtbar wird. Dem Ziel, Ihre künftige Rolle als Führungskraft zu finden, kommen Sie damit einen großen Schritt näher.

Erstellen Sie den Businessplan schriftlich. Der Transfer vom Denken zum Schreiben verschafft deutlich mehr Klarheit und Fokussierung. In der Regel bringt dieses schriftliche Planen genau die Orientierung, die in der Übergangsphase zur neuen Position häufig fehlt. Diese Klarheit beeindruckt nicht nur den Vorgesetzten, sondern wird später auch bei den Mitarbeitern ihre Wirkung nicht verfehlen. Vielleicht können Sie sich hier sogar von Ihrem Vorgänger positiv abheben – und die Mitarbeiter werden aufatmen: »Endlich haben wir einen Chef, der weiß, was er will.«

Nicht immer verläuft das Gespräch mit dem Vorgesetzten konstruktiv – trotz Vorbereitung und Businessplan. Manchmal steht der Vorgesetzte selbst unter Druck und gibt – auch ohne böse Absicht – »vergiftete« Aufträge weiter. Wenn die geforderten Aufgaben jedoch nicht machbar sind, müssen Sie Einhalt gebieten. Wenn Sie bei unrealistischen Zielen nachgeben und nicht sofort »Stopp!« sagen, übernehmen Sie auch die Verantwortung für die Zielerreichung und haben später, wenn es dann schiefgeht, keinerlei Rechtfertigung mehr. Versuchen Sie, eine konstruktive Lösung zu finden – denn nur weil Sie jetzt in einer neuen Position sind, heißt das nicht, dass Sie zaubern können. Achten Sie unbedingt auf realistische Ziele – ganz gleich ob diese Ziele vorgegeben werden oder ob sie sich diese selbst setzen (mehr hierzu in Kapitel 10).

### 1.2.3 Planen Sie den Antrittstag

Schließlich gilt es, die Positionsübernahme sorgfältig vorzubereiten. Bekanntlich ist mit einem gelungenen ersten Eindruck das Spiel schon halb gewonnen. Besprechen Sie mit dem Vorgesetzten, *wer* die neue Beförderung dem Team bekannt gibt – und *wann* und *auf welche Weise* dies geschehen soll.

Idealerweise führt Sie der Vorgesetzte selbst oder der Unternehmenschef ein. Auf jeden Fall sollten Sie darauf achten, dass eine andere Person Sie vorgestellt. Nicht Sie selbst sollten sich vorstellen, sondern ein Anderer sollte über Sie reden! Sprechen Sie auch nicht vorher mit Ihren künftigen Mitarbeitern, ganz gleich wie viele Gerüchte es gibt. Ziel ist es, am Antrittstag gemeinsam in eine neue Zeit zu starten.

### 1.2.4 Meistern Sie die ersten 100 Tage

Manche Führungskraft bringt es fertig, schon nach wenigen Tagen die gesamte Mannschaft gegen sich aufzubringen. Einer meiner Klienten hat das geschafft, indem er ständig darauf verwies, wie gut die Dinge in seiner früheren Abteilung gelöst waren: »Da wo ich herkomme, haben wir das so und so gemacht ...« Die Mitarbeiter, die auf ihre Weise seit Jahren Hervorragendes leisteten, fühlten sich vor den Kopf gestoßen. »Wenn es dort alles besser war, soll er doch bleiben, wo er war« – so der Tenor im Team.

Keine Frage: In den ersten Monaten auf der neuen Position kommt es vor allem darauf an, die Erwartungen mit dem Vorgesetzten, dem Team, den Leistungspartnern zu klären und erste »Duftnoten« zu setzen. Es geht darum, die Mitarbeiter hinter sich zu bringen und eine leistungsfähige Mannschaft aufzubauen. Wie man hierbei vorgehen kann, wie Sie also Ihre Mitarbeiter gewinnen, wie Sie Strategien und Ziele vermitteln, aber auch Erwartungen und Spielregeln durchsetzen – das alles ist in Kapitel 2 beschrieben.

Darüber hinaus gilt es aber auch, im Zusammenspiel mit Mitarbeitern, Vorgesetzten und den Kollegen derselben Führungsebene die eigene Rolle als Führungskraft zu finden. Es geht darum, Glaubwürdigkeit und Vertrauen aufzubauen, damit Verlässlichkeit und die wünschenswerte »Selbstorganisation« initiiert werden. Nur dann wird es gelingen, die ersten 100 Tage in der neuen Position zu meistern.

Egal wie Sie es anstellen, Spannungen werden dennoch nicht ausbleiben. Die klassischen Themen »Verändern versus Bewahren« oder »Kontrolle versus Vertrauen« stehen in einem engen Zusammenhang mit persönlichen Werten, Einstellungen und Verhaltensweisen. Diese haben einen entscheidenden Einfluss darauf, *wie* Sie als Führungskraft agieren und *welche* Wirkung Sie entfalten. Hier liegen Themen, die Sie gegebenenfalls in einem begleitenden Coaching am Besten gleich mitbearbeiten.

Nehmen wir an, mit der neuen Führungsposition ist gleichzeitig der Sprung in eine neue Leistungsstufe (vgl. Abb. 2) verbunden. Wie schaffen Sie dann die ersten 100 Tage? Oder anders formuliert: Die Raupe hat die Metamorphose durchlebt und der Schmetterling ist geschlüpft. Wie findet dieser dann seinen Platz in der neuen Welt? Werfen wir zunächst einen Blick auf die junge Nachwuchskraft, die erstmals Führungsverantwortung trägt – und dann auf den gestandenen Manager, der sich anschickt, in die Topetage aufzusteigen.

### 1.2.5 Gestern Mitarbeiter – heute Führungskraft

Gestern waren Sie Mitarbeiter ohne Führungsverantwortung, heute sind Sie Führungskraft. Und was die Lage noch erschwert: Sie sind Vorgesetzter des Teams geworden, dem Sie bislang als Mitarbeiter angehörten. Bis gestern hatten Sie mit Ihren Teamkollegen einen gemeinsamen Vorgesetzten, vielleicht auch ein gemeinsames »Feindbild«. Jetzt kann es sein, dass Sie selbst das Feindbild werden.

Was ist nun Ihre Rolle? Wie finden Sie Ihren neuen Platz, nunmehr eine Stufe höher, und behalten dennoch das Vertrauen der Mannschaft? Wie wollen Sie führen? Wie können Sie Ihre Erwartungen und Spielregeln den Mitarbeitern gegenüber am Besten formulieren?

Eines ist klar: Ihre Rolle hat sich grundlegend geändert. Sie tragen Verantwortung für Ihre Mitarbeiter. Sie sollen deren Interessen nach oben vertreten, während gleichzeitig Ihr Vorgesetzter verlangt, dass Sie die vereinbarten Zielvorgaben erfüllen. Konnten Sie sich bisher auf Ihre inhaltliche Arbeit und ihr Fachgebiet konzentrieren, wird jetzt von Ihnen erwartet, dass Sie über den Tellerrand Ihrer Abteilung blicken und die Bereichs- und Unternehmensziele mit im Blick haben.

Das alles ist Ihnen bewusst. Doch wie nehmen Sie Ihre neue Rolle ein? Denken Sie einen Augenblick lang zurück an die Zeit als Mitarbeiter: Wie haben Sie damals Ihren Vorgesetzten gesehen? Was fanden Sie schlecht an ihm? Worin waren Sie sich mit ihren Kollegen einig, dass man anders machen sollte? Was wollten Sie schon immer ändern? Jetzt sind Sie in dieser Rolle! Nun können Sie überlegen, was von all dem sich tatsächlich realisieren lässt, was dagegen überzogene Forderungen waren.

Wichtig ist jetzt vor allem: Die früheren Kollegen müssen verstehen, dass sich die Verhältnisse geändert haben. Bewährt hat sich hier eine freundliche, aber bestimmte Vorgehensweise. Dabei kann es durchaus sinnvoll sein, die neue Situation zu thematisieren, etwa in dem Tenor: »Bis gestern haben wir noch als Kollegen zusammengearbeitet, heute – aus welchen Gründen auch immer – hat sich das geändert …« Oder auch: »Gebt mir ein bisschen Zeit, dass ich mich da einfinde, es ist für mich ja auch das erste Mal …« Und immer wieder verdeutlichen: »Als Mensch bin ich der gleiche, da hat sich nichts geändert. Andererseits sind wir jetzt auf unterschiedlichen Ebenen und haben unterschiedliche Rollen.«

Drücken Sie sich bei aller Freundlichkeit aber unmissverständlich aus: Wie es früher war, ist es jetzt nicht mehr. Verdeutlichen Sie hierzu gegebenenfalls Ihre neue Rolle, etwa in der Art: »Ich weiß schon, dass ihr jetzt wollt, dass ich mich für euch einsetze. Das tue ich auch gerne. Aber da gibt es auch noch die Anderen, die ebenfalls etwas von mir wollen und deren Interessen ich durchsetzen soll. Da hänge ich jetzt dazwischen – und muss logischerweise meine eigene Position finden.« Wahrscheinlich ist es unvermeidlich, dass Sie den einen oder anderen enttäuschen. Viele Forderungen, die Sie früher im Kollegenkreis gemeinsam erhoben haben, sehen Sie nun in neuem Licht. In der neuen Position als Führungskraft lernen Sie neue Zusammenhänge und Grenzen kennen, die Sie nicht ignorieren können.

Positionieren Sie sich. Sie sind weder der Erfüllungsgehilfe des Teams (manche Dinge, die das Team gerne will, gehen nun einmal nicht!), noch der des Vorgesetzten. Der Vorgesetzte ist vielmehr der Partner, mit dem Sie klare Ziele vereinbaren, die Sie dann mit Ihrem Team umsetzen. Achten Sie darauf, dass diese Ziele erreichbar sind. Falscher Ehrgeiz (»Ich mache alles anders und erreiche mehr in kürzerer Zeit!«) kann verhängnisvoll sein. Sie tragen nun auch die Verantwortung für eine Mannschaft, seien es auch nur drei oder vier Mitarbeiter. Jedes Teammitglied hat andere Stärken, Schwächen und Erwartungshaltungen. Ihre Aufgabe ist es, diese Mannschaft zu Ergebnissen zu führen (siehe Kapitel 2).

Eines werden Sie bald feststellen: Vom »Flurfunk«, den das Team betreibt und an dem Sie sich früher beteiligt hatten, sind Sie plötzlich ausgeschlossen. Aber das ist ein positives Zeichen. Die Mitarbeiter haben erkannt, dass Sie nun eine neue Rolle spielen und nicht mehr einer der Ihren sind.

**Aufstieg ins Topmanagement**
Die meisten Führungskräfte gehen davon aus, dass die ihnen vertrauten Regeln des mittleren Managements auch im Topmanagement gelten. Immerhin sind sie mit diesen Regeln viele Jahre erfolgreich gewesen und dahin gelangt, wo sie heute stehen. Durch Leistung und Engagement, durch Ehrlichkeit, Berechenbarkeit und Transparenz sind sie zuverlässig vorangekommen. Warum sollen diese Eigenschaften plötzlich nicht mehr die entscheidenden Erfolgsfaktoren sein?

Und doch zeigt die Erfahrung: Was der Raupe den Erfolg brachte, gilt für den Schmetterling nicht mehr. Jetzt stehen Beziehungsfähigkeit, gute Kontakte, politisches und strategisches Kalkül im Vordergrund – Erfolgsfaktoren, auf die es bislang weniger ankam (s. Kapitel 13). Die besondere Schwierigkeit liegt nun darin, dass man als Raupe die Welt des Schmetterlings noch nicht kennt. Die ins Topmanagement aufgestiegene Führungskraft lernt die dort geltenden Regeln erst noch kennen – handelt es sich doch um ungeschriebene Gesetze, über die wenig gesprochen wird. In vielen Coachingsituationen habe ich erfahren, wie irritierend dieser Zustand sein kann. Häufig erfährt eine Führungskraft erst jetzt, dass es die neuen Regeln überhaupt gibt. Niemand hat sie vorher hierüber informiert. Daher nenne ich sie auch »Hidden Agendas«.

Was tun? Nehmen Sie sich die Zeit, den Überblick zu bekommen – und akzeptieren Sie, dass neue Regeln gelten. Auch wenn Sie in eine F2-Position oder auch C-Level aufgerückt sind, also in die Ebene unter dem Vorstand, werden Sie sich in aller Regel mit den Spielregeln des Topmanagements auseinandersetzen müssen, weil nun Ihr Chef dieser neuen Welt angehört. Die hohe Kunst liegt darin, erfolgreich »nach oben« zu führen, oder, wie es unter dem Fachbegriff »Cheffing« formuliert wird: »von unten führen« (siehe Teil II »Führung der Vorgesetzten«).

Die Spielregeln des Topmanagements müssen Sie kennen, aber nicht unbedingt befürworten. Es gibt Wege, sich in der obersten Etage des Unternehmens zu bewegen, ohne sich dabei zu verbiegen. Ihre neue Position ist einflussreich – und Sie können den Einfluss dazu nutzen, Ihre eigenen Prinzipien zu realisieren. Das setzt jedoch voraus, dass Sie die Spielregeln genau kennen und die Gepflogenheiten respektieren. Das kann zum Beispiel bedeuten, dass man einen Vorstandskollegen nicht in der Vorstandssitzung mit einem neuen Vorschlag überrascht, sondern sich mit ihm vorher zu einem gediegenen Mittagessen trifft. Es kommt auf dieser Ebene ganz besonders auf die »Verpackung« an, in der man Kritik oder Änderungsvorschläge vorbringt.

## 1.3 Zusammenfassung

Wie finden Sie Ihre Rolle als Führungskraft? Ganz gleich, ob Sie erstmals in eine Führungsposition kommen, innerhalb des mittleren Managements wechseln oder weiter aufsteigen, bewährt haben sich die folgenden drei Schritte.

**Schritt 1**: Verschaffen Sie sich ein genaues Bild von der neuen Position. Klären Sie insbesondere:
- Auf welcher Ebene liegt die neue Position?
- Welches Image hatte der Vorgänger?
- Welche Ziele, Aufgaben und Erwartungen sind mit der neuen Position verbunden?
- Stimmen die Rahmenbedingungen?

**Schritt 2:** Bereiten Sie den Start in die neue Position sorgfältig vor.
- Nutzen Sie interne und externe Unterstützung (Angebote der Personalentwicklung, Führungsseminare, Mentoring + Coaching).
- Stellen Sie einen »Businessplan« auf (Ziele, Maßnahmen, Ressourcen).
- Planen Sie den Antrittstag (Einführung durch Vorgesetzten oder Unternehmenschef)

**Schritt 3:** Meistern Sie die ersten 100 Tage.
- Verschaffen Sie sich einen Überblick und finden Sie Ihre Position zwischen Mitarbeitern und Vorgesetztem.
- Achten Sie auf die Regeln und ungeschriebenen Gesetze, die auf Ihrer Unternehmensebene gelten.
- Gewinnen Sie Ihre Mitarbeiter und bauen Sie eine leistungsfähige Mannschaft auf (siehe Kapitel 2).

Die Analyse der Karrierewege hat gezeigt, dass es zwei besonders kritische Situationen gibt: der Wechsel von der Fach- zur Führungskraft und der Wechsel ins Topmanagement. In beiden Fällen kommt es darauf an, zum Teil alte Verhaltensweisen über Bord zu werfen und ganz neue Regeln zu erlernen. Es findet ein klarer Bruch mit der Vergangenheit statt – vergleichbar mit der Metamorphose einer Raupe zum Schmetterling.

Wer erstmals eine Führungsposition übernimmt, muss sich grundlegend umstellen. Galt es bisher, sich über fachliche Leistungen zu profilieren, kommt es nun darauf an, eine Mannschaft erfolgreich aufzubauen und zu führen. Nicht mehr die eigene fachliche Brillanz zählt, sondern die Fähigkeit, eine gute Teamleistung zu erreichen (mehr hierzu in den folgenden Kapiteln). Beim Sprung ins Topmanagement kommt es dann erneut zum Bruch mit der Vergangenheit. Wieder sieht sich die Führungskraft mit ganz anderen Regeln konfrontiert. Jetzt stehen Strategien, Beziehungen und Verhandlungen, vor allem auch politisches und taktisches Kalkül im Vordergrund.

Für einen Aufsteiger ins Topmanagement ist es sehr vorteilhaft, die dort herrschenden Regeln nicht nur zu kennen, sondern auch auf deren Klaviatur spielen können. So können Sie Ziele erreichen, die Ihnen wichtig sind. Das ist ähnlich wie mit dem Knigge: Es ist nützlich, ihn zu kennen, unabhängig davon, ob man alles gut findet, was dort geraten wird. In einer Position auf der obersten Ebene verfügen Sie über genügend Einfluss, das Umfeld behutsam, aber beharrlich nach Ihren Wünschen zu entwickeln. Es ist deshalb durchaus möglich, auch hier die eigene Rolle zu finden, ohne sich verbiegen zu müssen.

So wie der Schmetterling seine neue Freiheit entdeckt, plötzlich fliegen kann und sich wenig später auf der schönsten Blüte in seiner Umgebung niederlässt.

> **Digitales Extra: So finden Sie Ihre Rolle als Führungskraft**
> Beantworten Sie diese Fragen mithilfe der Checkliste
> https://www.galileo-institut.de/buch-downloads
>
>
>
> Wenn Sie gleich ans Werk gehen und Ihre Umsetzung starten wollen, dann nutzen Sie gerne das kostenlose **Audio-Coaching**. In neun kurzen Episoden erhalten Sie Impulse und Ideen für Ihren souveränen Start in der neuen Rolle – auch für das Onboarding im Topmanagement. Laden Sie sich Ihr Audio-Coaching herunter: »**Neue Rolle an der Spitze – Macht und Politik**«
> https://www.galileo-institut.de/audiocoaching-unternehmenslenker/
>
>

# 2 So bauen Sie eine leistungsfähige Mannschaft auf

Mussten Sie schon einmal ein wild gewordenes Pferd einfangen? In einer Coachingsitzung berichtete mir ein Abteilungsleiter über einen solchen Fall. Mit »wild gewordenem Pferd« bezeichnete er einen fachlich hervorragenden Mitarbeiter, den er hoch schätzte, der jedoch in seinem Tatendrang ständig davongaloppierte, ohne sich um Regeln und Absprachen zu kümmern. Das Verhalten des Mitarbeiters drohte den Zusammenhalt des gesamten Teams zu sprengen. Was konnte der Abteilungsleiter tun?

Die Lösungsstrategie bestand aus zwei Teilen. Zunächst führte der Abteilungsleiter ein klärendes Gespräch mit seinem Mitarbeiter, um Hintergründe und Motive seines Verhaltens zu verstehen. Der Abteilungsleiter erläuterte noch einmal die Spielregeln, die für alle Mitarbeiter der Abteilung gelten – und machte klar, dass es für jeden Mitarbeiter Konsequenzen hat, notfalls bis hin zu einem Stellenwechsel, wenn er diese Regeln nicht einhält. Der zweite Teil der Strategie bestand darin, den Mitarbeiter eng zu führen: In der täglichen Arbeit lobte der Abteilungsleiter ihn für gute Leistungen, erinnerte aber auch wenn erforderlich sofort an die vereinbarten Spielregeln. Wichtiges formulierte er per E-Mail, um Missverständnisse gar nicht erst aufkommen zu lassen.

Mit anderen Worten: Der Vorgesetzte nahm den Mitarbeiter ernst, ging auf seine Anliegen ein, zog die Zügel aber auch an, bevor dieser wieder davonlief. Inzwischen ist der Mitarbeiter eines seiner besten Pferde im Stall.

Probleme bereiten aber nicht nur wild gewordene Pferde. Im Alltag tauchen die unterschiedlichsten Situationen auf, die den Aufbau einer schlagkräftigen Mannschaft gefährden können. Spätestens dann wird deutlich: Bei der Übernahme einer Führungsfunktion geht es nicht nur darum, dass Sie selbst Ihre Rolle finden (Kapitel 1). Es muss auch gelingen, die Mitarbeiter hinter sich zu bekommen und ein leistungsfähiges Team aufzubauen.

## 2.1 In sieben Schritten zum leistungsfähigen Team

Wie schaffe ich es, meine Mitarbeiter vom ersten Tag an für mich zu gewinnen? Diese Frage bewegte eine ehrgeizige Betriebswirtin in einem großen Energiekonzern. Seit gerade zwei Jahren hatte sie ein kleines Team im Bereich Strom und Gas geleitet, als sie ein attraktives Angebot bekam: Sie sollte die Marketingleitung des Bereichs Windkraft übernehmen. Die Teamleiterin freute sich sehr über das Vertrauen ihres Vorgesetzten, war auch stolz auf das Angebot. Zugleich war sie sich aber sehr unsicher, wie sie es anfangen sollte, in diesem für sie selbst ganz neuen Bereich die Akzeptanz der Mitarbeiter zu finden.

Die junge Frau beschloss, sich gründlich auf die neue Stelle vorzubereiten und auch einige Nachforschungen anzustellen. Was war mit dem bisherigen Abteilungsleiter des Windkraftmarketings geschehen? Warum hatte er den Posten verlassen? War er womöglich mit seinem Team gescheitert? In welcher Verfassung würden die Mitarbeiter sein? Eher verunsichert und demotiviert? Oder doch eher neugierig und bereit sich zu engagieren? Wie sie herausfand, durfte sie mit letzterem rechnen – was sie als ausgesprochen beruhigend empfand.

Da der Frau der Ruf vorauseilte, eher abweisend und verschlossen zu sein, wollte sie dieses Vorurteil an ihrem Antrittstag bewusst entkräften. Zudem war klar: Über die künftige inhaltliche Ausrichtung der Abteilung konnte sie noch nicht viel sagen, hierfür war der Unternehmensbereich für sie noch zu neu. Also wählte sie an ihrem ersten Tag eine sehr zurückhaltende Vorgehensweise. Sie holte die Mitarbeiter auf eine halbe Stunde zu einer Tasse Kaffee zusammen, stellte sich als die neue Vorgesetzte vor und erzählte ein wenig über sich selbst. Sie kündigte an, dass sie die folgenden Wochen nutzen werde, um mit jedem Mitarbeiter ein Einzelgespräch zu führen. Tenor ihres Auftritts: »Ich möchte alles genau kennenlernen.«

Da der neuen Abteilungsleiterin ihr Strom-und-Gas-Wissen in der neuen Position nur wenig nutzte, war sie trotz aller Vorbereitung zunächst nicht in der Lage, ihren Mitarbeitern eine klare Linie vorzugeben. Hier war sie auf die Mithilfe ihres neuen Teams angewiesen. In den ersten Wochen führte sie daher viele Gespräche mit den Mitarbeitern. So gelang es ihr, Ziele und Wege gemeinsam festzulegen – und auf diese Weise auch das Vertrauen des Teams zu gewinnen.

Ganz anders ging eine Führungskraft vor, deren Aufgabe es war, ein völlig demotiviertes Team wieder aufzurichten. Der von einem anderen Unternehmen eingekaufte Manager verfügte über einschlägige Sanierungserfahrungen und inszenierte sich bewusst als »Retter«. Als er seine neue Position antrat, holte er gleich alle Mitarbeiter zusammen, um ihnen seine Vorstellungen für den Unternehmensbereich darzulegen. Indem er eine neue Perspektive entwickelte und ein gemeinsames Ziel formulierte, gelang ihm, was viele nicht für möglich gehalten hatten: In der Abteilung entstanden Motivation und Aufbruchstimmung.

Die junge Abteilungsleiterin und der erfahrene Sanierer – zwei ganz unterschiedliche Herangehensweisen. Beide zeigen aber, wie sehr es beim Aufbau einer leistungsfähigen Mannschaft auf die Fähigkeit ankommt, die Mitarbeiter abzuholen und klare Ziele zu vermitteln.

Noch einen wichtigen Hinweis geben die beiden Beispiele: Um eine Mannschaft hinter sich zu bringen, kommt es in erster Linie darauf an, auf sein Umfeld glaubwürdig und authentisch zu wirken. Es ist gefährlich, Ratschlägen zu folgen, die dazu anleiten, »offene Fragen zu stellen« oder »Interesse zu signalisieren«, wenn diese Ratschläge nur als Werkzeug oder Technik eingesetzt werden. Mitarbeiter haben ein feinsinniges Gespür dafür, ob man sie ernst nimmt und das bekundete Interesse ehrlich ist. Nur wenn das der Fall ist, wird es gelingen, das für die Leistungsfähigkeit des Teams so notwendige Vertrauen aufzubauen.

Im Einzelnen lässt sich der Aufbau eines leistungsfähigen Teams in sieben Schritten beschreiben:
- Schritt 1: Bereiten Sie sich auf Ihre Gruppe vor.
- Schritt 2: Klären Sie Rahmenbedingungen und Ziele.
- Schritt 2: Gewinnen Sie Ihre Mitarbeiter.
- Schritt 3: Vermitteln Sie Ziele und Strategie.
- Schritt 4: Legen Sie Spielregeln und Erwartungen fest.
- Schritt 5: Treffen Sie Zielvereinbarungen.
- Schritt 6: Schaffen Sie Vernetzungen – also Beziehungen und Austausch untereinander.
- Schritt 7: Achten Sie auf die richtigen Rahmenbedingungen.

### 2.1.1 Schritt 1: Bereiten Sie sich auf Ihre Gruppe vor

Vielleicht liegt es daran, dass ein attraktives Angebot stolz macht oder dass man sich geschmeichelt fühlt. Meine Beobachtung ist jedenfalls, dass mancher karrierebewusste Mitarbeiter nicht wirklich nachfragt, was genau ihn in einer neuen Position erwartet – und dann ziemlich unvorbereitet in den neuen Job hineinstolpert.

So erlebte eine Abteilungsleiterin ein böses Erwachen, als sie ihren vermeintlichen Traumjob antrat. Völlig unerwartet schlug ihr eine feindselige Stimmung entgegen. Erst nach einigen Tagen fand sie den Grund heraus: Zu ihrem Team zählte eine Mitarbeiterin, die sich seit Jahren Hoffnung auf die Abteilungsleitung gemacht hatte. Nach Kräften hatte die bitter enttäuschte Frau die zurückliegenden Wochen genutzt, um zu intrigieren und der »Neuen« das Leben schwer zu machen.

Um solche unliebsame Überraschungen zu vermeiden, lautet die erste Regel: Informieren Sie sich über die künftige Mannschaft. Holen Sie im Vorfeld alle Informationen ein, die Sie über die neue Position und die Ihnen zugedachte Rolle bekommen können. Selbstverständlich dürfen Sie stolz sein, wenn Sie ein attraktives Angebot erhalten. Doch lassen Sie den Tag, an dem sie die neue Position antreten, nicht einfach auf sich zukommen. Nutzen Sie die Zeit, um sich kundig zu machen. Führen Sie ein ausführliches Gespräch mit Ihrem neuen Vorgesetzten, um zu erfahren, warum die Wahl auf Sie fiel und was man – und speziell der Vorgesetzte – von Ihnen erwartet. Suchen Sie auch Kontakt zu den Führungskräften, die mit der neuen Position in Zusammenhang stehen. Versuchen Sie herauszufinden, welche Rolle Ihre künftige Abteilung im Unternehmen spielt und wohin sie sich in den nächsten Jahren entwickeln soll.

### 2.1.2 Schritt 2: Klären Sie Rahmenbedingungen und Ziele

Wenn Sie sich Klarheit über die neue Position und die Ihnen zugedachte Rolle verschafft haben, sollten Sie im nächsten Schritt die Rahmenbedingungen klären. Hierbei können folgende Leitfragen helfen:

- Welche Führungsrolle werden Sie übernehmen? Handelt es sich um »Führung in Linie«, also um die klassische hierarchische Führung inklusive Personalverantwortung? Oder sollen Sie als Projektleiter ein Team auf Zeit führen? Oder handelt es sich um »Führung« aus einer Stabsfunktion heraus, zum Beispiel in einem Vorstandsstab?
- Sind alle Mitarbeiter Ihres Teams präsent? Oder sind sie über eine größere Region verteilt, ist also eine »dezentrale Führung« bzw. »virtuelle Führung« erforderlich?
- In welche Organisationsstruktur ist die Stelle eingebettet? Sollen Sie in einer Matrix- oder Linienorganisation führen?
- Waren Sie vorher in diesem Team Mitarbeiter und werden jetzt Vorgesetzter?
- Haben Sie angestellte Mitarbeiter? In Voll- oder Teilzeit? Oder sollen Sie freie oder sogar provisionsabhängige Mitarbeiter führen?
- Führen Sie Mitarbeiter einer Nationalität? Oder müssen Sie mit »gemischten« Kulturen zurechtkommen?

Diese Rahmenbedingungen bestimmen die Führungsrolle maßgeblich und erfordern jeweils andere Spielregeln. Je klarer und vertraglich enger die Mitarbeiter zugeordnet sind, desto einfacher ist die Führung. Die emotionale Bindung – um das geht es letztlich – kann leichter erzeugt werden. Am anderen Ende der Skala liegt die schwierigste Kombination: die dezentrale Führung von provisionsabhängigen Mitarbeitern in verschiedenen Kulturen. Bei dieser »lockeren« Vertragsbindung bleibt im Grunde nur die Möglichkeit, den Mitarbeiter durch »Motivation« zu führen, um so eine stärkere emotionale Bindung zu erreichen.

Sind die Rahmenbedingungen klar, bleibt noch ein wichtiger Punkt zu klären: Was genau wird von Ihnen und Ihrem künftigen Team erwartet? Sie benötigen Antworten auf zwei wesentliche Fragen: Welche Ziele legen Sie mit Ihrem Vorgesetzten fest? Was planen Sie mit Ihren Mitarbeitern? Wer eine Abteilung erfolgreich führen möchte, muss selbst sehr genau wissen, wohin die Reise gehen soll.

Treffen Sie mit Ihrem Vorgesetzten deshalb eine klare Zielvereinbarung. Wie diese im Einzelfall aussieht, hängt von der konkreten Situation ab. Wenn Sie die Leitung der Finanzbuchhaltung übernehmen, in der vorwiegend Routinearbeiten abgewickelt werden, genügen einige wenige operative Ziele. Ganz anders bei einer Marketingabteilung, die vor wichtigen Produktneueinführungen steht: In diesem Fall geht es um eine strategische Aufgabe, deren Zielsetzung ausführlich besprochen und präzise definiert werden sollte. Wieder anders wird die Zielformulierung aussehen, wenn Sie eine komplett abgewirtschaftete Abteilung übernehmen und dafür sorgen sollen, dass ein »wild gewordener Haufen endlich wieder produktiv arbeitet«, wie es einmal ein Vorstand formulierte.

Achten Sie darauf, keine unrealistischen Ziele zu akzeptieren. Damit wäre das Scheitern Ihres Teams vorprogrammiert. Legen Sie im Zweifelsfall anhand eines kleinen Konzepts dar, unter welchen Bedingungen Sie die Ziele für erreichbar halten. Zeigen Sie auf, welche Ressourcen, Einfluss- und Gestaltungsmöglichkeiten Sie benötigen. Handeln Sie nach dem einfachen Prinzip: »Gerne übernehme ich die Aufgabe, dazu brauche ich aber …« (mehr zum Thema »unrealistische Ziele« in Kapitel 10).

### 2.1.3 Schritt 3: Gewinnen Sie Ihre Mitarbeiter

Wie erfahren die Anderen eigentlich, dass Sie der Neue sind? Wie so oft spielt der erste Eindruck eine wichtige Rolle. Idealerweise führt Sie der Unternehmenschef oder Ihr Vorgesetzter mit einigen freundlichen Worten ein, die er am Antrittstag im Kreise Ihrer neuen Mitarbeiter spricht.

Ob mit oder ohne eine solche offizielle Einführung: In jedem Fall sollte sich ein neuer Vorgesetzter seinen Mitarbeitern schnellstmöglich zeigen – am ersten, spätestens am zweiten Tag. Die Mitarbeiter sollten die Chance bekommen, ihren neuen Chef persönlich kennenzulernen. Auch wenn er inhaltlich noch wenig sagen kann oder möchte, sollte er jetzt schon seine Wertschätzung für die Mitarbeiter zum Ausdruck bringen, etwa in dem Tenor: »Ich bin jetzt der Vorgesetzte, aber nur wir gemeinsam können die Ziele unserer Abteilung und unseren Beitrag zum Erfolg des Unternehmens erreichen.« Oder auch: »Ich bin hier, um zuzuhören und von Ihnen zu lernen«, wie es Marijn Dekkers bei seiner Antrittsrede als künftiger Konzernchef von Bayer – heutiger Aufsichtsratsvorsitzender von Unilever – formulierte.

Dem Antrittstag folgt eine mehrwöchige Dialogphase. Der neue Vorgesetzte geht auf seine Mitarbeiter zu, stellt sich ihren Fragen und lernt im Gegenzug deren Aufgaben, Gedanken und Fähigkeiten kennen. Bewährt hat es sich, in den ersten 14 Tagen mit jedem Mitarbeiter ein ausführliches Gespräch zu führen und etwa folgende Fragen zu stellen: »Wie geht es Ihnen? Was machen Sie genau? Was gefällt Ihnen an Ihrer Arbeit?

Was könnte man in Ihrem Arbeitsbereich ändern? Was sollte in der Abteilung anders laufen? Wo möchten Sie in drei oder vier Jahren stehen? Was möchten Sie mir sagen?«

Der Vorgesetzte beobachtet, hört zu, nimmt Informationen auf, macht aber noch keine Zusagen oder Versprechungen. Vielmehr erfasst er die Stärken und Schwächen der Mitarbeiter und verschafft sich Einblick in die Strukturen der Abteilung. Vor allem aber gewinnt er, indem er auf seine Mitarbeiter zugeht und ihnen zuhört, leichter ihre Unterstützung. Der Vertrauensprozess hat begonnen. Hier geht es vor allem um die innere Haltung: Seien Sie offen für das, was gut läuft, und honorieren Sie dies. Seien Sie auch offen für Veränderungsvorschläge aus der Mannschaft. Lassen Sie sich – im positiven Sinne – von Ihrer Mannschaft überraschen.

Bleiben Sie dann auch dabei, brechen Sie den Dialog mit den Mitarbeitern nicht ab – damit es Ihnen nicht so ergeht wie einer Top-Führungskraft, die nach einem gelungenen Start von ihren Mitarbeitern gesucht werden musste: »Wo war eigentlich unser Chef?«, fragten diese immer öfter. Dieser hatte sich nach der Einführungsphase zurückgezogen, um mit den Vorgesetzten Strategien und Lösungen zu erarbeiten. Seine Mannschaft hatte er darüber offenbar vergessen.

### 2.1.4 Schritt 4: Vermitteln Sie Strategie und Ziele

Das Eis ist gebrochen. Der Einstand ist gelungen, das Team steht weitgehend an Ihrer Seite. Nun folgt ein Schritt, der in der Praxis häufig Schwierigkeiten bereitet: Es geht darum, den Mitarbeitern die strategischen Ziele der Abteilung zu vermitteln. Das Problem liegt meist darin, dass zwei Welten aufeinanderstoßen. Während die Führungskraft strategisch denkt, die Unternehmensziele kennt und es gewohnt ist, über den Tellerrand hinauszublicken, bewegen sich die Mitarbeiter vor allem im eigenen Arbeitsbereich und sind nicht automatisch damit vertraut, den Blick auf das Ganze zu richten.

Nun könnte man den Standpunkt vertreten, einen Mitarbeiter einfach in seiner Welt zu belassen und ihn über klare Anweisungen zu führen. Auf die Mühe, ihm Ziele und Strategien zu vermitteln, ließe sich dann verzichten. Die Erfahrung zeigt jedoch, dass dieser Führungsstil heute in aller Regel nicht mehr funktioniert. Prozesse und Abläufe sind so komplex geworden, dass eine Führungskraft ihre Mitarbeiter als Verbündete braucht, die im Sinne des Unternehmens und der Abteilung mitdenken. Als verantwortliche Führungskraft sind Sie heute immer mehr auf die Fähigkeiten und die Aufmerksamkeit Ihrer Mitarbeiter angewiesen, wenn Sie erfolgreich sein möchten. Also müssen die Mitarbeiter auch verstehen, wohin die Reise geht.

Worauf es dabei ankommt, bringt eine Metapher des französischen Schriftstellers Antoine de Saint-Exupéry sehr schön auf den Punkt: »Wenn du möchtest, dass deine

Männer ein gutes Boot bauen, dann versuche nicht, ihnen zu sagen, wie sie an Holz kommen und es zusammensetzen sollen, sondern vermittle ihnen die Lust an der Seefahrt, und sie werden dir ein seetüchtiges Boot bauen.²« Hier wird den Männern eine Vision, eine Richtung vorgegeben. Der Weg jedoch bleibt relativ frei, das heißt, sie erhalten genügend Spielraum, eigene Gedanken in den Bootsbau einzubringen.

Gehen Sie ebenso vor. Im Idealfall halten alle Teammitglieder die Vision und das daraus abgeleitete höhere Ziel für erstrebenswert, alle können sich mit ihm identifizieren. Dadurch entsteht ein Wir-Gefühl, eine gegenseitige emotionale Bindung. Die Beteiligten setzen ihre Ressourcen mit Blick auf das Ziel ein. Nun kommt tatsächlich Schwung in die Mannschaft!

### 2.1.5 Schritt 5: Legen Sie Erwartungen und Spielregeln fest

Vision und gemeinsame Ziele reichen allein nicht aus. Um effektiv zusammenzuarbeiten, benötigt ein Team auch klare *Spielregeln*. Hier bietet es sich an, eine Analogie zur Natur zu ziehen: Der menschliche Organismus verfügt über Organe wie Lunge, Magen oder das Herz, bei denen es auf ein klar geregeltes Zusammenspiel ankommt. So kann sich zum Beispiel das Herz auf seine hoch spezialisierte Aufgabe konzentrieren, weil es weiß, das Thema »Atmen« übernimmt die Lunge. Jedes Organ kann sich in seinem Bereich den Luxus einer weitgehenden Autonomie leisten – allerdings nur, weil es weiß, dass es sich auf die Leistung der anderen Organe verlassen kann. Damit das Gesamtsystem funktioniert, müssen sich also alle Beteiligten an bestimmte Regeln, also »Spielregeln« halten.

Käme etwa der Lunge plötzlich die Idee, für ein paar Tage Urlaub zu machen, wäre dies mit Blick auf das Ganze nicht hinnehmbar. Stattdessen verfährt sie nach dem Prinzip: »Ich habe die Freiheit, meine Stärken auszubauen und meine Spezialisierung voranzutreiben, wenn ich mich – wie die anderen auch – an vereinbarte Regeln halte.« Es liegt also im eigenen Interesse, dass sie sich an die gemeinsamen Regeln hält und sich freiwillig in den Organismus als Ganzen einordnet.

Manager und Wissenschaftler suchen seit Jahrzehnten mehr oder weniger erfolgreich nach Rezepten, um Menschen und Prozesse in einem Unternehmen effizient zu steuern. Die Natur hat dieses Regelsystem mit evolutionärer Technik bereits fertig entwickelt: Das Wechselspiel zwischen Selbstverantwortung des Einzelnen und Unterordnung in ein System, zwischen individuellen Entscheidungen und Befolgung von Anweisungen findet ja täglich in uns selbst statt. Die Organe in unserem Körper

---

2  Saint-Exupéry: Die Stadt in der Wüste

funktionieren zwar alle unabhängig voneinander, benötigen aber für das langfristige Überleben sowohl des Einzelorgans als auch des gesamten Körpers ein Steuerungswerk für ihr Zusammenspiel. Die Lösung, welche die Evolution für die Bewältigung dieser komplexen Aufgabenstellung entwickelt hat, ist unser Zentralnervensystem.

Genauso ist es auch im Team: Jedes Mitglied hat hier seine besondere Stärke und Funktion. Es genießt in seinem Bereich Autonomie, muss sich andererseits aber an bestimmte Regeln halten, sonst funktioniert das ganze System nicht. Im Körper gibt es hierfür als übergeordnete Steuerung das zentrale Nervensystem, das auf die Einhaltung der Regeln achtet. Im Team ist es die Führungskraft.

Wer eine Führungsposition übernimmt, sollte daher seine – auch unausgesprochenen – *Erwartungen* klar vermitteln und deutlich machen, an welche Spielregeln sich alle Mitarbeiter zu halten haben. So legte der Leiter einer Entwicklungsabteilung folgende Spielregeln fest:
- Fehler sind erlaubt, doch darf ein Fehler nur einmal geschehen.
- Ein Fehler wird sofort kommuniziert – und daraus gelernt.
- Wenn ein Mitarbeiter eine Information benötigt, beschafft er sich diese Information – und wartet nicht, bis der Andere sie ihm gibt (Holschuld).
- Jeder Mitarbeiter informiert den Vorgesetzten unaufgefordert über wichtige Ereignisse und Entwicklungen (Bringschuld).
- Die Regeln für Besprechungen (Pünktlichkeit, festgelegte Dauer, Protokoll) werden strikt eingehalten. Das Protokoll wird während der Sitzung erstellt und im Anschluss sofort online verschickt.
- Jedes Teammitglied beantwortet eine E-Mail innerhalb eines Tages (24-Stunden-Regel).

Insgesamt sollte es sich nur um eine »Handvoll« Regeln handeln, die man sich merken kann.

**Digitales Extra: Spielregeln**
Definieren Sie Ihre wichtigsten Spielregeln für eine erfolgreiche Zusammenarbeit mit Ihrer Mannschaft.
https://www.galileo-institut.de/buch-downloads

Die Regeln in diesem Beispiel beziehen sich vor allem auf Kommunikation, Umgang miteinander und Fehlerkultur. Bezogen auf die Kommunikation stellen sie einen effektiven Austausch der Teammitglieder untereinander sicher. Mit Blick auf die Fehlerkultur lautet das Prinzip: Wenn schon etwas schiefgeht, möchten wir daraus lernen. Es ist deshalb untersagt, einen Fehler zu vertuschen und darauf zu hoffen, dass er nicht auffallen wird. Die Kenntnis der Erwartungen und das Einhalten der Spielregen schaffen Verlässlichkeit und bilden damit eine wichtige Basis für einen entstehenden Vertrauensprozess.

Vermitteln Sie Ihre Erwartungshaltung deshalb klar und eindeutig, verschaffen Sie sich aber auch umgekehrt Klarheit über die Erwartungen Ihrer Mitarbeiter – denn nur im gegenseitigen Verständnis gelingt es, die Spielregeln zügig und ohne Missverständnisse festzulegen.

Sobald die Regeln stehen und von allen Mitarbeitern akzeptiert sind, können die einzelnen Teammitglieder autonom agieren – vergleichbar mit Herz, Lunge oder Magen im menschlichen Organismus. Indem der Vorgesetzte nun auf Vertrauen als Regelungsinstrument setzt (mehr hierzu in Kapitel 3 »Delegieren Sie!«), kann die Gruppe über den Weg der Selbstorganisation ihre Kräfte voll entfalten. Auf diese Weise erzeugt der Vorgesetzte Engagement, regt das Mitdenken im Sinne der gemeinsamen Ziele an und fördert die Zusammenarbeit im Team; er erhöht die Ergebnisqualität, ohne Stress und Druck zu steigern. Für eine effektive Arbeit Ihres Teams kommt es somit darauf an,

- Erwartungen klar auszusprechen und mit der Gruppe zu klären,
- sich auf verbindliche Regeln zu einigen,
- die Ressourcen und Fähigkeiten der Mitarbeiter zu erkennen,
- das Vertrauen in den Mitarbeiter zu fördern, anstatt die Kontrolle zu erhöhen,
- mehr Verantwortung zu übergeben (und dabei auf die jeweils passende Verantwortung achten).

Oder in einem Satz: Sorgen Sie für klare Spielregeln – setzen Sie dann aber auf Eigenverantwortung und Selbstorganisation!

### 2.1.6 Schritt 6: Treffen Sie Zielvereinbarungen

Die ersten Wochen haben Sie als Orientierungsphase genutzt: Sie haben mit Ihren Mitarbeitern Gespräche geführt, Verhalten beobachtet und die jeweiligen Stärken und Schwächen, aber auch persönlichen Motivationen und Vorlieben herausgefunden. Ihnen ist klar, auf welche Mitarbeiter Sie sich verlassen können, wer für welches Thema Fachexperte ist, wer zuverlässig Aufgaben abarbeitet – und wer auch Verantwortung übernehmen kann und Sie bei Bedarf vertreten könnte. Auch wissen Sie, welchen Mitarbeitern Sie viel Verantwortung und große Gestaltungsspielräume übertragen können, welche Sie dagegen enger führen sollten.

Auf dieser Grundlage können Sie nun überlegen, wie Sie die Aufgaben der Abteilung am besten verteilen könnten und wo im Team für die einzelnen Mitarbeiter der *richtige Platz* sein könnte.

Damit haben Sie die Vorarbeit für Schritt 5 geleistet: Nun treffen Sie mit jedem Mitarbeiter eine Zielvereinbarung. Hierzu findet jährlich ein Zielvereinbarungsgespräch statt, ein weiteres Mitarbeitergespräch sollte unterjährig den Stand der Ziele überprüfen. Diese Gespräche haben neben den Unternehmens- und Abteilungszielen immer auch die persönliche Entwicklung des Mitarbeiters im Blick. Auch wenn Sie den Mitarbeiter bereits aus ersten persönlichen Gesprächen kennen, sollten Sie beim ersten Zielvereinbarungsgespräch noch einmal eingehend und systematisch auf seine Ziele und Erwartungen eingehen. Bestimmen Sie dann gemeinsam den Beitrag, den der Mitarbeiter zur Erreichung der Abteilungs- und Unternehmensziele leisten soll. Formulieren Sie konkrete Jahresziele und definieren Sie die hierfür erforderlichen Entscheidungsspielräume.

Nach dem Zielvereinbarungsgespräch beginnt die eigentliche Zusammenarbeit mit dem Mitarbeiter. Je nach Bedarf begleiten Sie ihn nun mehr oder weniger intensiv bei der Umsetzung der vereinbarten Ziele. Hier gilt die Regel: nicht zu viel, aber auch nicht zu wenig. Suchen Sie nach einer Form der Begleitung, die einen kontinuierlichen Austausch sicherstellt, der konstruktiv läuft und definitiv stattfindet. Es ist besser, sich alle zwei Wochen eine Stunde Zeit zu nehmen und das Treffen kommt wirklich zustande, als jede Woche eine Stunde zu planen, die dann immer wieder ausfällt. Entscheidend ist weniger die Frequenz denn die Konsequenz. Schaffen Sie Rituale, also regelmäßige Prozeduren, die jeweils einem bestimmten Zweck dienen. Das schafft Verbindlichkeit, Orientierung, Regelmäßigkeit und Verlässlichkeit – und damit letztlich Vertrauen.

### 2.1.7 Schritt 7: Schaffen Sie Vernetzungen – also Beziehungen und Austausch untereinander

Kürzlich lernte ich einen sechsköpfigen Vorstand kennen, für den es etwas völlig Fremdes war, sich untereinander auszutauschen. Jedes Vorstandsmitglied steuerte seinen Bereich, hielt Kontakt zu den Führungskräften seines Bereichs – doch auf die Idee, sich regelmäßig untereinander auszutauschen, also mehr als nur das Notwendigste miteinander abzustimmen, kamen die sechs Topmanager nicht. Erst als das Gesamtunternehmen in eine schwere Krise geriet, änderte sich dieser Zustand: Sie begannen zu begreifen, dass ein Austausch auf Ressortebene zwischen Finanzen, Einkauf, Marketing und Produktion sinnvoll sein könnte. Von nun an trafen sie sich zu einer wöchentlichen Sitzung. So gelang es ihnen, koordiniert vorzugehen und das Unternehmen einigermaßen erfolgreich durch die Krise zu steuern.

»Wenn die Krise da ist, dann geht es mit einem Male ganz leicht und wir finden ein gemeinsames Ziel und rücken zusammen«, stellte der Vorstandsvorsitzende fest. »Wir sollten dies auch in guten Zeiten beibehalten.« Damit holte er in der akuten Krise nach, was er jahrelang versäumt hatte: die Vernetzung der Vorstandsmitglieder untereinander.

Machen Sie es mit Ihrem Team besser: Sorgen Sie von Anfang an dafür, dass sich Ihre Mitarbeiter untereinander austauschen. Nur so kann Ihre Mannschaft wirklich effektiv zusammenarbeiten. Wenn Ihnen nicht mehr als fünf bis zehn Mitarbeiter unmittelbar zugeordnet sind, sollten Sie das ganze Team mindestens einmal im Monat an einen Tisch holen, damit ein unmittelbarer Austausch untereinander stattfindet. Ist der Kreis Ihrer insgesamt zu betreuenden Mitarbeiter größer, wählen Sie eine feste Runde aus, die sich regelmäßig trifft. Achten Sie aber darauf, dass Sie maximal sieben bis zehn direkt unterstellte Mitarbeiter haben; alles darüber hinaus ist kaum noch vernünftig zu führen.

Jeff Bezos, der Chef von Amazon, formulierte es mit der »Zwei-Pizza-Regel«. Sie besagt, »Laden Sie nie mehr Teilnehmer zum Meeting ein, als Sie mit zwei **Pizzas** satt bekommen könnten.« Somit ist nach maximal acht Teilnehmern Schluss. Die Zahl Acht kommt jedoch nicht von ungefähr: Forscher wissen längst, dass Meetings mit mehr als acht Personen schlechtere Ergebnisse liefern.

Diese Treffen sollten einerseits effektiv sein. Jede Besprechung sollte Tagesordnung, Protokoll und feste Zeiten haben, auch sollte der Sitzungsleiter klar definierte Aufträge mit Termin und Verantwortlichkeit vergeben. Andererseits dient eine Besprechung auch dem gegenseitigen Verständnis. Geben Sie einem Meeting deshalb bewusst den notwendigen Raum für das Zwischenmenschliche – für Nähe, Beziehung, Kommunikation und Austausch. Andernfalls wird dieses Zwischenmenschliche – zu dem auch Konflikte, Irritationen und Unsicherheiten zählen – in den »Flurfunk« abgedrängt. Dort beansprucht es mindestens ebenso viel Zeit, mit dem Nachteil jedoch, dass Sie als Führungskraft nicht mit anwesend sind. Die Gefahr ist groß, dass Sie Konflikte dadurch erst spät erkennen und das Gegensteuern viel Zeit und Energie erfordert.

Elektronische Medien können diesen Prozess der Vernetzung effektiv unterstützen, nicht jedoch ersetzen. »Wenn Kommunikation unterstützt wird durch elektronische Medien, dann ist das eine Hilfe«, erkannte der Wirtschaftspsychologe Lutz von Rosenstiel. »Wenn sie aber ersetzt wird durch elektronische Medien, dann liegt dort eine Gefahr, denn menschliche Kommunikation ist nicht nur Übermittlung von Sachaussagen, sondern sie transportiert zwischenmenschliche Bindung.«

Sie können auch (tägliche) Stand-up-Meetings bzw. Daily Scrums oder »Daily Huddles« nutzen. Das ist ein maximal 15-minütiges Quick-Check-Meeting, an dem die Teilnehmer normalerweise im Stehen teilnehmen und sich austauschen. Meistens geht es um die drei Leitfragen:
1. Was liegt heute an (Was sind die Ziele?)?
2. Wo stehen wir gerade (Was ist aktuell das wichtigste Ziel? Was tun Sie heute um das Ziel zu erreichen?)?
3. Wo gibt es Probleme (Wer braucht Hilfe?)?

Innerhalb kürzester Zeit werden Hindernisse aus dem Weg geräumt und die Mannschaft ist wieder arbeitsfähig. Diese Meetings finden meistens morgens statt. In manchen Situationen auch morgens und abends. So behalten Sie in kürzestem Zeitaufwand zu Ihren Mitarbeitern. Außerdem stärkt es das »Wir«-Gefühl.

## 2.2 Wie Sie das Team zusammenhalten

Auch wenn Sie Ihr Team erfolgreich aufgebaut haben – im Alltag tauchen die unterschiedlichsten Situationen auf, die den Zusammenhalt schnell wieder gefährden. Auf einige kritische Situationen, die besonders häufig sind, möchte ich im Folgenden eingehen:

- Im Team regen sich offene oder verdeckte Widerstände.
- Kritik oder negative Nachrichten demotivieren die Mitarbeiter.
- Einer der besten Mitarbeiter möchte die Abteilung verlassen.

Wie reagieren Sie in diesen Fällen am besten?

### 2.2.1 Umgang mit Widerstand: Ist es ein fauler Apfel?

Kommen wir noch einmal zurück zu der Abteilungsleiterin, die an ihrem ersten Trag von einer unerwartet abweisenden Haltung der Mitarbeiter überrascht wurde. Wie sich herausstellte, hatte sich ein Teammitglied Hoffnung auf die Position gemacht und war deshalb gegen die Abteilungsleiterin eingestellt. Wie sollte die neue Chefin mit der Situation umgehen? Möglich ist folgende Strategie: Den offenen Dialog und eine Verbindung zum Gegenüber suchen, dann einen gemeinsamen Weg finden.

Konkret könnte die Vorgehensweise so ablaufen: In einem Vier-Augen-Gespräch spricht die Abteilungsleiterin ihre frühere Konkurrentin offen auf die Situation an, etwa in dem Tenor: »Sie wollten die Stelle, ich habe Sie bekommen, aus welchem Grund auch immer. Das war die Entscheidung des Vorgesetzten. Wie gehen wir jetzt mit der Situation um?« Die Vorgesetzte macht der Mitarbeiterin deutlich, dass weiterer Widerstand der Vorgesetzten gegenüber nicht weiterführt – denn das dadurch erzeugte destruktive Verhalten würde nicht nur die gesamte Teamleistung beeinträchtigen, sondern letztlich auf die Mitarbeiterin selbst zurückfallen. Es hätte also ein Ergebnis zur Folge, das mit Sicherheit nicht ihr Ziel sein konnte. Damit erscheint es vernünftig, nach einem gemeinsamen konstruktiven Lösungsweg für diese Situation zu suchen.

Nun bleibt abzuwarten, wie die Mitarbeiterin reagiert. Mauert und intrigiert sie weiterhin, ist Härte im Sinne von konsequenter Klarheit angesagt. Die Abteilungsleiterin sollte dann einen Weg finden, die »Rebellin« aus dem Team zu entfernen. Hier gilt das Gesetz des faulen Apfels, der schleunigst aus der Kiste entfernt werden muss, bevor er die übrigen Äpfel ansteckt.

Hinter der Vorgehensweise der Abteilungsleiterin steht eine dreistufige Strategie, die sich beim Umgang mit Widerstand bewährt hat:
- Finden Sie heraus, worum es geht. Warum leistet ein Mitarbeiter Widerstand?
- Bieten Sie dem betreffenden Mitarbeiter zunächst ein freundliches Commitment an. Laden Sie ihn ein, konstruktiv im Team mitzuarbeiten, wovon alle Beteiligten, auch er selbst, profitieren können.
- Nimmt der Mitarbeiter die Einladung nicht an, sondern setzt seinen Widerstand fort, ist eine konsequente Reaktion erforderlich. Verhandeln Sie notfalls mit Ihrem Vorgesetzten über eine Versetzung des Mitarbeiters.

Wenn ein Mitarbeiter schmollt, Ihnen aus dem Weg geht, den Kontakt abbricht, Sie anschreit oder verleumdet: Nehmen Sie es erst einmal nicht persönlich! Entscheidend ist es für Sie, den Widerstand zu erkennen, ihn anzusprechen, aber nicht persönlich zu nehmen. Laut Untersuchungen weichen neun von zehn Führungskräften Konflikten aus; dies bereitet jedoch am Ende meist weit größere Probleme, als den Konflikt konstruktiv zu lösen.

Um sich selbst das Agieren zu erleichtern, sollten Sie zunächst davon ausgehen, dass Ihr Gegenüber ein anderes Interesse oder Ziel verfolgt oder dass er ein wichtiges Bedürfnis hat, das nicht erfüllt wurde. Sehen Sie sich jetzt in der Rolle eines »Klärungshelfers«. Wenn Sie den Hintergrund für sein Verhalten kennen, lässt sich meist eine konstruktive Lösung finden. Oft genügt auch schon ein klärendes Gespräch, bei dem Sie dem Mitarbeiter zuhören und die Spielregeln noch einmal darlegen.

Achten Sie darauf, das Gespräch vertraulich zu führen. Wenn in einem Meeting ein Teilnehmer querschießt, besprechen Sie die Angelegenheit nicht in Gegenwart der anderen. Die Gefahr wäre sonst groß, dass sich Allianzen bilden und der Konflikt erst recht eskaliert. Suchen Sie stattdessen mit dem Mitarbeiter im Anschluss das Gespräch unter vier Augen.

### 2.2.2 Kritisieren ohne zu demotivieren

Früher oder später kommt jede Führungskraft in die Situation, Kritik üben oder einem Mitarbeiter eine schlechte Nachricht überbringen zu müssen. Wie gelingt das, ohne den Betroffenen zu demotivieren?

Die wichtigsten Regeln:
- Trennen Sie zwischen Sache und Person.
- Trennen Sie zwischen Rolle und Person.
- Führen Sie ein Einzelgespräch.

Sehen wir uns drei typische Beispielsituationen an.

*Fall 1: Ein Mitarbeiter hat einen ernsthaften Fehler begangen.* Trennen Sie nun zwischen Sache und Person, indem Sie den Mitarbeiter spüren lassen, dass Sie mit ihm als Person grundsätzlich zufrieden sind – ihm aber zu verstehen geben, dass es jetzt darum geht, für den angerichteten Schaden eine Lösung zu finden. Einigen Sie sich mit ihm auf Maßnahmen und eine konkrete Vorgehensweise. Legen Sie gegebenenfalls Teilziele und Termine fest, um die Umsetzung der vereinbarten Lösung zusammen mit dem Mitarbeiter regelmäßig zu überprüfen.

*Fall 2: Ein Mitarbeiter enttäuscht mit seinen Leistungen und verfehlt die vereinbarten Ziele.* Ein kritisches Feedback ist unumgänglich – und auch hier gilt es, zwischen Sache und Person zu trennen. Kombinieren Sie die Kritik in der Sache mit motivierenden Zielen, die den Blick in Richtung Zukunft lenken. Ein kleiner Leitfaden durch das Gespräch könnte aus folgenden Punkten bestehen:

Die Arbeit insgesamt vom Gegenüber reflektieren lassen: Wie sieht er die Dinge, wie ist seine Selbsteinschätzung und Selbstwahrnehmung?
1. Die eigene Sicht der Dinge (Ich-Botschaften).
2. Was ist das Ziel (Ziel der Abteilung, des Unternehmens, Ihr eigenes Ziel)?
3. Wie kommen wir in Zukunft dorthin? Weg, Erwartungen und Wünsche formulieren.
4. Vom Gegenüber wiederholen lassen: Was hat er verstanden? Wie stellt er sich vor, dorthin zu kommen?

Wichtig ist es dann, den Mitarbeiter bei der Umsetzung seiner Ziele nicht allein zu lassen. Führen Sie in gewissen Abständen ein Gespräch mit ihm. Fragen Sie nach dem Stand der Arbeit, nach Schwierigkeiten oder auch nach neuen Ideen, die es zu testen lohnt. Bei aller Offenheit: Lassen Sie keinen Zweifel aufkommen, dass die vereinbarten Ziele erreicht werden müssen.

*Fall 3: Sie müssen einem Mitarbeiter die Nachricht überbringen, dass er eine erhoffte Beförderung oder Gehaltserhöhung nicht erhält.* Eine solche Entscheidung hat ja ihre Gründe. Meist ist es der richtige Weg, dem Mitarbeiter diesen Hintergrund offen und ehrlich zu schildern. Sagen Sie ihm, was Sie bewogen hat, gegen seine Gehaltserhöhung oder Beförderung zu entscheiden.

Häufig kommt es auch vor, dass nicht Sie, sondern eine andere Stelle des Unternehmens die Entscheidung getroffen hat. Immer häufiger befinden auch sogenannte Entscheidergremien über das Gehalt und die Beförderung. Dann lohnt es sich nicht, allzu viele Worte zu verlieren. Warum sollten Sie jetzt die Position des Entscheiders vertreten? Verweisen Sie einfach darauf, dass Sie nur der Überbringer der schlechten Nachricht sind. Sollte die Entscheidung aus Ihrer Sicht, also aus der Sicht des unmittelbaren Vorgesetzten, nicht ganz gerechtfertigt erscheinen, können Sie das auch offen sagen. Vielleicht lässt sich im Gespräch mit dem Mitarbeiter auf Abteilungsebene ein gewisser Ausgleich finden, etwa indem Sie ihm die Verantwortung für einen zusätzlichen Aufgabenbereich übertragen.

Wenn dagegen das Urteil zutreffend erscheint und alle beteiligten Entscheider den Mitarbeiter anders sehen, als dieser sich selbst sieht, lohnt sich ein klärendes Gespräch. Hierbei können folgende Leitfragen helfen:
- Was führt wohl dazu, dass der Mitarbeiter nicht die gewünschte Wirkung zeigt?
- Welche Möglichkeiten gibt es für den Mitarbeiter, das Umfeld von der eigenen Leistungsfähigkeit zu überzeugen?

### 2.2.3 High Performer: Ziehen lassen statt festhalten

High Performer sind für ein Unternehmen besonders wertvoll. Wer einen solchen Mitarbeiter in seinem Team hat, trägt deshalb auch eine besondere Verantwortung und sollte über die Interessen der eigenen Abteilung hinausdenken. Konkret heißt das: Stellen Sie fest, welche Stärken und Vorstellungen Ihr High Performer hat und fördern Sie ihn dann in diese Richtung – auch auf das Risiko hin, dass er das Team dann sehr bald wieder verlässt.

Wie soll man mit High Performern umgehen? Diese Frage stelle bei einem Coachingtermin eine Abteilungsleiterin, deren Führungsstil sich von den anderen, oft sehr direktiv agierenden Führungskräften im Unternehmen stark unterscheidet. Sie versteht sich eher als Mentorin denn als »Befehlsgeberin«. Diese Führungsweise hatte zur Folge, dass ihre Abteilung unter den besten Nachwuchskräften bald sehr beliebt ist, jedoch immer nur als Durchgangsstation genutzt wird. »Ich bin doch kein Ausbildungskader«, ärgerte sich die Abteilungsleiterin und fragte mich: »Was soll ich tun, um meine besten Leute zu behalten?«

Die Antwort war klar: Nichts! Festhalten ist der falsche Weg. Zwar kann man einen High Performer noch eine Weile in der Abteilung halten, indem man ihm mehr Verantwortung gibt oder vielleicht auch einen extra Bereich schafft. Früher oder später sucht er jedoch neue Herausforderungen. Kann er die Abteilung nicht verlassen, fühlt er sich schnell eingeengt und demotiviert. Seine bisherige Offenheit schwindet, das gute Verhältnis zum Vorgesetzten geht verloren – und er fängt an, sich anderweitig zu bewerben. Entweder das Potenzial des Mitarbeiters bleibt ungenutzt oder, noch schlimmer, er wandert zur Konkurrenz ab. Auch wenn es schmerzt: Ein Teamleiter sollte deshalb seine besten Leute ziehen lassen, damit sie an anderer Stelle im Unternehmen ihre Karriere fortsetzen können.

Meine Klientin hat das verstanden. Sie ist sich der Bedeutung der High Performer bewusst und hat aus der Not eine Tugend gemacht. Nach wie vor sind die besten Nachwuchsleute darauf bedacht, in ihrer Abteilung »Station« zu machen – in der Gewissheit, dass sie nirgendwo im Unternehmen so gut auf die nächste Karrierestufe vorbereitet werden. Anstatt sich allerdings wie früher über den Weggang der Mitarbeiter zu ärgern, ist die Abteilungsleiterin heute stolz auf ihre Rolle. Und ganz abgesehen davon: In ihrem Team arbeiten stets die Besten des Unternehmens – wenn auch nur für eine begrenzte Zeit.

## 2.3 Zusammenfassung

Das Geheimnis eines erfolgreichen Teams lässt sich in einem Satz zusammenfassen: Die Mannschaft ist dauerhaft am leistungsfähigsten, wenn jeder Mitarbeiter am richtigen Platz mit der richtigen Aufgabe eingesetzt ist. Doch wie gelingt es, dahin zu kommen, wenn man eine neue Position übernimmt? Bewährt haben sich folgende Hinweise:

- *Bereiten Sie sich auf die Gruppe vor.* Holen Sie im Vorfeld alle Informationen ein, die Sie über die neue Position und die Ihnen zugedachte Rolle bekommen können. Führen Sie ein ausführliches Gespräch mit Ihrem Vorgesetzten, um zu erfahren, warum die Wahl auf Sie fiel und was man von Ihnen erwartet. Welche Ziele werden von Ihnen und Ihrem künftigen Team erwartet? Achten Sie darauf, keine unrealistischen Ziele zu akzeptieren.
- *Gewinnen Sie Ihre Mitarbeiter.* Geben Sie Ihren Mitarbeitern möglichst schon am Tag Ihres Antritts die Gelegenheit, Sie persönlich kennenzulernen. »Menscheln« Sie. Suchen Sie den Dialog mit Ihren Mitarbeitern, hören Sie ihnen zu.
- *Vermitteln Sie Strategie und Ziele.* Vermitteln Sie eine Vision Ihrer Abteilung. Fragen Sie dann: Welche Werte und Ziele sind in dieser Vision enthalten? Leiten Sie hieraus ein gemeinsames, höheres Ziel ab, mit dem sich jeder Mitarbeiter identifizieren kann.
- *Legen Sie Erwartungen und Spielregeln fest.* Vermitteln Sie Ihre Erwartungshaltung klar und eindeutig, verschaffen Sie sich aber auch umgekehrt Klarheit über die Erwartungen Ihrer Mitarbeiter. Sorgen Sie für klare Spielregeln – setzen Sie dann aber auf Vertrauen und Selbstorganisation.
- *Treffen Sie Zielvereinbarungen.* Vereinbaren Sie mit jedem Mitarbeiter Jahresziele. Behalten Sie dabei auch die persönlichen Entwicklungsperspektiven des Mitarbei-

ters im Blick. Stellen Sie unterjährig einen kontinuierlichen Austausch mit jedem Mitarbeiter sicher. Seien Sie im jährlichen Jahresgespräch sehr klar und konkret.
- *Schaffen Sie Vernetzungen.* Sorgen Sie dafür, dass sich Ihre Mitarbeiter untereinander austauschen. Geben Sie einem Meeting bewusst auch den notwendigen Raum für das Zwischenmenschliche.

Kritische Situationen, die den Zusammenhalt des Teams gefährden, lassen sich gerade in der Aufbauphase kaum vermeiden. Oft liegt die Ursache darin, dass ein Mitarbeiter seinen Platz im Team noch nicht gefunden hat und deshalb glaubt, sich überall einmischen zu müssen. Aufgabe der Führungskraft ist es dann, diesem Mitarbeiter den eigenen Bereich aufzuzeigen – ihn also dabei zu unterstützten, seinen Platz zu finden.

Wenn schließlich alle Mitarbeiter auf der Grundlage der eigenen Kompetenzen und Fähigkeiten ihren Platz im Team gefunden haben, wenn zudem die Spielregeln gesetzt und akzeptiert sind, dann haben Sie es geschafft: Die Gruppe wird auf dem Wege der Selbstorganisation ihre Kräfte voll entfalten.

**Digitales Extra**
Erleichtern Sie sich die Umsetzung. Laden Sie sich gerne das kostenlose **Audio-Coaching für Führungskräfte »Moderne Führung an der Unternehmensspitze«** herunter. In neun kurzen Episoden erhalten Sie Impulse und Ideen wie Sie moderne Führung ins Unternehmen bringen, sodass die Mitarbeiter mitdenken. Laden Sie sich Ihr Audio-Coaching herunter:
»Moderne Führung an der Unternehmensspitze«
https://www.galileo-institut.de/audiocoaching-unternehmenslenker/

# 3 Delegieren Sie!

»Früher habe ich dieses Projekt selbst gemacht, und es hat funktioniert. Alle waren zufrieden. Vor drei Jahren habe ich es an einen Mitarbeiter abgegeben – jetzt herrscht absolutes Chaos.« Ein Albtraum, dem viele Führungskräfte mit einer simplen Strategie begegnen: Sie erledigen es lieber selbst.

Kurzfristig spricht Einiges für das Selbermachen. Der Vorgesetzte hat die größere Erfahrung, meist kann er die Aufgabe deshalb schneller und besser lösen. Hinzu kommt, dass er seinen Know-how-Vorsprung verteidigt. Er sichert sich eine gewisse Alleinstellung, indem er signalisiert: »Ich bin der Beste, ich bin unersetzbar!«

Auf längere Sicht jedoch überwiegen die Nachteile. Die Mitarbeiter werden immer mehr »abgehängt«, sodass es immer schwerer wird, ein effizientes Team aufzubauen. Dem Vorgesetzten gelingt es immer weniger, die Potenziale seiner Mitarbeiter zu nutzen – was ihm letztlich als Führungsversagen anzukreiden ist. Um es in aller Härte zu formulieren: Anstatt bewundert zu werden, müsste dieser Vorgesetzte für sein Verhalten gerügt und seiner Führungsrolle enthoben werden. Das wäre konsequentes Handeln der Unternehmensleitung.

Keine Frage: Delegieren zählt nicht zu den Lieblingsaufgaben einer Führungskraft, viele tun sich schwer damit. Im Führungscoaching ist es *das* Standardthema schlechthin, egal ob jung oder erfahren, »Frischling« oder »alter Hase«.

## 3.1 Führungskraft statt Experte: Wechseln Sie die Perspektive

Erinnern wir uns: Eine Führungskraft hat die Aufgabe, eine leistungsfähige Mannschaft aufzubauen und gemeinsam mit ihr die vorgegebenen Ziele zu erreichen. Damit das gelingt, bezieht sie die Mitarbeiter ein und nutzt deren Stärken. Sie sorgt für das Ergebnis, indem sie stufenweise Vertrauen aufbaut und delegiert, anstatt selbst die Resultate zu erbringen – das heißt sie steuert und regelt, anstatt die Dinge selber durchzuführen.

Was so einleuchtend klingt, fällt in der Praxis oft ungemein schwer. Oft liegt es daran, dass eine Führungskraft in der Vergangenheit ihre Meriten als Experte verdient hat und die Neigung deshalb groß ist, ihre Kompetenz weiterhin aus dem Fachlichen zu ziehen. Dies gilt umso mehr, wenn man Management nicht wirklich als Profession begreift.

Wohin diese Haltung führt, zeigt das keineswegs untypische Verhalten eines Entwicklungsleiters in einem Maschinenbauunternehmen: Tagsüber erledigte er das Organisatorische, während er seine – wie er meinte – »eigentliche Arbeit« in die Zeit nach Feierabend legte. Im Grunde war ihm klar, dass dies auf Dauer nicht gut gehen konnte. Als Führungskraft betreute er zehn Mitarbeiter und fünf Themengebiete. »Im Moment können Sie noch alle fünf Themengebiete selbst bedienen, weil Sie so fit sind«, gab ich in einer Coachingsitzung zu Bedenken – und regte an: »Wäre es nicht besser, diese fünf Themen nicht mehr selbst zu bedienen, sondern sie auf fünf Projekte aufzuteilen, die Sie an Ihre Mitarbeiter abgeben? Ihre Aufgabe wäre es dann, sich immer wieder einzuklinken und zu prüfen, wie die Mitarbeiter zurechtkommen und vorgehen.«

Der Entwicklungsleiter folgte diesem Gedanken. Er definierte seine Rolle neu, machte Führung zu seiner eigentlichen Aufgabe. Anstatt selbst in die Details der fachlichen Arbeit abzutauchen, behält er heute den Überblick über alle fünf Projekte. So erkennt er schnell, wenn an einer Stelle etwas schiefläuft, und kann dann notfalls auch eingreifen. Zudem verfolgt er Ereignisse und Entwicklungen, die sich außerhalb der Projekte abspielen, diese aber möglicherweise beeinflussen. Zum Beispiel ist er heute genau informiert, an welchen Entwicklungsprojekten der Wettbewerb arbeitet. Bislang hatte er hierfür keine Zeit aufbringen können.

Den Überblick behalten, die Projekte erfolgreich steuern, über den eigenen Tellerrand hinausblicken, Vernetzungen herstellen, Schnittstellen managen – darin liegen die Aufgaben und Kompetenzen einer Führungskraft. Diese sind mindestens so wertvoll, wie die detailgenaue Expertenkompetenz. Der entscheidende Ratschlag für viele Führungskräfte lautet daher: *Wechseln Sie die Perspektive – vom Experten zur Führungskraft.* Nicht wenn Sie selbst, sondern wenn ein Mitarbeiter eine Aufgabe fachlich gut ausführen, verdienen Sie Anerkennung. Ein Klient formulierte diese Erkenntnis einmal so: »Ich habe einen guten Job gemacht, wenn ich eine Aufgabe delegiert habe und der Mitarbeiter sie gut erledigt hat. Dagegen müsste ich getadelt werden, wenn ich eine fachliche Aufgabe selbst erledige, die auch ein Mitarbeiter übernehmen kann.«

## 3.2 Loslassen und vertrauen

Warum fällt es auch gestandenen Führungskräften manchmal so schwer, eine Aufgabe zu delegieren? Die Antwort, die man erhält, ist fast immer die gleiche: Man traut es den Mitarbeitern nicht wirklich zu, diese Aufgabe pünktlich oder in der erforderlichen Qualität zu lösen.

Wenn es sich bewahrheitet, dass der Mitarbeiter tatsächlich nicht in der Lage ist, die Aufgaben zu lösen, sollte eine Führungskraft möglichst einen anderen Mitarbeiter finden. In vielen Fällen ist es jedoch eher das Misstrauen, das am Delegieren hindert.

Insbesondere dann zählen Offenheit und Transparenz noch mehr: Vereinbaren Sie mit Ihrem Mitarbeiter regelmäßige Gespräche, durchaus auch mit dem Ziel, ihn zu kontrollieren – im Sinne von Orientierung geben. So kann der Mitarbeiter lernen, stufenweise Verantwortung zu übernehmen und leistungsfähiger zu werden.

Seien Sie also ehrlich zu sich selbst und akzeptieren Sie es, wenn Sie misstrauisch sind. Geben Sie dann sich und dem Mitarbeiter eine Chance, sodass sich langsam Vertrauen entwickeln kann, indem Sie enge Feedback-Schleifen einbauen, damit Sie eingreifen können, wenn tatsächlich etwas schief gehen sollte.

Häufig hört man die Meinung: Wenn delegieren, dann komplett. Wie die Praxis zeigt, sollte man hier differenzieren. Wenn Sie Zweifel an der Kompetenz des Mitarbeiters haben, macht es keinen Sinn, ihm nun Ihr Vertrauen »beweisen« zu wollen, indem Sie ihn voll gewähren lassen und auf Zwischengespräche verzichten. Sonst kann schnell ein fataler Effekt eintreten: Die innere Ungeduld wird so groß, dass der Wunsch zur Kontrolle überhandnimmt. Anstatt den Mitarbeiter über offene Feedbackgespräche zu kontrollieren, beobachten Sie ihn insgeheim und sind dann eher auf seine Fehler als auf seine positiven Leistungen ausgerichtet.

Erfolgreich delegieren bedeutet somit vor allem eines: Vertrauen aufbauen. Hier lohnt es sich, einen Blick auf systemische Zusammenhänge und die Lösungsmuster der Natur zu werfen. Betrachten wir hierzu einmal die Selbstregulierungskraft eines natürlichen Systems am Beispiel eines Flusses.

Ein natürlicher Fluss hat eine seiner Geografie und Geologie entsprechende Fließgeschwindigkeit. Die Richtung ist klar: zum Meer. Es gibt also ein klares Ziel für alle Beteiligten des Systems. Der Fluss ist in sein natürliches System eingebettet und lebt im Gleichgewicht mit seinen Umwelteinflüssen. Er reguliert sich von selbst. Gibt es eine Störung, etwa weil eine Fabrik Abwasser einleitet, besteht eine erstaunliche Selbstheilungskraft – wie von Zauberhand verschwinden die Schadstoffe wieder. Tatsächlich ist es das Werk zahlreicher hoch spezialisierter Kleinstlebewesen und Stoffwechselprozesse, die hier ihren Beitrag leisten, um den Fluss wieder sauber zu machen. Das Zusammenspiel unterschiedlicher Faktoren führt dazu, dass das Wasser gereinigt und das Problem gelöst wird, um so den Organismus als Ganzen nicht zu gefährden.

Das funktioniert so gut, weil alle Beteiligten ein gemeinsames höheres Ziel verfolgen: die Gesundheit des Flusses. Alle ordnen sich diesem Ziel unter und können sich darauf verlassen, dass jeder seine Teilaufgabe erfüllt. Dieses implizite Vertrauen macht das System verlässlich und stark. Es ist kein Akt der esoterischen Nächstenliebe, vielmehr ist allen bewusst, dass jeder Einzelne davon profitiert, wenn er vertraut, anstatt den anderen zu misstrauen.

Auch ein Unternehmen kann ein System sein, das über die Fähigkeit der Selbstregulation verfügt und in der Lage ist, Störungen eigenständig und effektiv abzufangen. Wie beim Fluss setzt das jedoch voraus, dass die Beteiligten auf ein gemeinsames Ziel ausgerichtet sind und die Möglichkeit haben, ihre Stärken mit Blick auf dieses Ziel einzusetzen. Konkret heißt das: Ist das gemeinsame Ziel bekannt und hat die Führungskraft Vertrauen in die Fähigkeiten, die Ressourcen und das Verantwortungsbewusstsein der Mitarbeiter, werden die Mitarbeiter sich an diesem Ziel ausrichten und – sich ihren Stärken entsprechend – für dieses Ziel engagieren. Es entsteht eine stabile und leistungsfähige Mannschaft, bei der die Mitarbeiter mitdenken, auf unerwartete Ereignisse reagieren – und sich dafür einsetzen, immer das Beste zu erreichen.

Die Botschaft des Flusses lautet also: Verleihen Sie Ihren Mitarbeitern lieber Entscheidungskompetenz und Freiräume, anstatt sie durch Kontrolle klein und abhängig zu halten. Übertragen Sie ihnen Verantwortung und sorgen Sie dafür, dass jeder das tun kann, was seinen Fähigkeiten am besten entspricht. Und vertrauen Sie dann auf das System. Sie können nun davon ausgehen, dass es von selbst seine größtmögliche Leistungsfähigkeit entfaltet.

Hinter der Kernbotschaft des Flusses steht also die systemische Erkenntnis, dass sich eine Führungskraft auf »Vertrauen« als Regelungsinstrument verlassen kann – und dass dies sogar deutlich besser funktioniert als Misstrauen und Kontrolle. Für alle, die nur ungern delegieren, ist das eine gute Nachricht: Wer delegiert, kann seinen Mitarbeitern grundsätzlich vertrauen – weil er davon ausgehen kann, dass er durch eben dieses Vertrauen eine Basis für den Erfolg schafft.

## 3.3 Strategie: Wie Sie richtig delegieren

Erfolgreiche Delegation erfordert einen klaren Delegationsauftrag. Um diesen zu erarbeiten, hat es sich bewährt, die folgenden sechs »W-Fragen« zu beantworten:

*Was? – Definieren Sie die Aufgabe, die Sie delegieren wollen.*

Klären Sie genau, welche Aufgaben Sie delegieren. Generell sollten Sie zwischen einmalig und wiederholt anfallenden Aufgaben unterscheiden. Delegieren erfordert zunächst einen hohen Aufwand. Es lohnt sich deshalb vor allem bei wiederholt anfallenden Aufgaben.

*Wer? – Legen Sie fest, wer die Aufgabe übernehmen soll.*

Stellen Sie fest, welche Anforderungen die Aufgabe stellt und welche Qualifikationen sie erfordert. Überlegen Sie dann, wer aus Ihrem Team der Richtige für die Aufgabe sein könnte.

*Warum? – Reflektieren Sie, warum Sie gerade diesem Mitarbeiter die Aufgabe übertragen wollen.*

Klären Sie Ihre Motivation: Warum möchten Sie diesen Mitarbeiter mit der Aufgabe betrauen? Spielen neben fachlichen auch soziale Aspekte eine Rolle? Was halten Sie von dem Mitarbeiter, welche Erfahrungen haben Sie mit ihm schon gemacht? Was genau erwarten Sie jetzt von ihm?

*Wie? – Legen Sie fest, welche Befugnisse der Mitarbeiter erhält, welche Vorgaben er einhalten muss und wie oft Zwischengespräche stattfinden sollen.*

Erklären Sie dem Mitarbeiter nun die Aufgabe und das damit verfolgte Ziel. Wenn Sie eigene Erwartungen und Vorstellungen haben, dann sollten Sie diese *jetzt* einbringen. Falls Sie dies unterlassen, würde das letztlich auf einen autoritären Führungsstil hinauslaufen. Fragen Sie dann nach den Ideen und Vorstellungen des Mitarbeiters: Wie möchte er vorgehen? Denkt er in die gleiche Richtung wie Sie? Hören Sie ihm zu, um sein Vertrauen zu gewinnen, aber auch um seine Vorstellungen kennenzulernen. Bestätigen Sie ihn, aber bringen Sie durch geschicktes Fragen auch Ihre eigenen Ideen ein. Definieren Sie schließlich den Spielraum, den der Mitarbeiter bei der Ausführung der Aufgabe erhält: Welche fachliche Verantwortung und welche Befugnisse erhält er? Legen Sie fest, in welchen Abständen Feedbacks oder Zwischengespräche stattfinden sollen.

*Womit? – Legen Sie die Ressourcen fest, die der Mitarbeiter für die Aufgabe noch benötigt.*

Gemeinsam mit dem Mitarbeiter überlegen Sie, welche Hilfsmittel, Unterlagen oder andere Unterstützung er für die Umsetzung seiner Aufgabe erhält. Möglicherweise sind auch noch Schulungen notwendig.

*Wann? – Legen Sie fest, bis wann die Aufgabe erledigt sein muss.*

Besprechen Sie den Zeitplan – und bestimmen Sie den Endtermin sowie Termine für Zwischengespräche.

Aus den Ergebnissen der sechs »W-Fragen« können Sie nun den Delegationsauftrag formulieren und die Aufgabe offiziell an den Mitarbeiter übergeben.

Während der Umsetzung sollten Sie den Mitarbeiter gewähren lassen, jedenfalls so lange er sich an die im Auftrag definierten Spielregeln hält. Lassen Sie also zu, wenn er ganz anders vorgeht, als Sie es tun würden – vielleicht kommt er so ja sogar zu einem besseren Ergebnis. Reagieren Sie aber sofort, wenn im Feedbackgespräch deutlich wird, dass die Dinge in eine falsche Richtung laufen. Greifen Sie dann korrigierend ein.

Vermeiden Sie dabei direktive Vorgaben, die schnell demotivierend wirken. Versuchen Sie stattdessen, den Mitarbeiter durch Fragen zu steuern, etwa auf die Weise: »Das ist prima gedacht, aber haben Sie schon überlegt, dass …?« Oder: »Darf ich aus meiner Erfahrung dazu etwas sagen?« Verstehen Sie sich als Mentor, als erfahrenen Ratgeber, der sein Gegenüber durch geschickte Fragen auf den richtigen Weg zu führen versteht.

Achtung: Bei aller Menschenorientierung kommt es natürlich im Unternehmen insgesamt auf das Ergebnis an. Dennoch bin ich felsenfest davon überzeugt, dass die profitable Nachhaltigkeit eines Unternehmens maßgeblich davon bestimmt wird, WIE das Ergebnis erreicht wird. Haben Sie mitdenkende, Verantwortung übernehmende Mitarbeiter oder Befehle ausführende Zinnsoldaten? Spätestens in einer Krisensituation zeigt sich, wie Sie Ihre Mitarbeiter entwickelt haben und ob und wie Sie die Krise meistern werden.

**Digitales Extra: Delegieren**
Die sechs wichtigen »W-Fragen« auf einem Blick, damit Sie sie jederzeit griffbereit haben.
https://www.galileo-institut.de/buch-downloads

## 3.4 Zusammenfassung

Viele Führungskräfte haben den Hang, die Dinge selbst zu tun. Es fällt ihnen schwer, loszulassen und darauf zu vertrauen, dass ihre Mitarbeiter die Aufgabe ebenso gut lösen können.

Ein Blick auf die Lösungsmuster der Natur kann hier weiterhelfen. So wie ein Fluss in sein natürliches System eingebettet ist und sich in hohem Maße selbst reguliert, kann auch ein Unternehmen ein verlässliches System sein. Ist das gemeinsame Ziel bekannt und hat die Führungskraft Vertrauen in die Fähigkeiten und das Verantwortungsbewusstsein der Mitarbeiter, werden die Mitarbeiter sich an diesem Ziel ausrichten und ihr Bestes geben. »Vertrauen« erweist sich als entscheidendes Regelungsinstrument für das System. Wer also delegiert und seinen Mitarbeitern grundsätzlich vertraut, schafft eben dadurch die Basis für Erfolg.

Die Kenntnis der systemischen Zusammenhänge erweist sich als wertvolle Hilfe, um loslassen zu können und grundsätzlich den Fähigkeiten der Mitarbeiter zu vertrauen – sich also auf das System zu verlassen. Dennoch gilt im Einzelfall, bei der Delegation einer Aufgabe sorgfältig auf die Qualifikation und Fähigkeiten des Mitarbeiters zu achten. Wenn Sie Zweifel an der Kompetenz des Mitarbeiters haben, sollten Sie das akzeptieren und bei Ihrer weiteren Vorgehensweise berücksichtigen: Geben Sie dem

Mitarbeiter Zeit und Gelegenheit, fehlende Qualifikationen zu erwerben, und vereinbaren Sie mit ihm regelmäßige Feedbackschleifen.

Im Kern sind es drei Schritte, die eine erfolgreiche Delegation ausmachen:
1. Vertrauen aufbauen. Wirkungsvoll delegieren kann nur, wer es schafft, zu seinen Mitarbeitern Vertrauen aufzubauen.
2. Machen lassen. Nur wer es schafft, seine Mitarbeiter »machen zu lassen«, kann seine Rolle als Führungskraft sinnvoll erfüllen.
3. Ergebnisse sicherstellen. Die Führungskraft übernimmt die Verantwortung dafür, dass die Ergebnisse erreicht werden – löst sich jedoch von der Idee, *selbst* die Ergebnisse zu erbringen.

Alle drei Punkte hören sich einfach an. Tatsächlich handelt es sich hierbei um die schwersten Bürden im Leben einer Führungskraft. Doch die Mühe lohnt sich. Als Führungskraft werden Sie umso schlagkräftiger, je mehr Sie delegieren. Sie haben mehr Zeit für die wichtigen Dinge, während gleichzeitig die Qualifikation Ihrer Mannschaft immer besser wird. Möglicherweise können Sie sich dann um Aufgaben kümmern, die Ihnen sogar noch mehr Spaß machen.

Eine schöne Seite des Delegierens entdeckte auch der Niederlassungsleiter eines großen Industrieunternehmens. Früher hatte er viele Aufgaben selbst erledigt, weil er sie seinen Mitarbeitern nicht zumuten wollte. Wie falsch er damit lag, merkte er erst nach längerer Zeit: »Ich musste wirklich erst lernen, dass Dinge, die für mich unangenehm sind, andere Leute gerne machen – dass ich denen sogar einen Gefallen tue, wenn ich ihnen diese Aufgaben überlasse.«

# 4 So führen Sie in Veränderungsprozessen

Nicht erst seit der letzten Konjunkturkrise oder Covid-19 haben Veränderungsprojekte Hochkonjunktur. Da kündigt etwa ein Vorstand ein konzernweites Kosten- und Effizienzprogramm an: »Jeder Bereich wird seine Kosten und Strukturen auf den Prüfstand stellen.« Und es ist absehbar, dass etliche Abteilungen aufgelöst, zusammengelegt oder einem neuen Bereich zugeordnet werden. Kurzum: Das Arbeitsumfeld wird gründlich durcheinandergewirbelt.

Ob die Unternehmensleitung diesen Wechsel nun als Reorganisation, Outsourcing, Change-Projekt, Digitalisierung, Transformation, Umstrukturierung oder Kostenprogramm bezeichnet: Auf die Führungskräfte und Mitarbeiter kommen strukturelle Veränderungen zu, ob sie diese nun gut finden oder nicht. Obwohl die Vorgesetzten nur in den wenigsten Fällen die Veränderung selbst mitbeschlossen haben, müssen sie diese jetzt vertreten und in ihrer Abteilung umsetzen. Die Mitarbeiter unterdessen spalten sich in verschiedene Lager: vom Gegner über den Ängstlichen bis hin zum Befürworter. Das Team droht auseinanderzubrechen, die Leistungskraft schwindet.

Wie gehen Sie als Führungskraft mit dieser Ausnahmesituation um? Wie gelingt es, die Mitarbeiter zusammenzuhalten, zu motivieren und die Schlagkraft des Teams zu erhalten?

## 4.1 Veränderung: Eine Ausnahmesituation für das ganze Team

Veränderungen lösen Unsicherheiten aus, nicht nur bei den Mitarbeitern, sondern auch bei den Führungskräften selbst. Der Umgang mit Veränderungen ist daher häufig auch Gegenstand von Führungscoachings. Deutlich wird dabei, dass die Reaktionen sehr unterschiedlich sind. Fasst man sie zusammen, lassen sich drei Muster unterscheiden: Kämpfen, flüchten, standhalten.

*»Kämpfen«* bedeutet: hyperaktive Reaktion. Die Führungskraft versucht, alle Hebel gleichzeitig zu bewegen, um sich aus einer Situation der Bedrängnis zu befreien – häufig mit dem Ziel gegen die geplante Veränderung anzugehen. Sie agiert unter höchster Anspannung, setzt alle persönlichen Ressourcen ein. Sie möchte alles tun, um die Situation zu retten. Dabei stößt sie an Grenzen, wird von Hoffnungen getrieben und Niederlagen geplagt – durchlebt ein emotionales Auf und Ab.

Auch das Reaktionsmuster *»Flüchten«* ist häufig anzutreffen. Manchmal steht die Flucht auch am Ende eines vergeblichen Kampfes, dem nun Lähmung und Resignation folgen. Das Flüchten und Wegducken vor der Veränderung ist oft verbunden mit Ausstiegswünschen und Rückzugstendenzen, auch körperlichen Stressreaktionen und depressiven Verstimmungen. Die Führungskraft versucht, ihre fehlende Zuversicht möglichst lange vor den eigenen Mitarbeitern zu verbergen. Sie neigt dazu, sich zurückzuziehen und nach außen hin mit Ironie oder Beschwichtigung zu reagieren. Dabei verliert sie an Authentizität, was zur Folge hat, dass sie gegenüber ihren Mitarbeitern an Glaubwürdigkeit verliert. Manchmal neigt sie auch dazu, die Situation zu überspielen, indem sie eine Vielzahl von Aktivitäten entfacht oder ständig neue Vermutungen anstellt, die sich anschließend wieder zerschlagen. Das Übermaß an Fehlinformationen löst Verwirrung aus, bis hin zu dem Punkt, dass die Arbeit in der Abteilung zum Erliegen kommt.

»Standhalten« heißt demgegenüber: der Veränderungssituation gelassen ins Auge sehen. Die Führungskraft lässt sich nicht von der persönlichen Befindlichkeit leiten, sondern versteht es, zwischen Situation und Person zu trennen. Sie konzentriert sich darauf, die geplante Veränderung zu verstehen und die Chancen für die eigene Abteilung zu erkennen. Sie sieht die Situation als Herausforderung für sich und ihr Team. Sie entwickelt eine Strategie, um die Mitarbeiter zu überzeugen und durch das Veränderungsprojekt zu führen. Je mehr Erfahrung eine Führungskraft hat, je mehr sie schon in anderen Positionen Veränderungen durchlebt hat, umso eher zählt sie zu den Typen, die mit dem Muster »Standhalten« reagiert.

Ein Veränderungsprozess trifft das gesamte Team – die Mitarbeiter und den Vorgesetzten gleichermaßen. Beide sehen sich mit einer neuen Situation konfrontiert, und so verwundert es auch nicht, dass die gleichen Reaktionsmuster zu beobachten sind. Wie die Führungskräfte reagieren auch die Mitarbeiter mit Kämpfen, Flüchten oder Standhalten: Die einen wehren sich, protestieren, gehen in den Widerstand. Die anderen verdrängen, flüchten, tauchen ab und hoffen, dass der Sturm vorüberzieht. Die dritten dagegen akzeptieren die Situation. Sie erwarten vom Vorgesetzten umfassende Informationen, suchen den Kontakt zu den erfahrenen Kollegen, die ähnliche Situationen bereits erlebt haben – und sind bereit, die Herausforderung anzunehmen.

Insgesamt muss sich der Vorgesetzte jedoch auf eine kritische Situation einstellen. Der Mitarbeiter weiß nicht, was auf ihn zukommt. Ist sein Arbeitsplatz gefährdet? Muss er eine neue Funktion übernehmen? Ängste und Unsicherheiten, ob berechtigt oder an Haaren herbeigezogen, schlagen sich schnell auf die Arbeitsfähigkeit nieder. Ein Teil der Mitarbeiterschaft verbringt den halben Tag in der Kaffeeküche, um die neuesten Gerüchte durchzuhakeln, ein anderer Teil geht in die innere Emigration, während sich die besten Mitarbeiter womöglich schon nach einer neuen Positionen umsehen. Mit anderen Worten: Das Team verliert den Zusammenhalt, die Leistung bricht ein.

Auch wenn die Führungskraft selbst verunsichert ist, wenn sie selbst nicht weiß, wie es nun weitergeht, darf sie die eigene Unsicherheit jetzt nicht auf die Mitarbeiter übertragen. Vielmehr kommt es jetzt darauf an, das Richtige zu tun und die Veränderungssituation systematisch zu managen.

## 4.2 Die Veränderungssituation managen

Da eine Restrukturierung in der Regel eine beschlossene Sache ist, macht es keinen Sinn, wenn sich die davon betroffenen Abteilungen dagegen wehren. Ziel einer Führungskraft sollte es daher sein, die vorhandenen Ressourcen des Teams zu nutzen, um den Change-Prozess im Sinne des Unternehmens umzusetzen – und dabei für die eigene Abteilung das Beste aus der Situation herauszuholen. Hierbei haben sich folgende Regeln bewährt:

- Regel 1: Kämpfen Sie nicht gegen das Unvermeidliche an.
- Regel 2: Holen Sie alle erreichbaren Informationen ein.
- Regel 3: Identifizieren Sie die Chancen und Potenziale der Veränderung.
- Regel 4: Kommunizieren Sie offen mit Ihren Mitarbeitern.
- Regel 5: Spielen Sie mögliche Szenarien durch.
- Regel 6: Halten Sie Ihr Team leistungsfähig.

> **Digitales Extra: Führen in Veränderungsprozessen**
> Die sechs entscheidenden Regeln auf einen Blick
> https://www.galileo-institut.de/buch-downloads

### 4.2.1 Regel 1: Kämpfen Sie nicht gegen das Unvermeidliche an

Sollten Sie die Chance haben, die geplante Veränderung abzuwenden oder zu beeinflussen, tun Sie das natürlich. In den allermeisten Fällen wird das jedoch nicht möglich sein, und Sie würden nur verlorene Kämpfe führen. Versuchen Sie deshalb nicht, gegen das Unvermeidliche anzukämpfen. Gehen Sie stattdessen davon aus, dass sich für Sie und Ihr Team die Rahmenbedingungen ändern. Das gilt es, zu akzeptieren. Die Frage lautet also nicht: »Wie wehren wir uns dagegen?«, sondern: »Wie gehen wir damit um?« Die Antwort darauf setzt allerdings voraus, dass Sie über die bevorstehende Änderung möglichst genau Bescheid wissen.

## 4.2.2 Regel 2: Holen Sie alle erreichbaren Informationen ein

Informieren Sie sich. Holen Sie alle erreichbaren Informationen über die angekündigte Veränderung ein – und nutzen Sie hierzu möglichst mehrere Kanäle. Führen Sie ein Gespräch mit dem Vorgesetzten, aber auch anderen Entscheidern im Unternehmen. Lassen Sie sich nicht weichspülen durch Phrasen in der Art wie: »Ja, wir sind am Überlegen – und, na ja, wahrscheinlich betrifft es Sie doch nicht …« Stellen Sie klare Fragen und versuchen Sie, ehrliche Antworten zu bekommen. Geben Sie zu verstehen, dass Sie Verständnis für politisches Kalkül haben und nicht jede Information eins zu eins an Ihre Mitarbeiter weiterreichen werden. Verdeutlichen Sie zugleich aber, dass Sie Verantwortung für Ihre Mannschaft tragen und deshalb informiert sein müssen.

Im Idealfall sind Sie von Vornherein in den Informationsfluss der Entscheider eingebunden. Änderungsprojekte werden in der Regel von übergeordneten Stellen im Unternehmen initiiert, die zwar die wirtschaftlichen Ziele im Blick haben, sich mit den Details in den einzelnen Bereichen und Abteilungen jedoch weniger auskennen. Für Führungskräfte der mittleren Ebenen lohnt es sich deshalb, Kontakte zu den Entscheidern aufzubauen, um Veränderungspläne rechtzeitig mitzubekommen und auf das eine oder andere Detail Einfluss nehmen zu können.

## 4.2.3 Regel 3: Identifizieren Sie die Chancen und Potenziale der Veränderung

Sie kennen nun das Veränderungsprojekt und wissen, welches Ziel das Unternehmen damit verfolgt. Nun sind Sie in der Lage, die Auswirkungen auf Ihre Abteilung abzuschätzen: Welche neuen Anforderungen, Aufgaben und Funktionen kommen auf das Team zu, welche gehen im Gegenzug verloren?

Erstellen Sie eine Strategie speziell für Ihre Abteilung. Arbeiten Sie heraus, welchen Beitrag Ihr Team zum geplanten Veränderungsziel leistet und welche Chancen und Potenziale damit verbunden sind. Überlegen Sie dann, wie hierfür die optimale Aufstellung Ihrer Mitarbeiter aussehen könnte. Wer soll künftig welche Funktion und Aufgabe übernehmen? Für wen bietet die Situation neue Chancen? Soll zum Beispiel im Zuge des Projekts eine neue Software eingeführt werden, kann der IT-Spezialist Ihres Teams möglicherweise eine besondere Rolle spielen.

## 4.2.4 Regel 4: Kommunizieren Sie offen mit Ihren Mitarbeitern

Kommunizieren Sie mit Ihren Mitarbeitern. Frühzeitig! Der wohl wichtigste Punkt in einer Veränderungssituation liegt darin, das *Vertrauen der Mannschaft* zu erhalten.

Damit das gelingt, ist eine frühzeitige, ehrliche und transparente Kommunikation entscheidend.

Die meisten Vorgesetzten glauben, sie könnten erst vor ihre Mitarbeiter treten, wenn sie über handfeste Informationen verfügen. Oder sie dürften erst dann etwas sagen, wenn sie über konkrete Entscheidungen berichten können. So lange zu warten, kann jedoch sehr gefährlich sein. In der Zwischenzeit wird die Gerüchteküche brodeln, und Ihre besten Leute werden womöglich schon den Absprung vorbereiten. Erfahrungen haben zudem gezeigt, dass Veränderungen viel effektiver umgesetzt werden können, wenn sich die Mitarbeiter innerlich eine Weile damit auseinandergesetzt haben – in dem Sinne: »Es kommt eine Veränderung, ich kann es nicht ändern, aber ich bereite mich gedanklich und emotional bereits darauf vor.«

Besser ist es deshalb, die Mitarbeiter zeitnah auf dem Laufenden zu halten. Auch wer noch keine Ergebnisse mitteilen kann, hat immer die Möglichkeit, eine Prozessbeschreibung abzugeben. Bestätigen Sie, dass es Veränderungen geben wird, dass der Vorstand zum Zeitpunkt X Näheres darüber mitteilen wird und dass Sie dann umgehend darüber informieren werden. Treten Sie zum Beispiel vor Ihre Leute und erklären Sie: »Es laufen gerade Verhandlungen mit potenziellen Käufern unseres Unternehmensbereichs. Der Vorstand geht davon aus, dass diese Gespräche noch eine Woche dauern. Ich hoffe, ich weiß in einer Woche mehr.«

Die Regel lautet also: Frühzeitig mit den Mitarbeitern in Kontakt treten und offen kommunizieren, auch wenn keine konkreten Informationen verfügbar sind. Führen Sie auch verstärkt Einzelgespräche, um auf individuelle Fragen und Ängste einzugehen. Überlegen Sie auch, wem und auf welche Weise Sie bestimmte Hintergründe berichten – immer aus der Perspektive heraus, was für Ihr Gegenüber förderlich ist und was seine Leistungsfähigkeit eher behindert.

### 4.2.5 Regel 5: Spielen Sie mögliche Szenarien durch

Auch wenn Ihre Informationen erst lückenhaft sind, sollten Sie die Mitarbeiter in Ihre Überlegungen über die Zukunft der Abteilung einbeziehen. Gehen Sie mit der Situation konstruktiv-strategisch um. Halten Sie sich an die Fakten und entwerfen Sie gemeinsam mit den Mitarbeitern verschiedene Szenarien. Spielen Sie auch das Worst-Case-Szenario durch. Überlegen Sie, was im schlimmsten Fall passieren kann – und entwickeln Sie einen Notfallplan. Wie im Kapitel 14 (»So beweisen Sie Entscheidungskompetenz«) ausgeführt, beruhigt es die Mitarbeiter in der Regel, wenn sie den »Worst Case« in einem Gedankenexperiment einmal durchexerziert haben. Wer selbst dem schlimmsten Fall klar ins Auge sehen kann, hängt keinen nebulösen Gedanken oder Hirngespinsten mehr nach.

Analysieren Sie nüchtern die Folgen des Restrukturierungsprozesses auf einzelne Funktionen und Stellen, auch um zu verdeutlichen, dass die Konsequenzen nichts mit den Personen zu tun haben – dass es also nicht darum geht, einen Mitarbeiter loszuwerden. Besteht die berechtigte Befürchtung, eine Funktion könnte wegfallen, können Sie gemeinsam mit dem betroffenen Mitarbeiter überlegen: Gibt es diese Funktion an anderer Stelle im Unternehmen? Oder entstehen neue Funktionen, die eine Alternative sein könnten? Versuchen Sie also klar zwischen Sache und Person zu trennen und das dem Gegenüber auch zu verdeutlichen. Auf diese Weise können Sie in der Regel mit einem Mitarbeiter auch über harte Einschnitte sprechen, ohne dessen Vertrauen zu verlieren.

### 4.2.6 Regel 6: Halten Sie Ihr Team leistungsfähig

Sorgen Sie dafür, dass Ihr Team trotz aller Unsicherheiten weiterhin die Tagesarbeit erledigt. In der Regel stehen ja die Veränderungen erst noch bevor. Nach wie vor muss die Abteilung Kunden oder andere Abteilungen bedienen. Trotz aller Sorgen und Ängste darf die Leistungsfähigkeit der Abteilung nicht abfallen.

Geben Sie den Mitarbeitern deshalb einerseits den notwendigen Raum für Diskussionen und Nachfragen, setzen Sie aber auch den notwendigen Schlusspunkt, etwa indem Sie sagen: »Sobald es etwas Neues gibt, komme ich auf Sie zu. Aber jetzt müssen wir erst einmal alle unseren Job machen.«

## 4.3 Wenn die Führungskraft selbst führungslos ist

Es gibt Situationen, da ist die Führungskraft selbst führungslos – entweder weil übergeordnete Positionen tatsächlich nicht besetzt sind oder weil die Vorgesetzten sich einer offenen Kommunikation und konstruktiven Zusammenarbeit entziehen. Typisch ist der Fall, dass im Topmanagement ein Wechsel bevorsteht und auf den oberen Ebenen alle auf den neuen Chef warten und maßgebliche Entscheidungen erst einmal hinausschieben.

Als Führungskraft im mittleren Management stehen Sie dann im Regen. Während in Ihrer Abteilung das Geschäft weitergehen muss, fehlt von oben jeder Beistand. Weder werden Sie informiert, noch erhalten Sie notwendige Entscheidungen. Ihnen ist klar, dass es in den kommenden zwei Monaten Veränderungen geben wird, die sich voraussichtlich auch auf Ihre Abteilung auswirken – doch Näheres erfahren Sie nicht. Was also tun?

Versuchen Sie zunächst noch einmal, mit Ihrem Vorgesetzten in einen offenen Dialog zu kommen. Wenn das nicht gelingt, müssen Sie sich mit der Realität abfinden, dass »von oben« vorläufig nichts zu erwarten ist. Vorrangige Aufgabe ist es dann, Ruhe zu bewahren und die Mannschaft arbeits- und leistungsfähig zu halten. Es gilt zu verhindern, dass das Chaos der oberen Etagen auf Ihr Team durchschlägt. Setzen Sie Ihre Arbeit wie bisher fort, es gibt ja auch keine neuen Vorgaben – selbst wenn auf Vorstandsebene sich bereits Veränderungen vollziehen. Mit anderen Worten: Über Ihnen tobt der Sturm, unten im Team verläuft die Arbeit weiter in ruhigen Bahnen.

Entscheidend ist bei dieser Vorgehensweise folgende Überlegung: Solange über eine bevorstehende Veränderung keine Informationen vorhanden sind, ist es sinnlos, Strategien zu entwickeln und Szenarien durchzuspielen. Dies wären vergeudete Ressourcen und verlorene Zeit. Stattdessen kommt es darauf an, später, wenn die erwarteten Veränderungen sich konkretisieren, mit einer ausgeruhten und motivierten Mannschaft antreten zu können.

## 4.4 Zusammenfassung

Aus dem Blickwinkel der meisten Führungskräfte ist ein Kostenprogramm, ein Change-Projekt oder eine Restrukturierung so etwas wie ein Naturereignis: Es ist unvermeidlich, kommt immer wieder vor und kann großen Schaden anrichten. Die richtige Reaktion hierauf besteht aus drei Schritten: sich in das Unvermeidliche fügen, die Potenziale der Situation erkennen und das Beste daraus machen.

Um es an einem eindrucksvollen Bild zu verdeutlichen: Gerade in Nordamerika werden große Teile der Vegetation durch regelmäßige Waldbrände völlig zerstört. Einige Pflanzen aber überstehen das Feuer besser als andere – aufgrund ihrer Vorbereitung. Zu ihnen zählen die Mammutbäume, deren Zapfen erst mit den Flammen aufspringen und die Samen freigeben. Die Lebensbedingungen für diese neuen Pflanzen sind exzellent. Die Böden sind stark mineralhaltig, keine sonstige Vegetation nimmt das Licht weg und Schädlinge sind vernichtet. »Aus der Krise wächst eine Chance« – die Natur nutzt dieses Prinzip tatsächlich.

Der Mammutbaum stellt sich auf eine absehbare und unvermeidliche Krisensituation ein und macht aus der Not eine Tugend. Er versteht es, die neuen Bedingungen hervorragend zu nutzen. Nehmen Sie sich diese Vorgehensweise zum Beispiel: Wehren Sie sich nicht gegen eine unvermeidliche Veränderung, sondern passen Sie Ihre Möglichkeiten den veränderten Bedingungen an – und organisieren Sie Ihr Team so, dass neue Kräfte und neues Wachstum entstehen.

Und das bedeutet, kurz zusammengefasst, vor allem Folgendes:
- Bewahren Sie Ruhe.
- Holen Sie alle erreichbaren Informationen über die geplante Veränderung ein.
- Halten Sie Ihre Mitarbeiter auf dem Laufenden, auch dann, wenn Sie erst wenig wissen. Beziehen Sie das Team in Ihre Überlegungen über die Zukunft der Abteilung ein. Denn es kommt entscheidend darauf an, das Vertrauen der Mannschaft zu erhalten – und das geht nur mit einer frühzeitigen und ehrlichen Kommunikation.
- Treten Sie Gerüchten und persönlichen Ängsten der Mitarbeiter entgegen, indem Sie sich an die Fakten halten und die Folgen des Restrukturierungsprozesses auf einzelne Funktionen und Stellen nüchtern analysieren.
- Trennen Sie dabei zwischen Funktionen und Personen, damit jedem Mitarbeiter klar ist, dass der Wegfall einer Stelle nichts mit seiner Person zu tun hat.
- Spielen Sie gemeinsam mit den Mitarbeitern verschiedene Szenarien durch und entwickeln Sie für den Worst Case einen Notfallplan. Denken Sie dabei immer lösungsorientiert.
- Achten Sie darauf, dass das normale Tagesgeschäft weitergeht und die Leistungen der Abteilung nicht abfallen.

**Digitales Extra**
**Nie wieder scheitern!** Die zehn größten Fehler, die verhindern, dass Sie als Führungskraft eine moderne Unternehmenskultur etablieren – und wie Sie es stattdessen besser machen. Laden Sie sich das E-Book hier herunter: www.galileo-institut.de/ebook

# 5 Wie Sie als Führungskraft noch besser werden

Häufig hat eine Führungskraft ganz einfach den Wunsch: »Ich möchte besser werden.« Sie bewältigt ihre Aufgaben schon recht ordentlich, ist aber nicht wirklich zufrieden. Oder der Vorgesetzte merkt an, es wäre vielleicht sinnvoll, an der einen oder anderen Stelle nachzubessern. Das betrifft dann Punkte wie zum Beispiel unternehmerisches Denken, Delegieren, Teamfähigkeit, Problemlösekompetenz, Durchsetzungsfähigkeit, Kommunikation und Einflussnahme oder die Fähigkeit, überzeugend zu präsentieren. Grund genug, auch mit Blick auf die Karriere, an der eigenen »Performance« zu arbeiten. Oft besteht auch der Wunsch, mit Konflikten gelassener umzugehen oder überhaupt in kritischen Situationen souveräner zu reagieren. Ganz unterschiedliche Dinge also.

Der naheliegende Ratschlag lautet hier: Weiterbilden, Seminare besuchen, trainieren. Dieser Hinweis ist natürlich nicht falsch, doch greift der Rückgriff auf einstudierte Methoden und Tools zu kurz. Wirklich besser werden kann eine Führungskraft erst dann, wenn es gelingt, einige tiefer liegende Hürden zu erkennen und zu beseitigen.

## 5.1 Gefangen im Regelkreis

Beginnen wir mit einem besonders drastischen Fall – mit einer Führungskraft, die besser werden *musste,* wollte sie ihre Stellung nicht verlieren. Es handelt sich um einen Abteilungsleiter, der seinen Mitarbeitern als ständiger Kassandrarufer auf die Nerven ging. Noch schlimmer: Alles, was irgendwie schiefging, stellte er groß heraus und kommentierte es mit der Bemerkung: »Ich habe es doch gleich gesagt!« Dieses Verhalten demotivierte die Mannschaft so sehr, dass sich schließlich der Bereichsleiter einschaltete. Er warf dem Abteilungsleiter vor, offenbar unfähig zu sein, die Mitarbeiter ordentlich zu führen; sein Verhalten sei weder fördernd noch konstruktiv und lösungsorientiert. Wenn sich dies in den nächsten zwei Monaten nicht ändere, sehe man sich gezwungen, ihn von seiner Aufgabe zu entbinden.

Damit war klar: Es bestand akuter Handlungsbedarf. Der Abteilungsleiter, einer meiner Klienten, wollte seine Position retten. Zunächst versuchte ich herauszufinden, was der Hintergrund seiner verhängnisvollen Verhaltensweise war. Warum reagierte er immer wieder auf diese rechthaberische Weise, mit der er seine Mitarbeiter so sehr verärgerte und abstieß? Im Laufe des Gesprächs gelangten wir zum Kern des Problems. »Ich möchte, dass die Leute von mir denken: Der hat den Überblick, kennt die Lösung, schafft es, Unmögliches möglich zu machen«, erklärte er. »Und ich möchte, dass sie mir deshalb vertrauen.«

Das sei zwar positiv gemeint, gab ich ihm daraufhin zu bedenken, doch komme es nicht nur auf die gute Absicht an, sondern im Umgang mit Anderen vor allem auf die Wirkung – und die sei ganz offensichtlich negativ.

Deutlich wird hier ein gefährlicher Mechanismus. Hinter einer bestimmten Verhaltensweise steht die durchaus positive Absicht, ein eigenes Bedürfnis zu erfüllen – in diesem Fall zu zeigen, dass man Unmögliches möglich machen kann, also der »Retter« ist. Das Verhalten führt jedoch nicht zum gewünschten Ergebnis. Anstatt diese Verhaltensweise nun zu korrigieren, neigen die meisten Menschen dazu, jetzt erst recht nach diesem Muster zu handeln, in der unbewussten Erwartung: »Mehr davon muss doch endlich das gewünschte Ergebnis bringen!« Tatsächlich verstärkt sich jedoch die unerwünschte Wirkung – es entsteht ein negativer Regelkreis.

Abb. 3: Reifungsprozess, (Bildnachweis: hayatikayhan / istockphoto.com)

Was die Sache so schwierig macht: Es handelt sich um einen Mechanismus, der automatisch abläuft – quasi wie ein Reflex. Ein bestimmtes Vorkommnis löst immer die gleiche Verhaltensweise aus. Das ist nichts Ungewöhnliches und kommt auch in der Natur häufig vor. Ein anschauliches Beispiel ist der Reifeprozess der Banane: Ist ein bestimmter Alterungszeitpunkt erreicht, gelangt von der Wurzel aus ein bestimmtes Hormon in die Staude; für die Frucht ist es der Auslöser, nun reif und gelb zu werden. Je reifer die Frucht wird, umso mehr wird von diesem sogenannten Phytohormon produziert; die Frucht wird immer reifer. Der Reifeprozess ist eine Summe von Kettenreaktionen. In der Industrie macht man sich dieses Phänomen zunutze: Wenn Bananen aus ihrer subtropischen Heimat nach Europa transportiert werden, erfolgt die Einschiffung in unreifer, grüner Form. Um weiter zu reifen, sprühen die Bananentransporteure den Wirkstoff während der Ozeanfahrt auf die Stauden und lösen so den Mechanismus »reif werden« aus. Die Bananen kommen gelb, süß und schmackhaft bei uns an.

Meinem Klienten hat das Bild geholfen, weil ihm dadurch bewusst wurde, dass es sich bei seinem Verhalten um den immer gleichen Reflex handelte. Ihm war nun klar: »Es gibt einen Auslöser, auf den ich quasi fremdgesteuert reagiere – eben wie eine Banane, die besprüht wird.« Der Automatismus ließe sich ja noch hinnehmen, wenn das Ergebnis – wie etwa bei der Banane – in Ordnung wäre. Im konkreten Fall waren die Folgen jedoch negativ. Also bedurfte es einer Strategie, um den Automatismus zu stoppen. Die folgende Tabelle beschreibt die Situation anhand der Analogie zur Banane:

|  | **Banane** | **Abteilungsleiter** |
| --- | --- | --- |
| **Auslöser** | Hormon | Ausbleibendes Vertrauen |
| **Reflex** | Reifung | Kassandrarufe |
| **Ergebnis** | Gelbe Frucht | Zusätzlich zerstörtes Vertrauen |

Abb. 4: Der »Bananen-Reflex«

Im nächsten Schritt lenkte ich das Augenmerk nun auf die Hintergründe dieses Reflexes – nämlich auf das Bedürfnis des Abteilungsleiters, Unmögliches möglich zu machen, also der »Retter« sein zu wollten. Wie konnte dieses erwünschte Ergebnis erreicht werden? Die Vorgehensweise lag nun darin, den Auslöser »ausbleibendes Vertrauen« zu beseitigen, um den negativen Reflex auszuschalten. Es galt also, das Vertrauen der Mitarbeiter zu gewinnen.

»Wenn Sie von Ihren Mitarbeitern Vertrauen wollen, ist dies eine unausgesprochene Forderung, bei der man nicht erwarten kann, dass sie automatisch erfüllt wird«, erklärte ich deshalb meinem Klienten. Gemäß dem Prinzip vom Geben und Nehmen schlug ich vor, in Vorleistung zu gehen, den Mitarbeitern etwas zu geben, was ihnen wichtig sein könnte, zum Beispiel Wertschätzung und Respekt. Wenn er seinen Mitarbeitern zuhöre, Fragen stelle, auch einmal die Idee oder Meinung eines Mitarbeiters ausdrücklich gut finde, dann könne er im Gegenzug damit rechnen, dass die Anderen damit anfangen, ihm Vertrauen entgegenzubringen.

Hinter diesem Vorschlag steht die Strategie, den negativen Regelkreis (ausbleibendes Vertrauen → Kassandrarufe → weiterer Vertrauensverlust) an der richtigen Stelle zu unterbrechen, um so ein neues, erwünschtes Ergebnis erreichen zu können. In diesem Fall lautete die Maßnahme »Respekt und Wertschätzung geben«, womit der verhäng-

nisvolle Auslöser »ausbleibendes Vertrauen« beseitigt wurde. Stattdessen entstand ein neuer, positiver Regelkreis:
1. Der Abteilungsleiter gibt Respekt und Wertschätzung,
2. empfängt hierfür das Vertrauen der Mitarbeiter,
3. fühlt sich akzeptiert als Retter, der Unmögliches möglich macht,
4. verstärkt sein Engagement als Retter,
5. die Mitarbeiter gewinnen noch mehr Vertrauen in den Abteilungsleiter.
…

Heute lässt sich festhalten: Dem Abteilungsleiter ist es tatsächlich gelungen, den negativen Regelkreis zu durchbrechen. Er hat damit nicht nur seine Ablösung abgewendet, sondern ist inzwischen sogar befördert worden. Vor allem aber erhielt er, was er durch sein rechthaberisches Verhalten vergeblich versucht hat zu erlangen: das Image eines Managers, der es schafft, Unmögliches möglich zu machen.

**Digitales Extra**
Digitales Extra: Als Führungskraft noch besser werden.
Entdecken Sie Ihren Regelkreis
https://www.galileo-institut.de/buch-downloads

## 5.2 Handeln Sie im Einklang mit Ihrer inneren Überzeugung

Wie sehr innere Überzeugung und gute Führung miteinander zu tun haben, wird ganz besonders bei schwierigen Entscheidungen deutlich: Wer eine Entscheidung im Einklang mit seiner inneren Überzeugung trifft, findet nicht nur die besseren Lösungen, sondern ist auch in seinem Auftreten und Standing überzeugender (mehr hierzu in Kapitel 14). Generell gilt die Empfehlung: Eine Führungskraft, die besser werden möchte, sollte keine Aufgaben übernehmen, die ihrer inneren Überzeugung widersprechen. Auch Trainings- und Schulungsmaßnahmen, hinter denen sie nicht wirklich steht, sind meistens verschwendetes Geld.

Erhält etwa eine Führungskraft vom Vorgesetzten die Aufforderung, sich selbst und ihre Ergebnisse künftig besser zu verkaufen, liegt es nahe, einen Kurs zum Thema »Besser Präsentieren« zu belegen. In vielen Fällen nützt ein solcher Kurs jedoch wenig, wenn er über Anfängerwissen hinausgehen soll. Übersehen wird nämlich, dass hinter dem Verhalten eine bestimmte innere Überzeugung steht, etwa die Einstellung: »Ich bin kein Verkäufer und möchte es auch nicht sein.« In solchen Fällen lässt sich das Problem nicht einfach dadurch lösen, dass man eine mangelnde Fertigkeit oder Fähigkeit nachschult.

Genau diese Konstellation erlebte ich bei einem Produktentwickler in einem Chemieunternehmen. Er hielt die Art und Weise, wie seine Kollegen im Marketing den Kunden gegenüber manchmal recht nutzlose Produkteigenschaften als sensationelle Neuerungen verkauften, schlicht für unseriös. In seinem Inneren wehrte er sich gegen diese »Schaumschlägerei«. Wenn er selbst eine Produktentwicklung vorstellte, wollte er aufrichtig und ehrlich sein, anstatt seine Ergebnisse auf – in seinen Augen – unseriöse Weise »verkaufen« zu müssen.

Auch die Analyse dieses Falls zeigt einen negativen Regelkreis:
- Der Produktentwickler hat die gute Absicht, seriös zu arbeiten. Die Marketingleute hält er für Schaumschläger, deren Haltung er ablehnt. So möchte er nie werden.
- Deshalb sträubt er sich innerlich gegen »unseriöses Verkaufen«. Dementsprechend unglaubwürdig wirkt er, wenn er unter dem Druck seines Vorgesetzten seine Produktentwicklung trotzdem ans Marketing »verkaufen« soll.
- Umso mehr wirft ihm sein Vorgesetzter nach der Präsentation erneut vor, er könne sich und seine Arbeit nicht präsentieren. Hier müsse er endlich besser werden.

Der Produktentwickler könnte nun auf zehn Verkäuferschulungen gehen, besser verkaufen würde er am Ende trotzdem nicht. Der Ansatz, den Regelkreis zu durchbrechen, liegt an anderer Stelle: Es muss dem Produktentwickler darum gehen, die Präsentation in Einklang mit der eigenen Überzeugung zu bringen. Der Entwickler sollte sich von seinem Chef nicht unter Druck setzen lassen und den »Verkäufer« spielen, sondern eine neue Produktentwicklung mit ihren Vor- und Nachteilen so präsentieren, dass er selbst dazu stehen kann.

## 5.3 Zusammenfassung

Besser werden – das heißt lernen und trainieren. Wie in diesem Kapitel deutlich wurde, liegen die Dinge nicht immer so einfach. Häufig gibt es tiefere Hintergründe, die eine Führungskraft am Besserwerden hindern. Solange diese Hindernisse nicht erkannt und beseitigt sind, bleiben Seminare und Trainings weitgehend wirkungslos.

Vor allem zwei Hindernisse spielen in der Praxis eine große Rolle:
- Reflexe, das heißt feste Verhaltensweisen, die bei einem bestimmten Auslöser automatisch ablaufen. Hat ein solches Verhaltensmuster negative Wirkung auf Mitarbeiter oder Vorgesetzte, kann ein gefährlicher Regelkreis entstehen. Notwendig ist dann eine Strategie, um den Automatismus zu stoppen. Hierbei gilt es, den Punkt finden, an dem die Wahlmöglichkeit für eine Alternative besteht.
- Die geforderten Aufgaben stehen nicht im Einklang mit der inneren Überzeugung. Damit fehlt einer Führungskraft eine entscheidende Triebkraft, um ihre Aufgaben engagiert und gut zu lösen. Notwendig ist es, Aufgaben und innere Überzeugung in Übereinstimmung zu bringen.

Erst wenn diese tief sitzenden Hindernisse aus dem Weg geräumt sind, wird ein individuelles Trainingsprogramm Früchte tragen. Dabei gilt es zu beachten: Ziel ist nicht ein besseres Führen an sich. Vielmehr geht es immer um Verbesserungen bezogen auf die konkrete Position und Situation.

# 6  So finden Sie Ihren eigenen Führungsstil

Führungsstil – das ist die Art und Weise, wie eine Führungskraft ihre Mitarbeiter zu Ergebnissen führt. Oder etwas konkreter formuliert: wie eine Führungskraft die Aufgaben ihres Führungsalltags – also Dinge wie Informieren, Instruieren, Planen, Entscheiden, Kontrollieren und Motivieren – ausführt. Doch warum kommt es nun so sehr auf einen *eigenen* Führungsstil an?

Wie zahlreiche Untersuchungen belegen, suchen Mitarbeiter vor allem nach einer verlässlichen Führung. Um engagiert und motiviert zu arbeiten, benötigen sie einen Vorgesetzten, der ihnen Orientierung bietet, auf den Verlass ist, der seinen Prinzipien treu bleibt und im Krisenfall zu ihnen steht. Sie möchten sicher sein, dass sie ihrem Vorgesetzten vertrauen dürfen. Je höher in der Hierarchie ein Team steht, umso wichtiger wird dieser Aspekt.

Es geht also darum, den Mitarbeitern Verlässlichkeit und Vertrauen zu vermitteln, auch das Gefühl zu geben, dass man als Führungskraft hinter ihnen steht: »Ich halte euch den Rücken frei, ich führe euch durch Krisen, ihr könnt euch auf mich verlassen.« Das gelingt nur, wenn die Führungskraft es ehrlich meint, wenn Sie authentisch ist. Ein angelernter oder beim Vorgesetzten kopierter Führungsstil ist jedoch nicht authentisch, er wirkt unglaubwürdig. Es bedarf stattdessen eines eigenen Führungsstils – echt, stimmig, berechenbar.

Ein solcher Führungsstil ist Bestandteil der Persönlichkeit und damit auch eine feste Konstante, die nach einem Stellenwechsel nicht einfach abgelegt wird. Zwar entwickelt sich der Führungsstil im Laufe der Jahre weiter, so wie sich auch die Persönlichkeit eines Menschen weiterentwickelt, im Kern jedoch bleibt er erhalten. Den Führungsstil wechseln zu wollen, wenn sich das Umfeld ändert, halte ich deshalb für falsch (auch wenn diese Meinung weit verbreitet ist).

Dass es selbst in Extremfällen besser ist, dem eigenen Führungsstil treu zu bleiben, zeigt ein Beispiel bei einem großen Konsumgüterhersteller. Der Fall spielte sich bei zwei Führungskräften im oberen Management ab: dem Entwicklungsleiter und dem Leiter der Kundenprojekte. Die beiden Männer hatten nicht nur grundverschiedene Tätigkeitsfelder, sie waren auch völlig unterschiedliche Typen und pflegten dementsprechend konträre Führungsstile. Jeder für sich war in seinem Bereich erfolgreich. Das Unternehmen kam nun auf die Idee, dass die beiden Topleute ihre Funktionen und Positionen tauschen sollten: Der Entwicklungsleiter sollte fortan die Kundenprojekte übernehmen, der Leiter der Kundenprojekte künftig die Entwickler führen. Selbst der Vorstand war sich nicht ganz sicher, ob dieses »Experiment« glücken würde.

Mittlerweile ist ein Jahr vergangen – und es lässt sich feststellen: Der Tausch hat funktioniert, in beiden Bereichen wird weiterhin gut und erfolgreich gearbeitet. Der wesentliche Grund dürfte darin liegen, dass die beiden Manager ihrem Führungsstil treu geblieben sind. Die Mitarbeiter mussten sich dadurch zwar in erheblichem Maße umgewöhnen. Doch erhielten sie in beiden Fällen einen Chef mit authentischem Führungsstil, der ihnen hohe Glaubwürdigkeit und Verlässlichkeit bot – was offensichtlich mehr zählte.

Ich bin sicher: Hätten die Manager versucht, sich dem Führungsstil ihres jeweiligen Vorgängers anzupassen, wäre die Sache anders ausgegangen. Die Mitarbeiter hätten schell gespürt, dass Persönlichkeit und Verhalten ihres neuen Chefs nicht zusammenpassen. Das hätte Unsicherheit und Irritation ausgelöst; die Mannschaft hätte zu ihrem Vorgesetzten kein Vertrauen gefasst.

Wie das Beispiel deutlich macht, bietet ein authentischer Führungsstil nicht nur den Mitarbeitern Halt und Orientierung. Auch für die Führungskraft selbst ist der eigene Führungsstil ein Kapital, dessen Wert auch beim Wechsel einer Position erhalten bleibt. Es ist das Bleibende, auf das Verlass ist – sowohl für die Mitarbeiter als auch für die Führungskraft selbst.

## 6.1 Die schwierige Suche nach dem eigenen Stil

Einen eigenen Führungsstil zu finden, verlangt mehr als den Besuch von Führungstrainings und den Einsatz der dort erlernten Instrumente. Es bedeutet auch, eine eigene Position und Meinung, eine eigene Überzeugung zu haben. Es geht also um einen Führungsstil, der auf der eigenen Persönlichkeit gründet.

### 6.1.1 Kopieren Sie nicht den Führungsstil Ihres Chefs!

In der Praxis fällt es oft schwer, sich auf das Eigene zu besinnen und hieraus seinen Führungsstil zu entwickeln. Schwierigkeiten entstehen vor allem dann, wenn man einen erfolgreichen Chef hat, den man achtet und schätzt – und deshalb auch als Vorbild sieht, obwohl dessen Führungsstil nicht zur eigenen Person passt. So erging es zum Beispiel der Abteilungsleiterin in einem Softwareunternehmen. Sie hatte einen Vorgesetzten, der selbst Informatiker und damit fachlich unschlagbar gut war; er führte autoritär und war mit seinem Führungsstil erfolgreich. Die Abteilungsleiterin hatte seit 20 Jahren mit diesem Chef zusammengearbeitet und mit ihm Karriere gemacht, sprich: Er hatte sie bei seinen Stellenwechseln immer mitgenommen.

Etwas unvermittelt erhielt sie dann eine Führungsposition in einem anderen Unternehmensbereich, sodass der Kontakt zu ihrem langjährigen Chef verloren ging. Nunmehr auf sich allein gestellt tat sie sich sehr schwer. In Gedanken sah sie ihren früheren Chef vor sich, verfügte aber selbst weder über dessen fachliche Kompetenz noch dessen Ausstrahlung. Anders als ihm fiel es ihr auch ungemein schwer, Anweisungen zu geben. Kurzum: Sie hatte das Gefühl, ihrer Führungsaufgabe nicht gewachsen zu sein. Obwohl sie sich darum bemühte, bekam sie von ihrem neuen Chef kein Feedback. In dieser Situation suchte sie Hilfe bei einem externen Coach.

Meine Klientin wollte – wie sie es bei ihrem Chef gesehen hatte – autoritär führen, obwohl dieser Stil ihrem Wesen nicht entsprach. Die Folge davon war, dass die Mitarbeiter verunsichert waren und Klarheit einforderten. »Wollen Sie denn wirklich so führen wie ihr früherer Chef?« fragte ich sie deshalb – und es dauerte eine Weile, bis sie feststellte: »Eigentlich nicht, denn ich sehe meine Rolle als Führungskraft anders. Das Know-how liegt bei den Mitarbeitern und nicht bei mir.« Mit dieser Erkenntnis änderte meine Klientin erstmals die Perspektive: weg vom großen Vorbild, hin zu sich selbst. Nun endlich erkannte sie, dass es darauf ankam, einen eigenen Führungsstil zu finden.

»Was haben Sie denn für ein Führungsverständnis?« fragte ich sie. »Welche Rolle möchten Sie beim Führen übernehmen? Wie möchten Sie gesehen werden? Was wünschen sich wohl Ihre Mitarbeiter, Kollegen und Vorgesetzten von Ihnen als Führungskraft?« Es fiel ihr gar nicht schwer ihre Vorstellungen zu beschreiben. Schnell war klar, dass sie nicht per Anweisung führen wollte, sondern gerne im Team entscheidet – und dass sie die Mitarbeiter mit ihren Stärken gerne zusammenführen und gemeinsam mit ihnen die Ergebnisse erzielen möchte.

Seit sich die Abteilungsleiterin traut, zu ihrem eigenen Führungsstil zu stehen (und damit auch ihre Stärken zur Geltung brachte), ist sie erfolgreich. Da sie selbst keine IT-Expertin ist, achtet sie darauf, dass Entscheidungen vom gesamten Team getragen werden. Mit ihrem Führungsstil, die Mitarbeiter einzubeziehen, sichert sie damit zugleich die Qualität ihrer Ergebnisse. Dies hat ihr bald auch den Respekt ihres Vorgesetzten eingebracht, der sehr fachkompetent und erfahren ist, selbst aber einen ganz anderen, sehr autoritären Führungsstil praktiziert.

Nur einmal angenommen: Würde dieser Chef plötzlich den Führungsstil der Abteilungsleiterin übernehmen – seine Mitarbeiter würden vermutlich grinsen und ihn für verrückt erklären. Bei der Abteilungsleiterin hingegen wird dieser Stil ernst genommen, weil er ihr entspricht.

### 6.1.2 Der Weg zum eigenen Führungsstil

Die meisten Führungskräfte, die mit dem Problem des richtigen Führungsstils kämpfen, haben einen Vorgesetzten, der komplett anders führt, als sie selbst es tun würden. Sie haben das Gefühl, es wäre falsch, nun ebenso zu führen. Diese Erkenntnis weist bereits den Weg zum eigenen Führungsstil. Nun kommt es darauf an, von den eigenen Stärken auszugehen und sich dann zu fragen:

- Wie sehe ich meine Rolle als Führungskraft? Wie möchte ich meine Mitarbeiter zum Erfolg führen?
- Wie gehe ich bislang vor? Was funktioniert gut? Was weniger gut? Welche Beispiele gibt es, bei denen ich erfolgreich geführt habe?

Was gut funktioniert (und Ihnen im Idealfall auch noch leicht fällt), sollten Sie beibehalten – es ist Teil Ihres eigenen Führungsstils. Suchen Sie also Erfolgsbeispiele aus Ihrem Führungsalltag. Das können auch Führungserlebnisse sein, die Ihnen richtig Spaß gemacht haben. Was haben Sie da genau gemacht? Möglicherweise haben Sie einige Male Feedback-Meetings initiiert, dabei Ihre Ideen einfach in die Runde geworfen und diskutieren lassen. Möglicherweise haben sie anschließend dann eine Entscheidung getroffen. Wenn dieses Vorgehen zu guten Ergebnissen geführt hat, können Sie das als klaren Hinweis deuten: Offensichtlich entspricht es Ihrem Stil, kooperativ unter Einbezug der Mitarbeiter zu führen.

Wenn Sie Ihren Führungsstil gefunden haben, werden Sie das schnell merken. Sie erreichen dann die Ergebnisse mit weniger Aufwand. Die Mitarbeiter übernehmen mehr Verantwortung, Sie müssen nicht mehr so »ziehen« und »kämpfen« und haben eher das Gefühl, dass alle an einem Strang ziehen. Es läuft insgesamt leichter.

**Digitales Extra: Führungsstil**
Die wesentlichen Leitfragen für Ihren Weg zu Ihrem Führungsstil
https://www.galileo-institut.de/buch-downloads

## 6.2 Wie Ihr Führungsstil sich weiterentwickelt

Vom Grundsatz her ist der eigene Führungsstil naturgegeben – je nach Persönlichkeit haben Sie in der Regel einen eher autoritären oder eher kooperativen Führungsstil. So wie die Persönlichkeit mit den Lebensphasen reift, entwickelt sich jedoch auch der Führungsstil weiter. Man durchlebt schwierige Situationen, macht Erfahrungen, übernimmt zusätzliche Verantwortung. Dementsprechend ändert sich der Umgang mit Menschen – und damit auch der Führungsstil. Auf dem Weg von der jungen Führungskraft über das mittlere Management bis zur Position auf der Topebene bleibt eine gute Führungskraft ihrem Führungsstil treu, passt diesen aber neuen Gegebenheiten an.

Um es an einem Beispiel zu verdeutlichen: Als junge Führungskraft können Sie über die Fehlleistung eines Mitarbeiters auch einmal hinwegsehen. Auf der Vorstandsebene geht das nicht mehr. Selbst wenn sie einen besonders netten und kooperativen Stil pflegen, werden Sie mit der gebotenen Konsequenz reagieren, wenn ein Mitarbeiter sich an eine Entscheidung nicht hält und dadurch 500 Millionen Euro in den Sand setzt. Die Verantwortung ist auf dieser Ebene ungleich größer, die Dimension einfach eine andere. Ähnliches gilt in einer Krise, wenn das Überleben des Unternehmens Priorität hat. Auch dann können Sie Ihrem Führungsstil treu bleiben, zum Beispiel weiterhin berechenbar, ehrlich und fair sein, müssen aber Ihre Führung an die aktuelle Situation, die schnelles und konsequentes Entscheiden verlangt, anpassen.

Ein eigener Führungsstil bedeutet also nicht, auf die immer gleiche Weise zu agieren. Unabhängig vom Führungsstil können Krisen und andere schwierige Situationen besondere Verhaltensweisen erfordern. Wenn es zum Beispiel Ihr Führungsstil ist, den Mitarbeitern grundsätzlich viel Freiheit zu gewähren, wird es dennoch immer wieder einen Mitarbeiter geben, der enger geführt werden muss.

Gerade schwierige Situationen bieten die Möglichkeit, den eigenen Führungsstil auszubauen. Wichtig ist dabei: Bleiben Sie sich treu. Versuchen Sie nicht, einen autoritären Stil zu mimen, wenn Sie in ein Umfeld kommen, in dem ein solcher Führungsstil erwartet wird. Das Risiko, an Widerspruch zu Ihrer inneren Haltung zu scheitern, ist viel zu hoch. Eine Führungskraft, die mit mehr als acht Stunden, manchmal 12 bis 13 Stunden am Tag einen Großteil ihrer Zeit im Arbeitsleben verbringt, wird sich auf Dauer nicht verbiegen können, ohne daran zu zerbrechen. Es gibt genug Beispiele, die belegen: Wer als Führungskraft nicht nach seinem Typ, nach seinen Fähigkeiten, Leidenschaften und Werten handeln kann, zehrt seine Kräfte auf und gefährdet am Ende seine Gesundheit.

Wenn also Umfeld und Führungsstil nicht zusammenpassen, bleiben somit nur zwei Möglichkeiten:

*Möglichkeit eins:* Man verzichtet auf die Stelle. Die Erfahrung zeigt, dass die meisten Führungskräfte bewusst oder unbewusst in Positionen, Bereiche oder Unternehmen gehen, deren Kultur zu ihnen passt und in der sie sich insgesamt wohl fühlen. Wer etwa einen sehr autoritären Führungsstil hat, sucht seine Heimat eher in hierarchisch organisierten Unternehmen, produktiven Bereichen oder konservativen Branchen. Eine Bewerbung im Marketing eines Internetunternehmens würde er gar nicht erst ins Auge fassen.

*Möglichkeit zwei:* Man nimmt die Stelle trotzdem an, jedoch ohne sich zu verbiegen. Hier gibt es durchaus positive Beispiele! Mancher Führungskraft ist es mit Mut, Geschick und der notwendigen Beharrlichkeit gelungen, den eigenen Führungsstil auch in einer fremden Kultur um- und durchzusetzen. Ist die Position einflussreich genug, also im oberen oder im Topmanagement angesiedelt, kann hiervon sogar ein Kulturwandel für das gesamte Unternehmen ausgehen. Manchmal werden Führungskräfte auch genau deshalb eingestellt.

In meinem Buch »Was wirklich zählt! Mit Überzeugung führen« finden Sie ein konkretes Beispiel ausführlich formuliert: Eine sehr erfolgreiche weibliche Führungskraft eines Konzerns strebt den Vorstandsposten genau aus diesem Grunde an: Sie möchte die Unternehmenskultur nachhaltig verändern und sieht in der höchsten Position des Unternehmens »Konzernvorstand« die besten Voraussetzungen für Ihr Herzensanliegen. Wie Sie den Weg konkret umsetzt und ob Ihr Wunsch tatsächlich in Erfüllung geht, lesen Sie in dem Buch.

## 6.3 Zusammenfassung

Betrachten wir einmal eine Buchecker, jene kleine dreikantige Nuss, die im Herbst von der Rotbuche fällt. In der winzigen Frucht steckt bereits der Bauplan für den mächtigen, 30 Meter hohen Baum. Das Erstaunliche dabei: Um groß, stark und erfolgreich zu werden, kann die Buchecker ganz auf sich alleine vertrauen. Sie muss niemanden nachahmen oder kopieren, auch nicht die ebenfalls bewundernswerte benachbarte Eiche. Denn das notwendige Potenzial, ein mächtiger und starker Baum zu werden, birgt sie in sich selbst.

Die Buchecker orientiert sich also an ihrem eigenen Potenzial und entfaltet dieses zu erstaunlicher Größe und Stärke. Wäre sie stattdessen der Überzeugung, sie sollte besser den Lebenswandel einer Eiche oder Birke führen, käme vermutlich eine verkümmerte Buche heraus, keinesfalls jedoch eine gesunde Eiche oder Birke. Der Leitgedanke lautet also: Werde der, der du bist.

So ist es auch bei der Führungskraft: Das Potenzial liegt in ihr selbst. Wie die Buchecker kann sie dieses Potenzial für sich erschließen und darauf vertrauend ihren Weg gehen – auf ihre eigene Weise, mit ihrem eigenen Führungsstil. Die Führungskraft wird dann mehr Ausstrahlung haben und insbesondere für Leistungsträger, die zu ihr passen, eine hohe Anziehungskraft entwickeln.

Um als Führungskraft dauerhaft erfolgreich zu sein, genügt es deshalb nicht, Regeln und Instrumente zu beherrschen – so wichtig diese sind. Notwendig ist darüber hinaus auch die persönliche Überzeugungskraft, die mehr verlangt, als perfekt mit Säge und

Hammer umzugehen. Es geht darum, Führungskraft zu *sein,* diesen Beruf zu leben, das heißt, die Identität »Führungskraft« anzunehmen. Ihren Ausdruck findet diese Haltung in einem eigenen Führungsstil.

So bestätigen diverse Studien immer wieder das gleiche Ergebnis: Ein High Performer bewirbt sich bei einem Unternehmen aufgrund des Rufes, der dem Unternehmen vorauseilt. Doch wenn die Führungskraft kündigt, dann verlassen die Führungskräfte nicht das Unternehmen, sondern zu 45 % den unmittelbaren Chef. Untersuchung der Unternehmensberatung Compensation Partner in Kooperation mit dem Gehaltsportal gehalt.de (https://www.compensation-partner.de/de/news-und-presse/umfrage-deswegen-kundigen-beschaftigte-ihren-job, 2.4.2019).

# Teil II: Führung der Vorgesetzten

# 7 Wie Sie vom Vorgesetzten bekommen, was Sie brauchen

Die einen klagen über die Launen des Wetters. Andere verstehen es, sich darauf einzustellen und erreichen dank geeigneter Ausrüstung auch bei Regen das Ziel. Niemand käme jedoch auf die Idee, das Wetter nicht zu nehmen, wie es ist. Geht es dagegen um Menschen, besteht die weitverbreitete Neigung, den Anderen verändern zu wollen: Wir versuchen zu überreden, Druck auszuüben, zu biegen und zu manipulieren, anstatt ihn einfach so zu akzeptieren, wie er ist.

Immer wieder erlebe ich Führungskräfte, die sogar ihren Chef verändern möchten: »Der muss doch endlich einmal begreifen …«, »Der muss doch einsehen, dass …« Nichts muss er! Von niemandem, auch nicht von seinem Mitarbeiter muss ein Vorgesetzter sich vorschreiben lassen, was zu tun ist. Also sollten Sie ihn nehmen, wie er ist. Eben wie das Wetter. Mit dieser Einstellung stehen Ihre Chancen deutlich besser, von ihm zu erhalten, was Sie brauchen. Klar ist damit aber auch: »Führung nach oben«, oder auch »führen von unten«, bzw. Cheffing, wie der Fachbegriff dazu heißt, funktioniert nicht per Anweisung – sie ist vielmehr eine besondere Herausforderung.

Beim Thema »Führung des Vorgesetzten« lassen sich zwei grundsätzliche Konstellationen unterscheiden. Der erste Fall zählt eher zum Alltag: Eine Führungskraft muss ihren Vorgesetzten zu einer Entscheidung veranlassen, um bei der täglichen Arbeit voranzukommen. Wenn zum Beispiel die Abteilung mit zu vielen Aufgaben überschüttet wird, benötigt sie das Votum des Vorgesetzten, um die Prioritäten richtig setzen zu können (mehr hierzu in Kapitel 10: »Wie Sie mit nicht erfüllbaren Vorgaben umgehen«). Das gilt auch für Entscheidungen, die die Führungskraft nicht selbst treffen kann, weil sie im Verantwortungsbereich des Vorgesetzten liegen. Hier gibt es immer dann Probleme, wenn der Vorgesetzte sich ungern festlegt und Entscheidungen deshalb häufig hinausschiebt (siehe Kapitel 12: »Wie Sie mit einem entscheidungsschwachen Vorgesetzten umgehen«).

Weniger alltäglich, für den Erfolg einer Führungskraft aber umso entscheidender ist die zweite Konstellation: Die Führungskraft hat eine Idee oder ein Ziel und benötigt hierfür die Unterstützung des Vorgesetzten. Zum Beispiel möchten Sie im Vorstand ein Projekt durchsetzen, das nicht nur Vorteile für das Unternehmen verspricht, sondern Ihnen persönlich sehr am Herzen liegt – es wäre für ihre Karriere eine echte Chance. Wie können Sie vorgehen? Hier beginnt die eigentliche Kunst des »Führens nach oben« bzw. »Führen von unten«, von der in diesem Kapitel die Rede ist.

## 7.1 Strategisches Wirken für Fortgeschrittene: Über die Bande spielen

Es ist Freitag Vormittag, Herr S., Prokurist in einem internationalen Konzern, schildert mir seine Situation: Am Montag früh ist Vorstandssitzung mit dem »Big Boss« im Ausland. Es werden zehn Personen teilnehmen – und wahrscheinlich wird eine Entscheidung getroffen, die meinem Klienten überhaupt nicht gefällt. Sie würde das Aus für ein Projekt bedeuten, an dem er mitwirkt, was negativen Folgen auch für seine eigene berufliche Entwicklung hätte. »Wie schaffe ich es, am Montag die komplette Mannschaft zu ›drehen‹? Wie kann ich das Gespräch so lenken, dass die Entscheidung in meinem Sinne fällt?«, fragt er mich. Die Rahmenbedingungen sind denkbar schlecht: Herr S. kann sich mit keinem Teilnehmer vorher noch kurzschließen. Seine »Kontrahenten« werden am Montag im privaten Flieger zwar neben ihm sitzen, doch außer Small Talk wird nicht viel möglich sein. Eine echte Herausforderung für Coachee und Coach!

Herr S. fängt an, Argumente und Informationen zusammenzutragen und versucht, für seine Position eine schlüssige Begründung zu finden – bis ich ihn unterbreche: »Es wird in dieser Runde *nicht* um Inhalte gehen, sondern um Positionen und um Befindlichkeiten.« Ich erkläre meinem Klienten, dass auf der obersten Ebene andere Spielregeln vorherrschen, als er es aus dem mittleren Management gewohnt ist. Mein Klient ist zunächst etwas überrascht, doch dann legen wir los. Anstatt weiter nach Inhalten und Argumenten zu suchen, befrage ich ihn nach den einzelnen Vorstandsmitgliedern. Wie kommen sie miteinander zurecht? Welche Geschichten und Gerüchte werden erzählt? Gibt es einen heimlichen Anführer? Gibt es einen »Chef-Flüsterer«? Wer trifft letztlich die Entscheidungen? Ist es wirklich der Vorstandschef?

Es ergibt sich ein interessantes Bild: Der Vorstandsvorsitzende, schon etwas älter, ist ein ruhiger, werteorientierter und gerechter Mann, der in der Regel nicht viel Worte um Geschehnisse macht, auch mit Lob und Anerkennung sparsam ist. Komischerweise sind die übrigen Herren des Vorstands ganz anders. Hier herrscht ein Hauen und Stechen, man versucht sich gegenseitig mit Argumenten, Gestik und Mimik zu übertrumpfen. »Je ruhiger der Vorstandsvorsitzende wird, umso aufgeregter und hysterischer ist die Mannschaft«, beschreibt mein Klient die Verhältnisse. »Es wirkt wie ein Kampf um Aufmerksamkeit, so als wolle jeder unbedingt der Beste sein. Der Sache, die entschieden werden muss, wird dieses Verhalten meistens nicht gerecht.« Der Vorstandsvorsitzende jedoch sei ein guter Beobachter und erfahrungsgemäß treffe er dann letztlich auch die Entscheidungen.

## 7.1 Strategisches Wirken für Fortgeschrittene: Über die Bande spielen

Hieraus entwickeln wir drei wesentliche Überlegungen:
1. Es gilt, die Aufmerksamkeit des Vorstandsvorsitzenden zu gewinnen.
2. Hierzu muss Herr S. seine Argumente so aufbereiten, dass sie dem Gedankenmodell des Vorstandsvorsitzenden entsprechen. Vor allem *dessen* Bedürfnisse, das heißt Wünsche und Anliegen gilt es, zu befriedigen.
3. Ziel ist es *nicht*, in den verbalen Wettstreit mit den anderen Vorstandskollegen zu treten, sondern gezielt den Dialog mit dem Vorstandsvorsitzenden zu suchen.

Gemeinsam entwerfen wir ein Beziehungsdiagramm. Ich bitte meinen Klienten, auf einem einfachen DIN-A4-Blatt einmal aufzumalen, in welcher Beziehung die Teilnehmer des Meetings zueinander stehen, völlig unabhängig von ihrer hierarchischen Position. Es entsteht ein Bild, aus dem ablesbar ist, wer sich mit wem gut oder weniger gut versteht, wie die Herren miteinander interagieren, wo die Allianzen und wo die »Feindschaften« verlaufen (siehe Abbildung). Hieraus lässt sich nun ableiten, wer im Falle einer Entscheidung wem zur Seite stehen dürfte.

**Abb. 5:** Beziehungsdiagramm: Allianzen und Gegnerschaften visualisieren

»Mit wem versteht sich der Vorstandsvorsitzende gut?«, frage ich weiter und mein Klient erinnert sich, dass der Vorstandschef vor allem zwei Führungskräfte schätzt – den einen wegen seiner großen Erfahrung, den anderen wegen seiner hervorragenden Vernetzung ins Unternehmen. Auch fällt ihm ein, dass der Vorstandsvorsitzende in der Regel nicht alleine entscheidet, sondern sich mit seinen »Vertrauten« kurzschließt.

Damit ist klar: Zu diesen beiden Vorständen sollte mein Klient eine Beziehung aufbauen, um sie als Verbündete zu gewinnen, wiederum nach dem Prinzip: »Gib ihnen, was sie brauchen – und du bekommst, was du selber willst.« Konkret heißt das, die Stärken der beiden Vorstände in den Vortrag einzubeziehen und im richtigen Augenblick den Blickkontakt zu suchen. Zum Beispiel könnte mein Klient im Zusammenhang mit dem Projekt auf die Bedeutung einer guten Vernetzung hinweisen und sich bei beim Stichwort »Vernetzung« jenem Vorstand zuwenden, der für sein großes Netzwerk geschätzt wird. Dahinter steht die Idee, eine Zugehörigkeit auf Augenhöhe zu erzielen.

Drei Tage später. Ich erhalte einen Anruf von Herrn S., noch vom Flughafen. Es hat geklappt! Wie er mir berichtet, hat er die Aufmerksamkeit des Vorstandsvorsitzenden gewinnen können, indem er zunächst auf die Bedeutung der Mitarbeiterpotenziale für den nachhaltigen Erfolg des Unternehmens hinwies. Das hatte zwar nichts mit dem eigentlichen Thema zu tun, entsprach aber der Philosophie des Vorstandsvorsitzenden – und war deshalb ein guter Aufhänger. Aus allen »Hahnenkämpfen«, die wie üblich auch dieses Mal stattfanden, hielt sich Herr S. bewusst heraus. Er versuchte gar nicht erst, gegenüber den anderen Teilnehmern der Runde das Projekt zu verteidigen. Stattdessen formulierte er in ruhigem Ton seine Argumente und wählte dabei die Formulierungen so, dass sie die Grundüberzeugung und die Bedürfnisse des Vorstandsvorsitzenden trafen. Hierbei suchte er in den richtigen Momenten ganz bewusst auch den Blickkontakt zu dessen beiden »Verbündeten«.

Deutlich wird an diesem Fall, wie wenig es im Topmanagement auf Inhalte, wie sehr es hingegen auf die emotionalen Beziehungen der Handelnden untereinander ankommt. Mein Klient sah sich mit einem komplexen Beziehungsgefüge und vielfältigen gegenseitigen positiven und negativen Einflussnahmen konfrontiert. Vergleichbar ist ein solches Beziehungsgefüge mit einem Ökosystem wie zum Beispiel einem Waldrand: Zahlreiche Pflanzen und Tieren sind hier ebenfalls über Beziehungsebenen und Querbeziehungen auf vielfältige Weise zu einem komplexen Ganzen verbunden. Um dieses System zu begreifen oder gar zu beeinflussen, bedarf es eines vernetzten Denkens – denn die vielfältigen Beziehungen und Rückkopplungen lassen sich durch lineare Kausalitäten nicht beschreiben.

Die Besonderheit des Ökosystems liegt darin, dass es sich selbst regelt und steuert. Grundlage für diese Selbststeuerung sind ausgewogene Interferenzbeziehungen, ein ausgeprägtes Anpassungsvermögen von Einzelorganismen, Populationen und Lebensgemeinschaften sowie der Ringschluss von Produzenten, Konsumenten und Reduzenten im biologischen Stoffkreislauf. Dank seiner engen Vernetzung ist dieses System aus Querbeziehungen, Nahrungsketten und Informationsübertragungen auch sehr stabil. Um den Vorteil eines Ökosystems nutzen zu können, geht es darum, das komplexe Zusammenspiel zu erkennen und zu verstehen.

Für schwierige Führungssituationen wie im Falle von Herrn S. lässt sich hieraus eine bemerkenswerte Schlussfolgerung ziehen: Da alles miteinander zusammenhängt, lässt sich das System über unterschiedliche Ansatzpunkte beeinflussen und in eine gewünschte Richtung lenken. Um ein bestimmtes Ergebnis zu erreichen, ist es daher nicht notwendig (und auch nicht immer sinnvoll), direkt auf die Zielgrößen einzuwirken. Stattdessen kann man – wie beim Billard mit der weißen Kugel – auch »über die Bande spielen« und indirekt steuern.

## 7.2  Beachten Sie die Hierarchieebene des Vorgesetzten

Das Führen eines Vorgesetzten ist stets eine heikle Sache, die viel Taktgefühl erfordert. Dabei kommt es darauf an, die Gepflogenheiten der verschiedenen Führungsebenen zu kennen und zu beachten (siehe Kapitel 1). Während es im Topmanagement – wie im geschilderten Beispiel von Herrn S. – um gekonnte Einflussnahme, um das geschickte »über die Bande spielen« ankommt, zählt in den mittleren Ebenen viel stärker die Klarheit der Argumente.

Als *Führungskraft im mittleren Management* haben Sie die Aufgabe, gemeinsam mit Ihren Mitarbeitern bestimmte Ergebnisse zu erreichen – dafür sind Sie verantwortlich, und daran werden Sie gemessen. Damit diese Ergebnisse überhaupt erreicht werden können, müssen die Rahmenbedingungen stimmen. Zum Beispiel muss sichergestellt sein, dass Ihre Mitarbeiter konzentriert arbeiten können und nicht dauernd durch Fremdeingriffe ins Team von den eigentlichen Aufgaben abgehalten werden. Sie sind der Beschützer Ihrer Mannschaft. Wenn Sie diesen Rahmen alleine nicht setzen können, benötigen Sie hierfür die Unterstützung Ihres Vorgesetzten.

Mit Ihrem Team ist es wie bei jedem Lebewesen in der Natur: Es benötigt individuelle Rahmenbedingungen, um sich entfalten zu können. Nehmen wir die Bougainvillea, die ihre tropische Blütenpracht ursprünglich nur in Südamerika entfaltete. In unseren Breitengraden verkümmert die Pflanze, es sei denn, es wird größte Sorgfalt darauf verwandt, ihr auch hier ihre notwendigen Lebensbedingungen bereitzustellen. Wenn jedoch alle Faktoren stimmen, kann sie ihre volle Blüte erreichen. Genau so verhält es sich mit einem Team im Unternehmen: Wenn die erforderlichen Rahmenbedingungen erfüllt sind, kann es sein Potenzial voll entfalten und blüht zu Höchstleistungen auf.

Suchen Sie also das Gespräch mit dem Vorgesetzten. Signalisieren Sie ihm, dass Sie mit Ihrer Mannschaft grundsätzlich hinter seinen Zielen und Strategien stehen und machen Sie deutlich, welchen Part Ihr Team dabei spielt. Zeigen Sie dann auf, was Sie hierfür benötigen. Beschreiben Sie den Bedarf, legen Sie Vorschläge vor, bringen Sie innovative Ideen ein – überlassen Sie die Entscheidung dann jedoch Ihrem Vorgesetzten.

## 7.3 Dolmetscher zwischen den Ebenen: Die F2-Führungskraft

In einer besonderen Situation befinden sich Führungskräfte, die ihre Anliegen beim Vorstand durchsetzen wollen. Diese Manager der zweiten Führungsebene (F2) (siehe auch Abb. 2) finden sich häufig in einer diffizilen Dolmetscherfunktion wieder: Ihre Aufgabe ist es, wichtige Anliegen auf eine Weise nach oben weiterzureichen, sodass diese dort gesehen und gehört werden. Es muss ihnen gelingen, sich oben Gehör zu verschaffen, damit unten die Geschäfte weitergehen können. Von einer guten »Führung nach oben« hängt deshalb letztlich der Erfolg des Unternehmens ab.

Viele Führungskräfte, die in eine F2-Position aufrücken, tun sich mit dieser Brückenfunktion schwer. Sie sind die Spielregeln des mittleren Managements gewohnt, nach denen sie ja viele Jahre erfolgreich gearbeitet haben. Ganz selbstverständlich wenden sie diese Regeln nun auch in der Kommunikation nach oben an, ohne zu wissen und zu berücksichtigen, dass auf der Topebene andere Gesetzmäßigkeiten vorherrschen. Sie haben deshalb Probleme, mit ihren Anliegen »durchzukommen«.

Nach einigen Fehlversuchen ziehen sich viele frustriert zurück, beginnen zu schweigen und geben auf. Führung nach oben findet immer weniger statt. Typisch sind dann Reaktionen wie: »Ich kann ja eh nichts bewegen, ich werde weder gesehen noch gehört. Da oben interessiert sich ja keiner für mich. Wahrscheinlich bin ich eh im falschen Unternehmen, vielleicht sollte ich wechseln ...« Hier liegt die vielleicht größte Achillesferse in einem Unternehmen.

Mein Ratschlag in dieser Situation: Wenn die Welt »ganz oben« eine andere ist, sollte man das erst einmal akzeptieren – so wie der Hund akzeptiert, dass die Katze eine Katze ist. Der erste Schritt liegt dann darin, Sprache und Spielregeln dieser anderen Welt zu erlernen (siehe Kapitel 13: So bewegen Sie sich auch auf hochpolitischem Parkett sicher und souverän). Erst wenn Sie diese Regeln kennen, werden Sie mit Ihren Anliegen Gehör finden und langsam selbst Einfluss nehmen können.

Wie kann eine F2-Führungskraft nun vorgehen, um ein Anliegen beim Vorgesetzten erfolgreich durchzusetzen? Wesentlich sind hier folgende Aspekte:
1. *Klares eigenes Ziel.* Die erste Frage ist immer: »Was möchte ich genau?« Sie sollten selbstverständlich mit einer klaren Position in das Gespräch gehen.
2. *Einbeziehen der Situation und der Bedürfnisse des Anderen.* Versuchen Sie sich in Ihr Gegenüber zu versetzen: Was ist sein Bedürfnis? Im Topmanagement liegt es überwiegend auf der menschlich-emotionalen Ebene. Zum Beispiel kann es darin liegen, dass Ihr Vorgesetzter den Vorstandsvorsitz anstrebt, hierfür gute Nachrichten und auch Unterstützer benötigt. Insgeheim hat er Angst, sein Ziel zu verfehlen; selbst auf die unscheinbarste Kritik reagiert er deshalb besonders empfindlich und ablehnend.

3. *Respektvolle Wertschätzung.* Bringen Sie in der Kommunikation mit dem Vorgesetzten aufrichtige Wertschätzung und Wohlwollen zum Ausdruck. Nur so kann es Ihnen gelingen, das Vertrauen Ihres Gegenübers zu gewinnen. Sobald der Vorgesetzte nicht mehr das Gefühl hat, um sein »Anerkanntsein« ständig kämpfen zu müssen, wird sich seine Einstellung zu Ihnen ändern und er wird bereit sein, auf Ihr Anliegen einzugehen.

> **Digitales Extra: Cheffing**
> Die wesentlichen Aspekte, wie Sie vom Vorgesetzten bekommen, was Sie brauchen.
> https://www.galileo-institut.de/buch-downloads

Der Grundgedanke dieser Strategie liegt darin, die Bedürfnisse des anderen zu erfüllen und zugleich das eigene Anliegen durchzusetzen. Dabei ist es wichtig, nicht von einem »gemeinsamen Ziel« zu sprechen, sondern respektvoll auf den Hierarchieunterschied Rücksicht zu nehmen. Die Strategie lautet also: Vertrauen schaffen, nicht jedoch auf gleiche Augenhöhe gehen.

## 7.4 Zusammenfassung

Eine Führungskraft führt nicht nur ihre Mitarbeiter. Immer wieder steht sie vor der Aufgabe, auch den Vorgesetzten zu führen – zum Beispiel wenn es darum geht, für das eigene Team die notwendigen Rahmenbedingungen durchzusetzen. So wie eine Bougainvillea ihre Blütenpracht nur entfaltet, wenn Temperatur, Licht und Wasser stimmen, so kann eine Führungskraft das Potenzial ihres Teams nur »zum Blühen bringen«, wenn die erforderlichen Voraussetzungen erfüllt sind.

Bei der »Führung des Vorgesetzten« gibt es zwei grundsätzliche Konstellationen. Zum einen muss eine Führungskraft den Vorgesetzten immer wieder zu Entscheidungen bewegen, damit die tägliche Arbeit vorankommt und die Abteilungsziele erreicht werden können. Zum anderen geht es aber auch darum, die Unterstützung des Vorgesetzten für neue Ideen oder Ziele zu erhalten.

Das »Führen nach oben« bzw. »Führen von unten« (Cheffing) ist eine heikle Angelegenheit, die Respekt und Taktgefühl erfordert. Eine erfolgreiche Strategie setzt voraus, zwischen den Hierarchiestufen zu unterscheiden: Hat die Führungskraft es mit einem Vorgesetzten aus dem mittleren Management zu tun? Oder gehört der Adressat der Topebene, also dem Vorstand oder der Geschäftsleitung an? Je nach Situation ist eine andere Vorgehensweise zu wählen. In jedem Fall sollte man sich bewusst sein, dass es ein vergebliches Unterfangen ist, den Vorgesetzten ändern zu wollen. Akzeptieren

Sie ihn, wie er ist. Hier gilt die Erkenntnis: »Selbst mit Gewalt kann man einen Bullen nicht melken.«

**Digitales Extra**
In der Folge 7 meines kostenlosen Audio-Coachings erfahren Sie ganz konkret, wie es gelingen kann mit dem »über die Bande spielen«, damit Sie von Ihrem Vorgesetzten bekommen, was Sie brauchen. Laden Sie sich die die ganze neunteilige Serie **»Neue Rolle an der Spitze – Macht und Politik«** herunter:
https://www.galileo-institut.de/audiocoaching-unternehmenslenker/

# 8 So werden Sie und Ihr Team wahrgenommen und anerkannt

Wer Gutes leistet, bekommt dafür Lob und Anerkennung. So sollte man meinen. Die betriebliche Realität zeigt jedoch, dass auf diesen Zusammenhang kein Verlass ist. Viele Führungskräfte erbringen gemeinsam mit ihrem Team hervorragende Leistungen, warten aber vergeblich auf die verdiente Anerkennung. Die Ursache hierfür liegt weniger in der Unachtsamkeit des einen oder anderen Vorgesetzten, sondern hat vor allem strukturelle Gründe, die nicht so einfach zu beheben sind. Beobachten lassen sich zwei Phänomene:

*Phänomen 1: Manche Abteilungen und Bereiche liegen am Rande des eigentlichen Geschehens.* In jedem Unternehmen gibt es Bereiche, die meist nur dann auffallen, wenn eine Leistung nicht stimmt oder ein Fehler unterläuft. Typische Beispiele hierfür sind die Unternehmenskommunikation oder das Personalwesen: Erst wenn das Unternehmen in negative Schlagzeilen gerät, fällt der Blick auf den Kommunikationschef. Und die Personalabteilung wird als Verwaltungsstelle angesehen, von der man einfach nur erwartet, dass sie reibungslos funktioniert.

So klagte mir die Personalleiterin eines IT-Unternehmens kürzlich, sie sei vom eigentlichen Geschehen im Unternehmen abgeschnitten: »Um mich herum diskutieren die Techniker und IT-Leute über neue Entwicklungen und wichtige Aufträge. Für das, was ich tue, interessiert sich keiner.« Die Personalleiterin fühlte sich unbeachtet, nicht dazugehörig, nicht wertgeschätzt. Das nagte am Selbstwertgefühl – und so war es kein Wunder, dass die Frau anfing, auch an sich selbst und ihrer Leistung zu zweifeln.

*Phänomen 2: Gute Manager lösen Probleme geräuschlos – und fallen genau deshalb nicht auf.* Nicht nur die Randbereiche werden gerne übersehen, immer wieder trifft dieses Schicksal auch die wichtigsten Mitarbeiter des Unternehmens. So erging es einem meiner Klienten, einem Vice President. Er machte seinen Job hervorragend. Seine Stärke lag darin, Probleme von vornherein zu vermeiden; alles funktionierte in seinem Bereich ruhig und unauffällig. Seine Kollegen dagegen produzierten viel Lärm um nichts. Da sie ihre Bereiche weniger erfolgreich managten, entstanden immer wieder Probleme, mit denen sie sich dann an den Vorstand wandten. Dieses Verhalten sei doch alles andere als konstruktiv, ärgerte sich mein Klient. »Aber diese Leute fallen auf. Sie laufen zwar nur mit einem bisschen Wasser herum, um die selbst erzeugten Brände zu löschen, fordern dadurch aber die volle Aufmerksamkeit des Vorstands ein.«

Was zeigt dieses Beispiel? Die besten Pferde im Stall leisten zwar Hervorragendes, erhalten hierfür aber oft nur wenig Wertschätzung. Der zuständige Vorstand ist froh, wenn sie »pflegeleicht« sind und ihre Arbeit gut und geräuschlos erledigen. Denn nur so findet er die Zeit, sich um die »Quälgeister« zu kümmern. Die Folge davon ist, dass die guten Leute, die es verdient hätten, zu wenig, die anderen dagegen zu viel Aufmerksamkeit erhalten.

Nun ist klar: Auch die unauffälligen Leistungsträger wünschen und benötigen die ihnen zustehende Anerkennung. Bleibt sie dauerhaft aus, fühlen sie sich in ihrem Selbstwertgefühl verletzt. Sie sind von ihrem Unternehmen enttäuscht, ihr Engagement lässt nach; bis zum Rückzug in die innere Emigration ist es nur noch ein kleiner Schritt. Das Unternehmen läuft Gefahr, ausgerechnet die besten Leute zu verlieren.

Da sich diese Strukturen nicht so einfach ändern lassen, bleibt einer Führungskraft zunächst nur die Möglichkeit, das strukturelle Aufmerksamkeitsdefizit als eine Realität im Unternehmen zu akzeptieren. Sie sollte jedoch eine Strategie entwickeln, um die fehlende Aufmerksamkeit für sich und ihr Team aktiv einzuholen. Mit anderen Worten: Eine gute Führungskraft arbeitet wie jener Vice President – vorausschauend, effektiv, geräuschlos. Eine noch bessere Führungskraft schafft es, hierfür auch Anerkennung zu bekommen.

## 8.1  Fordern Sie die Aufmerksamkeit ein!

Ein häufig zu beobachtendes Phänomen: Der Vorgesetzte weiß, dass eine Führungskraft gut ist, und freut sich, dass er sich um sie nicht kümmern muss. Diese Außenwahrnehmung deckt sich jedoch keineswegs immer mit der Selbstwahrnehmung der Führungskraft. Ihr ist keineswegs bewusst, dass sie gut ist. Hohe Ansprüche an sich selbst, viel Selbstkritik und ein oft nicht so stark ausgeprägtes Selbstwertgefühl lassen gerade die besten Leistungsträger im Innern oft an sich und ihrer Qualität als Führungskraft zweifeln. Häufig strengen sie sich dann noch mehr an, um noch Besseres zu leisten – gemäß dem Glaubenssatz: »Ich bin nicht gut genug, daher muss ich noch mehr leisten, um dieses Manko zu beheben.« In Fachkreisen ist dieses Phänomen auch als Hochstapler-Syndrom bzw. Impostor-Phänomen bekannt. Die Kurzfassung: Das ständige Gefühl nicht gut genug zu sein, und die Angst irgendwann aufzufliegen und zu versagen. Dies führt bei Mitarbeitern zu ständigen Höchstleistungen und oftmals darüber hinaus. Es gibt Unternehmen, die gezielt diese Persönlichkeiten rekrutieren. Sie können sich sicherlich vorstellen, wie sich die Unternehmenskultur gestaltet.

Dieser Glaubenssatz »ich bin nicht gut genug« mündet schnell in einen negativen Regelkreis, wie wir ihn bereits in Kapitel 5 kennengelernt haben. Die Führungskraft möchte Anerkennung – und glaubt, diese durch gute Leistung zu erhalten. Dahinter steht eine tief verwurzelte Überzeugung, die noch aus Zeiten stammt, als Fleiß und Leistung von Eltern und Schule belohnt wurden. Wenn jemand die Erfahrung gemacht hat, dass selbst gute Leistungen ignoriert werden, ist der Ansporn zu Höchstleistungen noch größer. Viele Führungskräfte sind in diesem Automatismus gefangen. Wenn sie nicht genügend Anerkennung bekommen, machen sie das, was sie von Kindheit an gewohnt sind: Sie strengen sich noch mehr an und leisten noch mehr. Sie handeln in der Erwartung: »Ich leiste noch mehr, dann werde ich entdeckt und bekomme Anerkennung«. Dass der Zusammenhang zwischen Leistung und Anerkennung in der Realität eines Unternehmens keineswegs so existieren muss, ist ihnen nicht bewusst.

Der erste entscheidende Schritt liegt also darin, zu erkennen und zu akzeptieren, dass es diesen Reflex gibt und dass er auf einen falschen Weg führt. Die Situation ist vergleichbar mit einem Feueralarm: Wenn ein Brand ausbricht, ist es unser Reflex, das Fenster aufzureißen. Nur weil wir es explizit gelernt haben, wissen wir, dass das Fenster geschlossen bleiben muss. Um uns zu retten, dürfen wir also nicht unserem Reflex folgen, sondern müssen bewusst etwas ganz Anderes machen.

Genauso beim Thema Aufmerksamkeit. Folgen wir unserem Reflex und reagieren mit noch mehr Aktion, bekommen wir dadurch nicht die ersehnte Aufmerksamkeit, sondern beschleunigen nur das Hamsterrad, das früher oder später die Gesundheit ruiniert. Wie im Falle des Feueralarms dürfen wir auch hier nicht unserem Reflex folgen, sondern müssen bewusst etwas ganz Anderes machen. Die Lösung lautet: Sagen Sie bewusst »Stopp!« – und fordern Sie die Ihnen und Ihrem Team zustehende Aufmerksamkeit ein!

## 8.2  Wie Sie Ihren Vorgesetzten zum Feedback bewegen

Wie können Sie vorgehen, um die verdiente Anerkennung beim Vorgesetzten einzufordern? Grundsätzlich hat sich hier eine Strategie in drei Schritten bewährt.

**Schritt 1:** Machen Sie sich klar, welche Kompetenzen und Stärken Sie und Ihr Team haben. Hier kann das Erfolgstagebuch ein hilfreiches Tool sein. Nützlich können auch Interviews sein, die Sie in Ihrem Umfeld führen.

**Schritt 2:** Überlegen Sie, welche Interessen der Vorgesetzte verfolgt. Wie können Sie und Ihr Team diese Interessen unterstützen? Punktgenau auf den Leidensdruck des Vorgesetzten formuliert, lassen sich die eigenen Stärken und Kompetenzen besonders spannend darstellen!

**Schritt 3:** Kommunizieren Sie – zugeschnitten auf den Leidensdruck Ihres Vorgesetzten – die eigenen Stärken und Kompetenzen. Flankieren Sie diese Kommunikation durch aktives Netzwerken im Unternehmen, um Ihre Leistungen sichtbar zu machen.

Entscheidend kommt es auf das Gespräch mit dem Vorgesetzten an, das gut vorbereitet sein sollte. Sonst besteht die Gefahr, sich anstelle eines aussagefähigen Feedbacks ein pauschales, wenig hilfreiches Lob einzuhandeln, etwa in dem Tenor: »Es ist alles in Ordnung.« Fragen Sie den Vorgesetzten deshalb nach Details. Gibt es Dinge in den letzten Monaten, die er gut fand? Versuchen Sie, vom pauschalen »alles in Ordnung« wegzukommen, hin zu konkreten Beispielen. Nur so bekommen Sie einen Eindruck davon, wie Sie und Ihre Abteilung tatsächlich wahrgenommen werden.

**Digitales Extra: Feedback**
Wie Sie Ihren Vorgesetzten zum Feedback bewegen: Die wesentlichen drei Schritte zusammengefasst, die es Ihnen deutlich erleichtern, Feedback zu erhalten.
https://www.galileo-institut.de/buch-downloads

Um vom Vorgesetzten aktiv die verdiente Anerkennung einzuholen, können folgende praktische Tipps helfen:

- »Stupsen« Sie den Vorgesetzten ein wenig (sofern ein offenes Verhältnis zum Vorgesetzten möglich ist). Sagen Sie ihm, dass Ihnen dieses Feedback wichtig ist, denn schließlich braucht jeder Mensch Anerkennung im Sinne von Reflexion. Und fragen Sie ihn ganz konkret, was ihm an Ihrer Arbeit gefällt. Bringen Sie ihn dazu, Beispiele zu nennen, aus denen Sie seine Sichtweise erkennen können.
- Erklären Sie ganz nüchtern, dass Sie das Feedback für eine Standortanalyse und die Orientierung Ihrer Arbeit und der Ihres Teams benötigen.
- Machen Sie dem Vorgesetzten klar, dass es Ihnen um den Abgleich zwischen Selbst- und Fremdwahrnehmung geht, und sein Urteil Ihnen deshalb sehr wichtig ist.
- Stellen Sie immer wieder die Rückfrage: »Was halten Sie davon?«
- Holen Sie im Unternehmen, aber auch bei Kunden Reaktionen ein; führen Sie zum Beispiel eine Kundenbefragung durch. Kommunizieren Sie dann die Ergebnisse, um auf der Sachebene argumentieren zu können. Als Reaktion erhalten Sie dann positives Feedback, das sich direkt auf die Leistung Ihres Teams bezieht.
- Nutzen Sie das Mitarbeitergespräch. Anerkennung und Lob setzen voraus, dass der Vorgesetzte tatsächlich etwas Konkretes benennen kann. Dies wiederum erfordert, dass er sich mit dem Mitarbeiter befasst hat – was er in der Regel dann macht, wenn er sich auf das jährliche Mitarbeiter- und Zielvereinbarungsgespräch vorbereitet. Das ist dann auch der ganz offizielle Anlass, sein Feedback zu Ihrer Leistung einzuholen.

Im offiziellen Mitarbeitergespräch sollten Sie deutlich signalisieren, dass Ihnen dieses Feedback für Ihre weitere Entwicklung wichtig ist. Vermitteln Sie Ihrem Vorgesetzten, dass Sie besser werden möchten, dazu aber wissen müssen, wie er Ihre Leistungen sieht. Manchmal ist auch hilfreich, dem Vorgesetzten zu signalisieren, das auch er davon profitiert, wenn er seinen Mitarbeitern Feedback gibt.

## 8.3 Auch Nichtssagen kann ein Lob sein

»Wann sind Sie das letzte Mal gelobt worden?«, fragte ich kürzlich einen Klienten, eine Führungskraft auf der zweiten Unternehmensebene. Pause, Grübeln. »Ich hatte letzte Woche eine Präsentation beim Kunden, bei der mein Chef, der Marketingvorstand des Unternehmens, auch anwesend war. Er hat nichts gesagt. Ich denke, die Tatsache, dass er nicht gemeckert hat, war das höchste Lob, das ich von ihm erwarten kann.« Vermutlich hatte mein Klient recht: Je höher in der Hierarchie, umso emotionsloser, fachlicher und sachlicher wurde in dem Unternehmen nach außen hin agiert. In der Topetage war es nicht üblich, eine menschliche Regung zu zeigen. Und so war es durchaus berechtigt, ein Schweigen als Lob zu werten.

Lässt die Kultur es zu und ist ein Vorstand dazu bereit, sollte man jedoch eine Strategie des Gebens und Nehmens anstreben. Auch Topmanager sind im Grunde daran interessiert, ein ehrliches und konstruktives Feedback zu erhalten; auch sie brauchen Anerkennung und Wertschätzung. Wenn die Basis vorhanden ist, kann eine Führungskraft der zweiten Ebene durchaus erfolgreich ein Vertrauensverhältnis aufzubauen.

Letztlich gilt es zu akzeptieren, dass das Topmanagement in vielen Unternehmen eine eigene Welt ist. Es geht darum, den Code zu erkennen: Wenn die Führungskraft im Topmanagement nicht offen Feedback gibt, sollten Sie überlegen, woran Sie seine Wertschätzung erkennen können. Möglicherweise verpackt er sein Lob darin, dass er sich Zeit nimmt und überhaupt mit Ihnen spricht. »Ich höre ihm zu, bin ganz Ohr für meinen Vorstand«, berichtete eine Führungskraft. »Dann fängt er an zu erzählen, was für ein toller Typ er ist und was er alles kann. Daran habe ich erkannt, dass ich sehr wertgeschätzt bin. Manchmal ruft er mich auch in sein Büro und fragt offen und ohne Umschweife: Was denken Sie über dieser Situation? Ein größeres Lob kann ich mir kaum vorstellen.«

Wenn aus dem Topmanagement keine Anerkennung zu bekommen ist, bedeutet das nicht, dass Sie oder Ihr Team schlecht sind. Oft gilt dann tatsächlich die Erkenntnis: »Je weniger wir von dort oben hören, einen umso besseren Job machen wir.«

## 8.4 Zusammenfassung

Gute Leistung findet im betrieblichen Alltag keineswegs automatisch die verdiente Anerkennung. Viele Führungskräfte glauben, irgendwann *müsse* ihre Leistung doch auffallen: »Ich möchte gesehen werden, ohne dafür einen Tanz zu machen«, formulierte es ein Bereichsleiter. Doch geht dieses Kalkül in den wenigsten Fällen auf. Im Gegenteil: Ausgerechnet die besten Teams, die ihre Arbeit gut und geräuschlos erledigen, werden oft kaum wahrgenommen – während andere Abteilungen, die Probleme verursachen, ständig die Aufmerksamkeit der oberen Führungsetagen auf sich lenken. Die guten Leute, die es verdient hätten, erhalten dadurch zu wenig, die anderen zu viel Aufmerksamkeit. Eine meiner Klienten formulierte einmal »Leistung lohnt sich nicht, bzw. ich fühle mich wie der Depp vom Dienst.« Ist diese Einstellung erst einmal erreicht, braucht es viel Mühe einen Weg aus dieser »Mühle« herauszufinden.

Zu den Aufgaben einer Führungskraft zählt es daher, dafür zu sorgen, dass die Leistung des eigenen Teams im Unternehmen wahrgenommen wird. Die Mitarbeiter erwarten zu Recht, dass der gemeinsame Teamerfolg auch »weiter oben« die gebührende Wertschätzung erfährt.

Im mittleren Management sollten Sie den Vorgesetzten hin und wieder daran erinnern, dass ein offenes Feedback für Sie und Ihr Team sehr wichtig ist. Achten Sie dabei auf Beispiele und Details, denn ein pauschales »alles in Ordnung« lässt nicht erkennen, wie der Vorgesetzte Sie und Ihre Abteilung tatsächlich wahrnimmt.

Gehört Ihr Vorgesetzter dem Topmanagement an, müssen Sie beachten, dass dort eigene Spieregeln gelten (siehe Kapitel 1 und 13). Es kann dann durchaus sein, dass vom Topmanagement niemals ein Lob kommt – Sie und Ihr Team aber dennoch sehr geschätzt werden. Man spricht einfach nicht darüber. Es geht dann darum, den Code zu entschlüsseln – also festzustellen, auf welche Weise der Vorgesetzte seine Wertschätzung signalisiert. Das kann zum Beispiel darin liegen, dass er sich überhaupt Zeit für ein Gespräch nimmt.

# 9   Bleiben Sie handlungsfähig!

Es gibt Situationen, die nicht nur ärgerlich und unangenehm sind, sondern am Ende die eigene Handlungsfähigkeit gefährden. Hier drei Konstellationen, wie sie so ähnlich schon manche Führungskraft erlebt haben dürfte:

Fall eins: Sie haben eine Position neu angetreten, möchten alles richtig machen, sind aber auch noch etwas unsicher. Sorgfältig planen Sie Ihre ersten Schritte. Doch ständig funkt Ihr Vorgesetzter dazwischen: »Das ist jetzt wichtig …« – »da sollten Sie unbedingt hingehen, in Ihrer Position!« – »tut mir leid, aber das ist Anweisung von ganz oben, vom Vorstand …« Es ist es wie verhext. Sie wollten sich systematisch einarbeiten, fühlen sich stattdessen aber wie ein Rädchen im Getriebe. Zunächst trösten Sie sich: »Am Anfang ist das ganz normal«, denken Sie, »das wird sich geben, sobald ich mein neues Aufgabenfeld im Griff habe. Bis dahin arbeite ich einfach noch etwas mehr … Meine Frau hat bestimmt Verständnis dafür.«

Doch nach einem halben Jahr ist alles noch genauso wie am Anfang, mit dem einen Unterschied: Ihre Frau hat kein Verständnis mehr dafür.

Fall zwei: Sie sind Abteilungsleiter und betreuen darüber hinaus ein wichtiges Projekt. Wie üblich handelt es sich um ein Festpreisprojekt, einen Mehraufwand kann das Unternehmen also nicht in Rechnung stellen. Und genau das zeichnet sich ab: ein beträchtlicher Mehraufwand. Das Projekt ist knapp kalkuliert; jede Änderung kann dazu führen, dass daraus ein Verlustgeschäft wird.

In dieser Situation erhalten Sie die Nachricht, dass ein Mitglied des Projektteams für ein anderes Projekt abgezogen wird – Anweisung vom Vorstand. Wäre es das erste Mal, ließe sich der Vorgang vielleicht noch verschmerzen. Doch nun passiert Ihnen dies schon zum dritten Mal. Offensichtlich gelten Ihre Projekte allmählich als »Selbstbedienungsladen« für andere Bereiche. Wer aber haftet, wenn das Projekt scheitert? Klar, Sie selbst.

Fall drei: Sie sind der Vorgesetzte und führen Ihr Team – eigentlich eine klare Sache. Doch eine ranghöhere Führungskraft wendet sich immer wieder direkt an einige Ihrer Mitarbeiter. Es wird immer schwerer, mit der eigenen Mannschaft vernünftig zu planen und zu arbeiten. Immer heißt es: »Der Herr Soundso, immerhin unser aller Chef, hat aber gesagt …«

Drei Fälle, die sich unter einem Begriff zusammenfassen lassen: »Fremdsteuerung«. Anstatt selbst zu agieren und zu führen, steuert Sie ein Anderer; Ihr eigener Handlungsspielraum tendiert gegen null. Doch was können Sie tun, wenn »von oben«

ständig neue Aufgaben auf Sie einstürzen, wenn der Vorstand die besten Mitarbeiter abzieht oder ein Höhergestellter Ihnen in die Abteilung hineinregiert? Wie gewinnen Sie Ihre Handlungsfähigkeit zurück?

Es bleibt nichts anderes übrig: Sie müssen Ihre Freiräume zurückgewinnen. Denn Sie sind verantwortlich für die Aufgaben, die Sie übernommen haben. Wenn Sie mit Ihrem Team die vereinbarten Ziele nicht erreichen, wird man Sie zur Rechenschaft ziehen – und das zu Recht. Gefährdet das Hineinregieren eines Vorgesetzten die Abteilungsziele, liegt es deshalb eindeutig in Ihrer Verantwortung, eine klare Grenze zu ziehen: Es gilt, die eigenen Prioritäten deutlich zu machen und auch nach oben zu verteidigen, dabei aber diplomatisch und kooperativ zu bleiben. Mögliche Strategien lernen Sie im Folgenden kennen.

## 9.1 Situation 1: Die Einmischung ist der Ausnahmefall

Sie kehren aus dem Urlaub zurück und erfahren, dass in Ihrer Abwesenheit einer Ihrer Mitarbeiter in ein anderes Team versetzt wurde. »Es ging nicht anders, wir hatten einen Engpass, während Sie personell ja noch relativ gut ausgestattet sind«, erklärt der Vorgesetzte.

Wenn Sie dieses Verhalten völlig unmöglich finden, dann lassen Sie Ihrem Ärger jetzt ruhig mal freien Lauf – insbesondere wenn Sie ansonsten eher ein ruhiger, nüchterner, wenig emotionaler Typ sind. Eine solche Entscheidung über Ihren Kopf hinweg ist tatsächlich eine Frechheit, die Sie nicht akzeptieren müssen. Bevor Sie dann aber etwas unternehmen, sollten Sie für sich selbst entscheiden, ob Sie gegen die Wegnahme des Mitarbeiters tatsächlich vorgehen wollen. Treffen Sie *erst* die Entscheidung, und suchen Sie *dann* nach Argumenten.

Falls Sie sich für Nein entschieden haben, dann handeln Sie auch danach – gehen Sie zum Tagesgeschäft über. Sich weiter aufzuregen, aber nichts zu tun, wäre verschwendete Energie. Wenn Ihre Antwort »Ja« lautet, überlegen Sie genau, wie Sie das Gespräch führen wollen. In etwa können Sie wie folgt vorgehen:
1. Bitte Sie Ihren Vorgesetzten um ein Gespräch.
2. Legen Sie in ruhigem Ton dar, dass es nicht fair ist, in Ihrer Abwesenheit eine Entscheidung zu treffen, deren Konsequenzen Sie nun tragen sollen.
3. Formulieren Sie Ihr Ziel (zum Beispiel den Mitarbeiter wieder zurückzubekommen). Um Ihren Wunsch zu unterstützen, können Sie gerne Ihre Argumente anführen. Aber seien Sie sich darüber bewusst, dass die Argumente letztlich Ihre innere Entscheidung widerspiegeln, denn Sie haben *zuerst* die Entscheidung getroffen und *dann* die passenden Argumente gefunden. Die emotionale Brücke zu ihrem

Gegenüber finden Sie über das Gefühl, das durch Ihre Überzeugung entsteht (und nicht durch die Argumente).
4. Bieten Sie eine gangbare Lösung an, mit der Ihr Ziel erreicht werden kann. Denken Sie an das Prinzip des Gebens und Nehmens: Was können Sie Ihrem Gegenüber anbieten, damit Sie bekommen, was Sie wollen?
5. Schlagen Sie eine Regelung vor, wie in Zukunft in einem vergleichbaren Fall vorgegangen werden soll.

Halten wir fest: Bei einer Einmischung von oben, wenn Ihnen zum Beispiel Ressourcen entzogen werden, sollten Sie sich zunächst Klarheit verschaffen: Ist es ein einmaliger Fall, der voraussichtlich nie wieder vorkommt? Wenn ja, haben Sie die Wahl: Entweder Sie lassen die Sache auf sich beruhen – oder Sie versuchen, durch ein gut vorbereitetes Gespräch zu Ihrem »Recht« zu kommen.

## 9.2 Situation 2: Hinter der Fremdsteuerung steht ein Strukturproblem

Anders liegen die Verhältnisse, wenn die Wegnahme eines Mitarbeiters mehr ist als nur eine einmalige Urlaubsüberraschung. Kommt ein solches Verhalten wiederholt vor, *müssen* Sie handeln. Die Methode »Augen zu und durch« hilft hier nicht weiter. Denn offensichtlich ist es im Unternehmen üblich, sich der Mitarbeiter Anderer zu bedienen. Gute Leute im Unternehmen sind rar, also reißt sich jeder um sie – eine Kultur, bei der gutwillige Führungskräfte den Kürzeren ziehen: Sie verlieren gute Mitarbeiter, haben es dadurch immer schwerer, Ihre Ziele zu erreichen. Der Arbeitsdruck nimmt zu, die Leistungsfähigkeit sinkt – ein Teufelskreis, bei dem in der Regel am Ende auch die gesundheitliche Belastungsgrenze überschritten wird.

Eine nachhaltige Lösung läge hier in einem Kulturwandel, der nicht nur den einzelnen Mitarbeitern, sondern dem Unternehmen insgesamt zugutekäme. Für jede Führungskraft sollte etwa das Gesetz gelten: »Die Mitarbeiter meines Kollegen lasse ich in Ruhe oder ich frage den Verantwortlichen, in welchem Rahmen ich den einen oder anderen Mitarbeiter ausleihen kann.« Eine solche wertschätzende Unternehmenskultur wäre deutlich effektiver als die Gepflogenheit, sich die Mitarbeiter durch individuelle Beutezüge zu beschaffen.

Kurzfristig kann Ihr Ziel jedoch nur darin liegen, Ihre Mannschaft vor dem Zugriff Anderer zu schützen. Weisen Sie Ihre Kollegen darauf hin, dass mit Ihnen dieses Spiel nicht machbar ist. Dies sollte auf eine freundliche, aber auch bestimmte Weise erfolgen. Angenommen Sie müssen befürchten, dass sich ein Kollege an Ihren Mitarbeitern

»vergreift« – in diesem Fall sollten Sie gegenüber den Mitarbeitern folgende Punkte klarstellen:

1. Jedes Teammitglied trägt bezogen auf sein Arbeitspaket Verantwortung für den Erfolg. Gleichzeitig sind Sie als Vorgesetzter für die Rahmenbedingungen verantwortlich, damit die Mitarbeiter ihre Aufgaben bearbeiten können.
2. Wird ein Mitarbeiter für andere Aufgaben angesprochen, soll er darüber nicht selbst entscheiden, sondern sofort Sie (also die für ihn zuständige Führungskraft) benachrichtigen – nach dem Grundsatz: Pack die Verantwortung dahin, wo sie hingehört.
3. Nimmt ein Mitarbeiter eine Aufgabe an, ohne sich mit Ihnen abzusprechen, stellt diese Aufgabe letztlich sein »Freizeitvergnügen« dar – das heißt er hat sie außerhalb der Arbeitszeit zu erledigen. Dies ist ein so hoher Preis, sodass es den meisten Mitarbeitern in Zukunft leichter fallen dürfte, solche »Zusatzengagements« von anderen Abteilungen dankend abzuwinken oder auf den Vorgesetzten verweisen.
4. Wenn Sie als Vorgesetzter nicht wissen, welche Aufgaben ein Mitarbeiter zusätzlich noch wahrnimmt, läuft dieser Gefahr, »überplant« zu werden, das heißt, Sie sind nicht mehr in der Lage, ihm den Rücken frei zu halten.

Als Vorgesetzter ist es Ihre Aufgabe, die Rahmenbedingungen so zu setzen, dass die Mitarbeiter ungestört arbeiten können. Dazu gehört aber auch, dass Sie das »Revier« gegen »Übernahmen« von außen verteidigen. Machen Sie potenziellen Störern deutlich, dass Sie gewillt sind, diese Aufgabe tatsächlich wahrzunehmen.

Die Erfahrung zeigt, dass sich diese Regeln bei konsequenter Einhaltung sehr schnell im Unternehmen herumsprechen und von anderen Abteilungen übernommen werden. Davon profitiert dann am Ende die gesamte Organisation, weil die permanenten »Störfälle« bald aufhören.

## 9.3 Situation 3: Der Chef mischt sich ständig ein

Der folgende Fall spielt sich auf oberster Ebene ab. Der Vorstandsvorsitzende ist in seinem Handeln eher unsicher und neigt dazu, jede Entscheidung mit Dr. F., einem Mitglied seines Vorstands, in extenso zu besprechen. Immer stärker beschleicht Dr. F. das Gefühl, er müsse nicht nur sein Ressort, sondern gleichzeitig noch den Vorstandsvorsitzenden führen. Ganz falsch war dieser Eindruck sicher nicht.

Zunächst versuchte es Dr. F. mit einem klärenden Gespräch, leider ohne Erfolg. Schon wenige Tage später verbrachte er erneut einen Großteil seiner Zeit im Büro des Vorstandsvorsitzenden. Dr. F. verlor die Geduld: »Wenn Reden nicht funktioniert, dann muss ich eben handeln«, sagte er sich – und schlug einen neuen Weg ein:

- Er achtete strikt darauf, den Vorstandsvorsitzenden über alle relevanten Vorgänge auf dem Laufenden zu halten, sprich: er kam seiner Informationspflicht mit der gebotenen Sorgfalt nach. Er achtete darauf, dass sein Chef niemals in Rechtfertigungsnot geriet und immer sein Gesicht wahren konnte.
- Gleichzeitig sorgte er dafür, für den Vorstandsvorsitzenden nur noch schwer greifbar, also nicht mehr jederzeit persönlich verfügbar zu sein.
- Er vereinbarte mit dem Vorstandsvorsitzenden eine feste Regel: ein Mal pro Woche ein Jour fixe für die aktuelle Lage, begrenzt auf maximal zwei Stunden.
- Er sorgte immer dafür, dass sein Chef erhielt, was im Topmanagement wichtig ist: Anerkennung, gute Erfolgserlebnisse, Reputation und Sicherheit.

Mit dieser Strategie stellt Dr. F. sicher, dass er einerseits seinen Pflichten gegenüber dem Vorgesetzten gerecht wird, andererseits aber eine permanente Fremdsteuerung durch diesen vermeidet. Anstatt sich über seinen Chef ständig zu ärgern oder zu versuchen, ihn zu ändern, akzeptiert er ihn nun so, wie er nun einmal ist. Gleichzeitig hat er sich den notwendigen Freiraum verschafft, um seine Rolle als Topmanager des Unternehmens adäquat wahrzunehmen.

Eine solche Strategie ist allerdings nicht ungefährlich. Überspitzt formuliert machte Dr. F. Folgendes: Er gab seinem Chef, was dieser benötigte – kümmerte sich aber sonst nur noch um seine eigenen Angelegenheiten. Es ist klar, dass ein solches Spiel sich nur erlauben kann, wer wirklich exzellente Arbeit leistet oder für einen bestimmten Bereich quasi unersetzbar ist. Denn im Konfliktfall sitzt der Vorgesetzte stets am längeren Hebel – und würde bei so einem Arbeitsverhältnis wohl kaum schützend hinter seiner Führungskraft stehen, geschweige denn sie verteidigen.

## 9.4 Was Sie gegen Fremdsteuerung von oben tun können

Eine Einmischung von oben schafft Verunsicherung, hindert die Führungskräfte daran, zusammen mit ihrer Mannschaft ihre Potenziale zu entfalten und beeinträchtigt damit letztlich die Effektivität der Organisation. Die Alternative könnte ein Unternehmen sein, bei dem die Manager die Verantwortlichkeiten gegenseitig respektieren und auf Eingriffe in fremde Reviere verzichten. Vieles spricht für dieses Modell, und auch die Natur bietet hier wieder ein interessantes Vorbild: Vergleichbar mit einem Rudel Wölfe kann ein solches Unternehmen eine höchst dynamische Organisation sein, die zugleich sehr effektiv ist.

# 9 Bleiben Sie handlungsfähig!

**Abb. 6:** Wolfsrudel (Bildnachweis: karlumbriaco / istockphoto.com)

Im Wolfsrudel gibt es eine Handvoll Regeln, an die sich alle halten müssen. Zum Beispiel sollen sich alle der Jagd widmen und die Welpen gemeinsam aufziehen. Davon abgesehen hat jeder Wolf viele Freiheiten. Jedes Tier übernimmt die Aufgaben, für die es am besten geeignet ist und respektiert die Tätigkeit des anderen. Körperlich starke Tiere können die Funktion des Ordnungshüters einnehmen, ohne gleich dem Leitwolf Konkurrenz zu machen. Jeder Wolf will sein Überleben sichern. Doch weiß auch jeder, dass er im Rudel stärker ist, als wenn er auf sich alleine gestellt wäre. Übertragen auf die Organisation eines Unternehmens bedeutet das: Es gibt einige Regeln, an die sich alle halten, zugleich aber auch erhebliche Freiräume, in denen die einzelnen Akteure ihre Stärken ausspielen können.

Wenn es nun darum geht, die eigene Handlungsfähigkeit gegen »Einmischung von oben« zu verteidigen, kann die Organisationsform des Wolfsrudels als Orientierung dienen. Der Leitgedanke lautet dann: Jede Führungskraft übernimmt ihre klar definierte Aufgabe und kann in ihrem Bereich eigenverantwortlich handeln. Wenn nun doch ein »Unbefugter« in das Revier eindringt, ist eine Abwehrstrategie notwendig, die wie folgt aussehen kann:

**Schritt 1:** Verschaffen Sie sich Klarheit über die eigene Aufgabe und Verantwortung.
- Fragen Sie zunächst nach dem Ziel Ihres Bereichs. Welchen Beitrag zum Ganzen, also zu den Unternehmenszielen leistet er?
- Wofür können und wofür müssen Sie Verantwortung übernehmen? Beachten Sie: Manche Führungskraft übernimmt zu viel Verantwortung, nur weil sie ihrem Chef demonstrieren möchte, was sie alles leisten und bewältigen kann.

- Welche Aufgaben sollten Sie möglicherweise nur *teilweise* übernehmen? Neben den Alternativen »ganz annehmen« und »ganz ablehnen« sind oft auch Zwischenvarianten möglich, etwa in der Art: »Teilaufgabe A passt gut, Teilaufgabe B könnte Herr Y übernehmen, Teilaufgabe C kann noch zwei Monate liegen bleiben.« Es geht darum, für bestimmte Aufgaben mit dem Vorgesetzten eine *gemeinsame* Lösung zu finden.
- Welche Rahmenbedingungen (Ressourcen, Kompetenzen, Zeit etc.) sind erforderlich, damit Sie Ihre Aufgaben erfüllen können? Was steht zur Verfügung?
- Was ist unter diesen Bedingungen tatsächlich machbar? Packen Sie nicht zu viel in Ihre Planung, rechnen Sie auch mit Störungen.

**Schritt 2:** Bleiben Sie ruhig, verschaffen Sie sich den Überblick über die Situation.

Wenn Sie durch Fremdsteuerung und Einmischung von oben ins Chaos geraten sind, ist es wichtig, zunächst den Überblick zurückzugewinnen. Bringen Sie wieder Struktur in Ihren Alltag, achten Sie auf eine realistische Planung. Machen Sie es wie der Badminton-Spieler auf dem Feld: Egal welchen Ball er geschlagen hat, egal wo im Feld er den Abschlag gemacht hat, er kehrt *immer* erst wieder zur Mitte zurück, um von dort aus neu zu starten. Lassen Sie sich nicht in irgendeine Ecke drängeln. Gehen Sie immer wieder in die Mitte, um den Überblick zu gewinnen. Hier ist auch der Ort, an dem Sie Kraft sammeln können.

**Schritt 3:** Führen Sie ein klares Gespräch mit Ihrem Vorgesetzten.
- Legen Sie dar, was realistisch ist, was nicht, wofür Sie einstehen, wofür nicht.
- Machen Sie deutlich, welche Konsequenzen die Fremdsteuerung hat.
- Suchen Sie gemeinsam nach gangbaren Lösungen.

Oft ist es so, dass der Vorgesetzte selbst hoffnungslos überlastet ist und deshalb versucht, diesen Druck nach unten abzulassen. Der »Fremdsteuerer« meint es also nicht böse, sondern befindet sich in einer ähnlichen Situation. Machen Sie ihn sich zum Verbündeten und suchen Sie gemeinsam nach realistischen und gangbaren Wegen.

Manchmal helfen dann auch unkonventionelle Lösungen. Einer meiner Klienten beklagte sich über einen Chef, der selbst völlig chaotisch organisiert war und dadurch andere, darunter auch meinen Klienten, mit ins Chaos hineinzog. Der Ausweg lag dann darin, den Chef davon zu überzeugen, eine sehr strukturierte Assistenzkraft einzustellen. Diese übernahm einen Großteil der Kommunikation, die seitdem in geordneten Bahnen läuft und eine geregelte Zusammenarbeit ermöglicht.

Eine ähnliche Lösung fand eine Führungskraft, deren eigentliche Arbeit liegen blieb, weil der Vorgesetzte ständig irgendwelche Zahlen und Auswertungen anforderte. Da diese Anfragen unbestritten in den Kompetenzbereich der Führungskraft fielen, gab es hier kein Ausweichen. Auch hier half die Idee weiter, einen Assistenten zu engagieren. Seit dieser die Auswertungen erstellt, ist in die Arbeit der Abteilung Ruhe eingekehrt und das Verhältnis der Führungskraft zum Vorgesetzten hat sich deutlich entspannt.

Mit gutem Willen und etwas Fantasie lässt sich fast immer eine gangbare Lösung finden. Suchen Sie deshalb den Dialog anstatt sich – wie das allzu oft geschieht – auf Machtspiele mit dem Vorgesetzten einzulassen. Selbst wenn Sie dessen Verhalten als absolut unfair empfinden, sollten Sie nicht »bockig« reagieren und Vergeltung fordern. Es handelt sich nun einmal um Ihren Vorgesetzten – und wenn es hart auf hart kommt, werden Sie am Ende garantiert den Kürzeren ziehen.

**Digitales Extra: Handlungsfähig bleiben**
Das Wichtigste im Überblick
https://www.galileo-institut.de/buch-downloads

## 9.5 Zusammenfassung

Was tun, wenn Ihnen von oben ständig hineinregiert wird? Der falsche Weg wäre es, eine solche Fremdsteuerung zu akzeptieren und es einfach zu schlucken, wenn der Vorgesetzte Ihnen ständig neue Aufgaben überträgt, wenn der Vorstand Ihren besten Mitarbeiter abzieht oder ein Höhergestellter Ihren Mitarbeitern Anweisungen erteilt. Vielmehr kommt es darauf an, »Stopp!« zu sagen und eine klare Grenze zu ziehen. Andernfalls verlieren Sie Ihre Handlungsfähigkeit und gefährden die eigentlichen Ziele, für die Sie mit Ihrem Team verantwortlich sind.

Es geht jedoch nicht darum, durch ein pauschales Nein das Image des Bremsers oder Blockierers zu erwerben. Vielmehr kommt es darauf an, ein klares »Stopp!« zu setzen – um dann gemeinsam mit dem Vorgesetzten zu einer konstruktiven Lösung zu kommen, mit der sich das gewünschte Ergebnis trotzdem erreichen lässt.

Um die eigene Handlungsfähigkeit erfolgreich nach oben zu verteidigen, hat sich eine Strategie in drei Schritten bewährt:
- Verschaffen Sie sich Klarheit über die eigene Aufgabe und Verantwortung.
- Bleiben Sie ruhig, verschaffen Sie sich den Überblick über die Situation.
- Führen Sie ein klares Gespräch mit Ihrem Vorgesetzten.

Selbst wenn Sie sich absolut unfair behandelt fühlen, sollten Sie daran denken, dass der Vorgesetzte Ihnen überstellt ist und deshalb am Ende immer am längeren Hebel sitzt. Suchen Sie daher den Dialog und versuchen Sie, gemeinsam eine konstruktive Lösung zu finden. Legen Sie dar, was realistisch ist und was nicht – wofür Sie einstehen und wofür nicht. Machen Sie auch deutlich, welche Konsequenzen die Fremdsteuerung hat, sowohl für den Erfolg Ihrer Abteilung, als auch für den Vorgesetzten selbst. Und suchen Sie gemeinsam nach gangbaren Lösungen.

**Digitales Extra**
Nutzen Sie Episode 2 im kostenlosen Audio-Coaching »**Moderne Führung**« um dem Phänomen »**Fremdsteuerung – bzw. handlungsfähig bleiben**« besser Herr zu werden. Erfahren Sie die alles entscheidende Frage, um die Fäden wieder in der Hand zu haben. Laden Sie sich hier die neunteilige Coaching-Kurs-Serie herunter.
https://www.galileo-institut.de/audiocoaching-unternehmenslenker/

# 10 Wie Sie mit nicht erfüllbaren Vorgaben umgehen

Der Stolz stand ihm ins Gesicht geschrieben. Man habe ihm gesagt, er mache einen hervorragenden Job, berichtete der Bereichsleiter eines großen Chemieunternehmens von einem Gespräch beim Vorstand. Dann sei er gefragt worden, ob er zum Jahreswechsel die Projektleitung für eine der wichtigsten Neuentwicklungen des Unternehmens übernehmen wolle. Und nicht nur das: Das neue Produkt solle später als eigene Sparte in seinen Unternehmensbereich eingegliedert werden.

Unmöglich, dieses Angebot abzulehnen – auch wenn dem Bereichsleiter nicht so ganz klar war, was auf ihn zukommen würde. Eigentlich war ja schon die Bereichsleitung eine Vollzeitaufgabe. Andererseits hatte er seinen Bereich gut im Griff, immerhin hatte er zuletzt die besten Zahlen in der Firmengeschichte vorgelegt. Etwas kritisch war dagegen die Situation bei einem Kundenprojekt, an dem er maßgeblich beteiligt war. Hier stand viel auf dem Spiel: Das Unternehmen war Entwicklungspartner für einen großen Kunden, mit dem es eine langfristige Lieferbeziehung aufbauen wollte. Schließlich erhielt der Bereichsleiter die Zusicherung, dass er zum Jahresende aus diesem Projekt ausscheiden könne. Alles in allem erschien die neue Herausforderung somit machbar.

Doch es kam anders. Gegen Ende des Jahres drohte das Kundenprojekt zu scheitern. Mehr denn je kam es jetzt auf die Erfahrung des Bereichsleiters an. Dieser sah diesen »Notfall« ein und ließ sich doch wieder für das Projekt verpflichten – bis zu drei Tagen pro Woche vor Ort beim Kunden.

Bei allem Engagement war das dann doch zu viel. Er suchte Hilfe bei seinem Coach, der dann folgende Situation feststelle: Der Bereichsleiter fühlt sich verpflichtet, die übernommenen Aufgaben zu stemmen. Er fängt morgens um sechs Uhr an, bleibt bis in den Abend, merkt aber, dass die Dinge anfangen ihm zu entgleiten. Er kann nachts nicht mehr schlafen, reagiert zunehmend gereizt, wird seinen Mitarbeitern gegenüber immer autoritärer. Sein Vorgesetzter, der Vorstand, steht ebenfalls unter Druck. Für ihn hat das Kundenprojekt eine große strategische Bedeutung. »Ich erwarte von Ihnen, dass Sie das hinbekommen«, signalisiert er. Umso größer ist jetzt die Angst des Bereichsleiters, als Versager dazustehen – was den Druck weiter erhöht. Ein Teufelskreis.

Der Mechanismus, der sich hier zeigt, ist gar nicht so selten: In einer Notsituation wendet sich der Vorgesetzte zunächst an die besten und pflichtbewussten Mitarbeiter, diejenigen also, die zwar schon überfordert sind, aber engagiert, willig und zuverlässig arbeiten. Er redet ihnen zu: »Das packen Sie schon ...« – und hofft, dass der in die Pflicht genommene Mitarbeiter nicht weiter nachfragt, sondern die Aufgabe umsetzt.

Damit ist die Kuh erst einmal vom Eis. Dem Mitarbeiter ist zunächst gar nicht bewusst, dass er sich unerfüllbare Aufgaben eingehandelt hat. Wenn er dann aber die Grenzen spürt, fühlt er sich als Versager.

Wie lässt sich dieser Teufelskreis durchbrechen? Eines ist klar: Was zu viel ist, ist zu viel. Es gibt Vorgaben, die schlicht unerfüllbar sind. In der Praxis lassen sich hierbei vor allem zwei Varianten unterscheiden. In dem einen Fall handelt es sich um eine Überlastung, die sich schleichend anbahnt; immer neue Aufgaben bringen irgendwann das Fass zum Überlaufen. In dem zweiten Fall präsentiert der Vorgesetzte ein Ziel, bei dem Ihnen sofort klar ist: Das ist nicht erreichbar. Auf beide Varianten möchte ich im Folgenden näher eingehen.

## 10.1  Variante 1: Die schleichende Überforderung

Vielleicht kommt Ihnen diese Situation bekannt vor? Ein Abteilungsleiter, mittleres Management, ist zu 100 Prozent ausgelastet. Dennoch reicht ihm sein Chef fast täglich neue kleine Projekte weiter, die er doch bitte sofort, also innerhalb der nächsten Stunden, erledigen möge. Der Abteilungsleiter erhöht seine Drehzahl, verzichtet auf Pausen, stößt aber irgendwann zwangsläufig an seine Grenzen.

Seine eher zaghaften Abwehrversuche lässt der Vorgesetzte abblitzen mit der Bemerkung, er müsse ja schließlich nicht alles selbst machen: »Delegieren Sie doch! Wozu sind Sie denn Führungskraft?« Das Dumme an der Situation ist nur, dass alle diese Aufgaben, die er kurzfristig von seinem Chef erhält, einmalige Projekte mit genauen Vorgaben sind, die noch dazu unter Zeitdruck zu erledigen sind. Hierfür gibt es beim besten Willen niemanden, an den man delegieren könnte.

Also versucht er es mit noch mehr Arbeiten. Er sieht nur noch seine Aufgaben und schottet sich immer stärker von anderen Themen und von seinem Umfeld ab. Selbst auf harmlose Fragen seiner Kollegen und Mitarbeiter reagiert er zunehmend nervös und gereizt. Und das Schlimmste: Obwohl er arbeitet wie ein Weltmeister, stellt er fest, dass seine Effektivität nachlässt. Immer mehr gerät er in Verzug. Er weiß nicht mehr weiter.

In dieser Situation suchte der Abteilungsleiter Hilfe im Coaching. »Gab es einen Moment, an dem Sie gemerkt haben, dass es zu viel wird?«, fragte ich ihn. »Erinnern Sie sich an einen besonderes Gefühl oder eine Körperreaktion?« Er denkt lange nach, und tatsächlich: Als sein Chef ihm vor zwei Monaten kurz hintereinander zwei neue Aufgaben aufdrückte, habe sich sein »Hals zugezogen«, da habe er ein »Druckgefühl« und Bauchschmerzen bekommen.

10.1 Variante 1: Die schleichende Überforderung

**Abb. 7:** Weggabelung (Bildnachweis: Bud Robertson / istockphoto.com)

Genau das war der Wendepunkt, an dem aus der Anforderung die Überforderung wurde. Ich nenne es die »Weggabelung«, der letzte Moment, bei der mein Klient noch souverän hätte reagieren und einen anderen Weg einschlagen können. An dieser Weggabelung wäre es wohl sinnvoll gewesen, auf seine Wahrnehmung zu hören und zu entscheiden: Mache ich weiter, versuche also noch schneller und effektiver zu arbeiten? Oder sage ich »Stopp!« und versuche, ein sachliches und vernünftiges Gespräch mit meinem Vorgesetzten zu führen? An diesem Punkt wäre er tatsächlich noch handlungsfähig gewesen, doch schon einen Moment später nimmt der Mechanismus der unaufhaltsamen Überforderung seinen Lauf. Meinem Klienten war nun klar, dass er dieses Gespräch nachholen musste.

Der Fall zeigt, worauf es ankommt, wenn die Belastung schleichend immer größer wird: Die Weggabelung erkennen – und bewusst einen anderen Weg einschlagen.

### 10.1.1 Die Weggabelung erkennen

Im Alltag einer Führungskraft ist es der Normalfall: Das Arbeitspensum wächst so lange, bis irgendwann die Belastungsgrenze erreicht ist. Bei den meisten Menschen weisen körperliche Reaktionen auf diesen Zeitpunkt hin. Bauchschmerzen, Schlaflosigkeit, Kopfweh, Herzrasen – die Symptome sind vielfältig. Gängiger Reflex ist es jedoch, diese Symptome zu verdrängen, etwa nach dem Motto: »wird schon werden«. Nun beginnt der Teufelskreis: Man lässt sich auf immer neue Aufgaben ein, arbeitet an Wochenenden, das Privatleben bleibt auf der Strecke – bis schließlich die Angst überhandnimmt: »Ich schaffe es trotzdem nicht.« Nun wird es wirklich gefährlich. Starrer Tunnelblick auf die eigenen Aufgaben, Zurückziehen, Gereiztheit, Leistungsabfall – es kommt zur Katastrophe.

Die Lösung kann dann nur lauten: heraus aus dem alten Verhaltensmuster. Ein solcher Ausstieg hat nichts damit zu tun, nicht »gut genug« zu sein. Erreicht wird schlicht und einfach eine Grenze, die es – entsprechend einem Naturgesetz – zu akzeptieren gilt. Wichtig ist es, diese Grenze zu erkennen und den Zeitpunkt wahrzunehmen, an dem aus einem machbaren Arbeitspensum eine unmögliche Vorgabe wird. Wenn man diesen Mechanismus an der richtigen Stelle unterbricht, ist tatsächlich eine klare und eindeutige Wende möglich. Das Entscheidende: Man muss diesen wirkungsvollsten Punkt finden, an dem man sich in einer Wahlsituation befindet. Hier gilt es dann, sich bewusst für die neue Alternative zu entscheiden.

Dies ist letztlich eine Frage konsequenter Übung: Es ist durchaus möglich, die eigene Wahrnehmung zu trainieren, sodass es mit der Zeit immer zuverlässiger gelingt, den Punkt der Weggabelung zu erkennen. Entscheidend ist es dann, einen anderen Weg tatsächlich einzuschlagen.

### 10.1.2 Den anderen Weg einschlagen

Die meisten Menschen suchen Harmonie; Konflikten und Auseinandersetzungen gehen sie eher aus dem Weg. Nein zu sagen oder eine Grenze zu ziehen, empfinden sie eher als unangenehm. Und so ist es kein Wunder, dass viele Führungskräfte das notwendige Gespräch mit ihrem Vorgesetzten hinausschieben.

Die Erfahrung zeigt jedoch, dass die meisten Vorgesetzten ein rechtzeitiges, konstruktiv geführtes Gespräch zu schätzen wissen. Immerhin bietet es die Möglichkeit, frühzeitig eine Lösung zu finden, anstatt kurzfristig reagieren zu müssen, wenn die Führungskraft aus Überforderung dann doch die Segel streichen muss.

Um das Arbeitspensum im Gespräch mit dem Vorgesetzten erfolgreich auf das Machbare zu reduzieren, sind folgende Aspekte entscheidend:
- *Die Perspektive des Vorgesetzten.* Überlegen Sie zunächst, in welcher Situation sich Ihr Vorgesetzter befindet. Vermutlich steht auch er unter großem Druck, muss Ergebnisse vorweisen – und reicht verständlicherweise die Aufgaben an die Mitarbeiter weiter, auf die er sich verlassen kann. Also auch an Sie. Und wenn die Mitarbeiter sich nicht wehren, wird er damit auch nicht aufhören. Warum auch? Wenn sich etwas ändern soll, müssen also *Sie* aktiv werden.
- *Der konstruktive Dialog.* Suchen Sie nun das Gespräch mit dem Vorgesetzten und sorgen Sie für Klarheit. Nicht indem Sie ihm die Brocken hinwerfen, sondern konstruktiv

auf die Situation eingehen: Machen Sie deutlich, dass das augenblickliche Aufgabenpensum in der geplanten Form nicht realisierbar ist – und unterbreiten Sie dann einen Vorschlag. Suchen Sie einen Dialog auf Augenhöhe, denn schließlich sind Sie ja der Profi für die Ihnen übertragenen Aufgaben. Lassen Sie spüren, dass Sie sich für diese Aufgaben auch verantwortlich fühlen, nur die Umsetzung so nicht möglich ist.

- *Die richtigen Prioritäten.* Gehen Sie von der Frage aus: Was ist für das Unternehmen und für Ihren Vorgesetzten das höchste Ziel? Um was geht es wirklich? Klären Sie gemeinsam mit Ihrem Vorgesetzten die Prioritäten. Welche Aufgabe hat Vorrang? Überlegen Sie auch, ob Sie eine Aufgabe komplett bearbeiten müssen oder ob es genügt, kleinere, aber entscheidende Teile davon zu übernehmen. Mit anderen Worten: Entwickeln Sie mit Ihrem Gegenüber eine Lösungsstrategie.
- *Effektive Zusammenarbeit.* Meistens finden sich bei dem Gespräch auch Möglichkeiten, deutlich effektiver zusammenzuarbeiten. Missverständnisse, die in der Vergangenheit enorm viel Zeit gekostet haben, lassen sich von vornherein vermeiden. Typische Situation: Der Vorgesetzte vergibt eine Aufgabe und hat selbst eine recht genaue Vorstellung vom Ergebnis – geht also davon aus, dass auch der Mitarbeiter weiß, wie der Auftrag gemeint ist. Wenn der Vorgesetzte dann nach einer Woche das Ergebnis erhält, ist er ebenso erstaunt wie entsetzt: »Wieso hat der eine Doktorarbeit daraus gemacht? Ich wollte doch nur vier Zeilen!«

Hat der Vorgesetzte seine Prioritäten und Erwartungen dargelegt, haben Sie schon viel gewonnen. Meistens gelingt es dann, gemeinsam eine Lösung zu finden, die beiden Seiten gerecht wird.

Wenn das Gespräch erfolgreich war, wenn Sie also wieder Land sehen und kräftig durchatmen können, sollten Sie noch einmal die zurückliegenden Ereignisse reflektieren. Welche Erfahrungen haben Sie gemacht? Was könnte man beim nächsten Mal besser machen?

Beim nächsten Mal – genau das ist der Punkt. Die Überforderung kommt nämlich wieder. Garantiert. Die Aufgaben werden mehr, der Produktivitätsdruck nimmt zu. Das schleichend ansteigende Arbeitspensum ist eine Gesetzmäßigkeit, der eine Führungskraft nicht ausweichen kann. Auch weiterhin wird der Vorgesetzte den eigenen Druck so lange weitergeben, bis seine Mitarbeiter »Stopp!« sagen. Es kommt also darauf an, den Punkt zu erkennen, an dem die Überforderung beginnt – um dann erneut das Gespräch mit dem Chef zu suchen.

Da sich die Situation ständig wiederholt, kann man die geschilderte Gegenstrategie bewusst trainieren. Sie bauen eine Alternative zum Handlungsautomatismus auf. So ist es möglich, die Weggabelung in Zukunft nicht nur zuverlässig zu erkennen, sondern auch mit Erfolg den *anderen* Weg zu gehen. Das »Alternativprogramm« zum verhängnisvollen Reflex des »Weiter so« steht dann abrufbereit zur Verfügung.

## 10.2 Variante 2: Das unrealistisches Ziel

Angenommen Ihr Vorgesetzter sagt zu Ihnen: »Sehen Sie zu, dass dieser Kugelschreiber von selbst nach oben fliegt und schwebend in der Luft bleibt.« Dann ist das eine nicht erfüllbare Vorgabe. Sie können dann anerkennen, dass dies sicher ein schönes, begehrenswertes Ziel ist, müssen aber darauf hinweisen, dass unter den Gesetzmäßigkeiten, die für alle gelten, also aufgrund der Naturgesetze dieses Ziel nicht erreichbar ist.

Wenn der Vorgesetzte dann entgegnet, ihm sei dieser Einwand egal, er bestehe darauf, dass der Kugelschreiber frei schwebe, dann ist es Ihre Aufgabe als Physiker und Mitarbeiter zu erklären, dass dem ein allgemein gültiges Naturgesetz entgegensteht, indem Sie etwa sagen: »Wir können sicherlich eine Konstruktion schaffen, die den Kugelschreiber nach oben schiebt, aber die Erdanziehung können wir nicht außer Kraft setzen.«

**Abb. 8:** Kugelschreiber (Bildnachweis: Lemon_tm / istockphoto.com)

Beharrt der Vorgesetzte weiter auf der Vorgabe, bleibt Ihnen nur Eines: Den Auftrag abgeben – denn es handelt sich definitiv um ein nicht erreichbares Ziel, für das Sie deshalb auch keine Verantwortung übernehmen können – und auch nicht sollten! Nähmen Sie das Projekt an, würde man Ihnen später die Schuld am Scheitern anlasten. Schließlich sind Sie ja der Experte, der das hätte wissen müssen ...

Deutlich wird zweierlei. Erstens: Es gibt sie wirklich, die nicht erfüllbaren Vorgaben. Und zweitens: Eine Führungskraft *muss* eine solche Vorgabe ablehnen, will sie ihrer Verantwortung gerecht werden.

Leider liegen die Fälle in der betrieblichen Realität nicht so einfach und eindeutig wie beim schwebenden Kugelschreiber.

Nehmen wir das Beispiel eines Klienten, der ziemlich verzweifelt war, als er mich zum Coaching aufsuchte. Ihm waren interimsmäßig drei Führungspositionen angetragen worden. Er hatte die Aufgaben übernommen, weil er den »Notfall« einsah, hatte aber auch hinzugefügt: »Ich mache das nur für ein halbes Jahr, länger kann ich drei Vollzeitkräfte nicht ersetzen!« Neun Monate später hatte sich an der Situation jedoch nichts geändert. Der dreifach belastete Manager war völlig überfordert; die Dinge fingen an, ihm aus den Händen zu gleiten. Vergeblich hoffte und wartete er auf ein Einlenken vonseiten der Unternehmensleitung. Doch nichts tat sich. Er fühlte sich alleine gelassen.

Warum – so fragte er – hatte niemand ein Einsehen? Warum hatte sich nach einem halben Jahr nichts geändert? Eigentlich lag die Antwort auf der Hand: Die Führungsebene war selbst überfordert und war froh über jede Aufgabe, die sie abgeben konnte – nach dem Motto: Augen zu und hoffen, dass der Andere es schon hinbekommt. Dahinter steht kein böser Wille, sondern eine logische Reaktion, die in der Regel aus der eigenen Hilflosigkeit resultiert.

Nur: Ein Spiel kann jemand nur spielen, wenn ein Anderer mitspielt. In diesem Fall hatte mein Klient mitgespielt – und es war höchste Zeit, das Spiel zu beenden.

Wenn eine Vorgabe unrealistisch ist, gilt es »Stopp!« zu sagen – klar, konsequent und konstruktiv. Genau in diesem Dreiklang liegt die Lösung:
- Es gilt, dem Vorgesetzten *klar* zu sagen, wenn eine Aufgabe oder ein Ziel nicht realisierbar ist. Ein Drumherumreden nützt nichts.
- Wenn etwas nicht geht, muss das »Stopp« *konsequent* sein. Wer die Aufgabe im Zweifel dann doch übernimmt, lässt sich auf das Spiel ein – und darf nicht erwarten, dass der Vorgesetzte abbricht.
- Wer Nein sagt, sollte trotzdem *konstruktiv* bleiben und einen konkreten Vorschlag machen, wie es weitergehen kann.

Nach diesem Schema ging mein Klient, der Manager mit der Dreifachbelastung, dann auch vor. Ihm war klar: *Er* musste aktiv werden und seinem Vorgesetzten deutlich machen: Bis hierher und nicht weiter. Und dann galt es, konsequent zu sein – ansonsten würde seine Glaubwürdigkeit gegen Null gehen.

Wie ist die Geschichte ausgegangen? Bisher hatte er zwar immer wieder gesagt, »es geht nicht mehr«, gleichzeitig aber seine Tätigkeit in allen drei Positionen weitergeführt. Erwartungsgemäß passierte nichts Substanzielles. Immer wieder wurde er vertröstet: »Wir würden Sie ja gerne ablösen, doch wir finden am Markt einfach keine geeigneten Kandidaten, die diese Position übernehmen könnten«. Als er dann aber bereit war, einen definitiven Schlussstrich zu ziehen, trat er erstmals wirklich selbstbewusst und entschieden gegenüber seinem Vorgesetzten auf. »Ich mache das jetzt noch genau zwei Monate«, erklärte er ebenso freundlich wie bestimmt, »dann werde ich nur noch eine der drei Positionen ausüben. Für die beiden anderen haben *Sie* jetzt zwei Monate Zeit, eine Lösung zu finden. Ich stehe dann nicht mehr zur Verfügung.«

Nach zwei Monaten konzentrierte er seine Tätigkeit nur noch auf seine ausgewählte Funktion, und siehe da: Mit einem Male war für die beiden anderen Positionen Ersatz zur Stelle.

## 10.3   Wenn der Chef Unmögliches verlangt – und hart bleibt

Doch was tun, wenn eine Vorgabe definitiv nicht machbar ist, der Vorgesetzte aber weiterhin darauf besteht – wenn also auch das Gespräch mit ihm zu keiner Lösung geführt hat?

Führen wir uns noch einmal vor Augen: Wer für einen bestimmten Bereich Verantwortung trägt, kann in der Regel auch beurteilen, ob ein Ziel erreichbar ist. Denken Sie an den schwebenden Kugelschreiber! Wenn der zuständige Physiker definitiv weiß, dass eine Vorgabe nicht realisierbar ist, liegt es in seiner Verantwortung, davor zu warnen und das Vorhaben zu stoppen. Tut er das nicht, gefährdet er nicht nur sich selbst, sondern schadet auch seinem Team und letztlich dem Unternehmen.

Daraus folgt eine klare Regel: Wenn der Chef Unmögliches verlangt und ein Gespräch erfolglos bleibt, sollten Sie die Verantwortung für das Ergebnis ausdrücklich ablehnen. Zu Ihrem eigenen Schutz kann es sinnvoll sein, die Ablehnung auch schriftlich zu formulieren.

Wenn etwas nicht geht, lässt es sich auch nicht erzwingen. Naturgesetze lassen sich nicht außer Kraft setzen. Die meisten Klienten kommen zu ihrem Coach, weil sie wissen möchten, wie es trotzdem geht. Der erste Schritt liegt dann in der Erkenntnis, dass es auf der Welt tatsächlich Dinge gibt, die nicht machbar sind. Selbst für den, der Tag und Nacht arbeitet.

## 10.4 Zusammenfassung

Vorgaben sind manchmal tatsächlich nicht erfüllbar. Ob es nun zu viele Aufgaben auf einmal sind oder es sich um ein unrealistisches Einzelziel handelt: Für die betroffene Führungskraft besteht dann Handlungsbedarf. Will sie ihrer Verantwortung für sich selbst, ihr Team und das Unternehmen gerecht werden, *muss* sie eine klare Grenze ziehen und versuchen, gemeinsam mit dem Vorgesetzten eine gangbare Lösung zu finden.

Wenn der Anforderungsdruck schleichend zunimmt, bis schließlich die Grenze der Machbarkeit überschritten ist, hat sich folgende Strategie bewährt:
- Zunächst gilt es, den Zeitpunkt zu erkennen, an dem aus einem machbaren Arbeitspensum eine unmögliche Vorgabe wird. Meist weisen körperliche Symptome wie Kopfschmerzen, Unwohlsein oder Herzprobleme darauf hin.
- Dann kommt es darauf an, dem Reflex des »Weiter so« Einhalt zu gebieten und das Gespräch mit dem Vorgesetzten zu suchen. Es geht dabei nicht darum, eine Grenze zu ziehen, die womöglich zu Konflikten und Disharmonie führt – was ja keiner der Beteiligten will. Das Gespräch hat vielmehr das Ziel, für Klarheit zu sorgen und so den Weg für konstruktive Lösungen freizumachen.

Da ein ständig zunehmender Arbeitsdruck heute zum Alltag einer Führungskraft gehört, wird sich die Überlastungssituation in Zyklen wiederholen. Das eröffnet die Chance, die Gegenstrategie zu trainieren und ein »Alternativprogramm« zum verhängnisvollen Automatismus des »Weiter so« zu entwickeln.

Auch wenn eine einzelne Vorgabe unrealistisch ist, sollte die betroffene Führungskraft schnell reagieren – klar, konsequent und konstruktiv:
- Es gilt, dem Vorgesetzten *klar* zu sagen, dass die Aufgabe nicht machbar ist.
- Wer »Stopp!« sagt, muss *konsequent* sein – und sollte die Aufgabe dann im Zweifel nicht trotzdem beginnen.
- Das Nein sollte von einem *konstruktiven Vorschlag* begleitet sein, wie eine realistische Lösung aussehen könnte.

Die vorgestellten Strategien sind ein Plädoyer für ein offenes und ehrliches Vorgehen. Nicht in jedem Unternehmen ist das so einfach möglich – dennoch glaube ich, dass dieser Weg immer begehbarer ist. Die entscheidende Frage an jeden Mitarbeiter, jede

Führungskraft und jeden Unternehmer lautet: »Was will ich wirklich? Bin ich an einem nachhaltigen, qualitativ hochwertigen Ergebnis interessiert?« Wenn ja, sollte die Führungskraft – wie in diesem Kapitel vorgeschlagen – ebenso höflich wie korrekt auf Widersprüche und Nichtmachbarkeiten hinweisen und gleichzeitig einen Beitrag zu einer besseren Lösung anbieten.

Im Kern stehen zwei Einstellungen einander gegenüber: »Einmischen im Sinne des großen Ganzen« versus »Gleichgültigkeit und innere Kündigung«. Die vorgestellte Vorgehensweise möchte, wie dieses Buch insgesamt, ein Wegweiser für die erste Grundhaltung sein.

**Digitales Extra: Unerfüllbare Aufgaben.**
Wie Sie mit nicht erfüllbaren Vorgaben umgehen – Das Wichtigste im Überblick
https://www.galileo-institut.de/buch-downloads

# 11   Wie Sie gegenüber Ihrem Vorgesetzten mehr Durchsetzungskraft entwickeln

Der Pfau ist ein selbstbewusstes Tier. Er schlägt ein gewaltiges Rad, mit dem er sein Gegenüber so beeindruckt, dass er damit meistens sein Ziel erreicht. Keine Frage, das Tier ist ein Meister des Selbstmarketings: Es setzt sich beeindruckend in Szene, überzeugt durch einen großartigen Auftritt – und setzt auf diese Weise seine Interessen durch. Was liegt näher, als vom »Modell Pfau« zu lernen, wenn es um das Thema Durchsetzungskraft geht?

**Abb. 9:** Pfau (Bildnachweis: Dakovic / istockphoto.com)

Bei näherem Hinsehen hat dieses Modell jedoch zwei Nachteile: Erstens ist das Pfauengehabe nicht jedermanns Sache. Geht es dem Tier doch darum, mit einem prächtig leuchtenden Augenfleck auf dem Pfauenrad die tatsächlich vorhandenen Handicaps zu überspielen. Gerade die besten Leistungsträger eines Unternehmens scheuen davor zurück, sich wie ein Pfau aufzuspielen. Sie möchten keine Blender sein, sondern wollen durch Leistung und Kompetenz überzeugen. Und zweitens: Die Pfauenstrategie verblüfft das Gegenüber, setzt also eher auf die Wirkung des Augenblicks. Eine gute Führungskraft benötigt demgegenüber dauerhaft ein gutes Standing gegenüber ihrem Vorgesetzten. Ziel ist, nachhaltig an Durchsetzungs- und Überzeugungskraft zu gewinnen.

Wie wir in diesem Kapitel sehen werden, kommt es für eine solche nachhaltige Durchsetzungskraft auf zwei Dinge an:
- das Handeln und Argumentieren aus einer *inneren Überzeugung* heraus,
- das Verbinden der sachlich-fachlichen Argumentation mit emotionaler Argumentation, also *emotionaler Beeinflussung,* dem so genannten »Influencing«.

Sind diese beiden Voraussetzungen erfüllt, kann als Zugabe etwas Selbstmarketing, also ein kleines bisschen Pfau, sicherlich nicht schaden.

## 11.1  Handeln Sie mit innerer Überzeugung

Sie müssen ein Anliegen durchsetzen, von dem Sie selbst nicht überzeugt sind? Eine unangenehme Situation! Natürlich liegt es nahe, nun die Kiste der rhetorischen und psychologischen Tricks aus dem Schrank zu holen. Denn wie sonst soll man eine fehlende Überzeugung überspielen? Das Problem ist nur: Wirklich glaubwürdig ist das alles am Ende dennoch nicht. Der Widerspruch zwischen dem, was Sie sagen (und sei es rhetorisch noch so brillant verpackt), und dem, was Sie denken und für richtig halten, lässt sich kaum verbergen. Vermutlich wird man Ihnen Ihr Unwohlsein anmerken – und Sie werden Mühe haben, Ihr Anliegen durchzusetzen.

Mit genau diesem Problem kämpfte eine wissenschaftliche Teamleiterin im Forschungs- und Entwicklungsbereiche eines Kosmetikherstellers. Sie hatte den Ruf, fachlich topp zu sein, galt aber als eher »zu lieb«, wirkte unsicher, was dann als unprofessionell bewertet wurde. Sie selbst formulierte es so: »In einem Meeting sage ich etwas – und habe das Gefühl, keiner hört zu oder reagiert. Einige Minuten später sagt ein männlicher Kollege das Gleiche, und alle hören zu. Sein Hinweis wird als konstruktiv und hilfreich bewertet. Das liegt einfach daran, dass ich eine Frau bin.«

Diese Überzeugung wird mir häufiger zugetragen. Ob sie nun stimmt oder nicht, sie hilft jedenfalls nicht weiter. Wer glaubt, aufgrund des Geschlechts, der Hautfarbe oder des Alters etwas nicht durchsetzen zu können, hat schon verloren. »Ob es daran liegt, dass Sie eine Frau sind, kann ich nicht beurteilen«, erklärte ich daher meiner Klientin. »Fest steht jedoch, dass Sie an dieser Tatsache nichts ändern können.« Das Ziel war damit klar: Die Teamleiterin musste lernen, sich unter den gegebenen Bedingungen durchzusetzen.

Wie schon gesagt: Einen Standpunkt kann nur glaubwürdig vertreten, wer selbst davon überzeugt ist. Schnell stellte sich heraus, dass genau hier das Kernproblem der jungen Teamleiterin lag. Anstatt sich mit einer eigenen Meinung zu positionieren und durchzusetzen, argumentierte Sie immer auf der Linie des Chefs. Sie machte sich dessen Meinung zueigen, ohne selbst wirklich davon überzeugt zu sein. Sie dachte, es sei wichtig, immer im Kanon mit dem Chef zu sein. Das brachte ihr den Ruf der »lieben Mitarbeiterin« ein, die der Chef nicht ernst nahm. Denn dieser wünschte sich Mitarbeiter, die in der Lage waren, eine eigene Meinung zu vertreten und sich damit durchzusetzen.

Stattdessen wirkte die Mitarbeiterin immer unsicherer. Da sie innerlich von dem, was sie nach außen vertrat, nicht überzeugt war, konnte sie auf Rückfragen auch nicht schlagfertig und selbstbewusst reagieren. Man fing an, ihre Kompetenz in Zweifel zu ziehen. Das Image – und damit natürlich die Durchsetzungsfähigkeit – stand immer mehr auf der »Kippe«.

Die Teamleiterin suchte Hilfe im Coaching. Ihr Wunsch war es, Techniken zu erlernen, um sich künftig besser selbst zu verkaufen: »Ich möchte, dass ich beim nächsten Meeting überzeugender rüberkomme und sicherer wirke.« So berechtigt der Wunsch war, so unkonstruktiv war der Lösungsansatz: Nicht das Erlernen irgendwelcher Präsentationstechniken würde ihr zu mehr Standing verhelfen, sondern die Übereinstimmung ihrer inneren Überzeugung mit dem vorgetragenen Thema. »Haben Sie jemals schon eine Präsentation oder ein wichtiges Gespräch gehabt, bei dem Sie richtig gut präsentiert haben und überzeugen konnten – und wenn es nur fünf Minuten waren?« fragte ich sie deshalb. »Und wie war da die Resonanz? Was war da anders?«

Die Idee war also, nach einer Ausnahme zu suchen – einem Fall, bei dem sie es schon einmal geschafft hatte, zu überzeugen. Wie ich es fast immer erlebe, erinnerte sich die Teamleiterin tatsächlich an einen solchen Fall. Damals hatte sie über ein Lieblingsthema gesprochen und war nach ihrem eigenen Eindruck durchaus erfolgreich gewesen. In einem Rollenspiel machte ich die Probe aufs Exempel. Aus ihrem Themenfeld wählte sie eine These aus, hinter der sie voll und ganz stand. Nun sollte sie ihre Meinung vertreten und untermauern, während ich als ihr Coach alle Register zog – Gegenargumente, Drohungen, Killerphrasen, Demütigungen. Je härter mein Widerpart wurde, umso gelassener und sicherer wurde sie. Sie füllte spürbar mehr Raum aus, sie stand aufrechter da, hatte mehr Ausstrahlung, eine festere Stimme. In einem Wort: Sie wirkte überzeugend.

Was war geschehen? Ganz einfach: Meine Klientin hatte eine These vertreten, hinter der sie felsenfest stand. Und schon wirkte sie souverän, sicher, glaubwürdig – und durchsetzungsstark. Wenn sie von etwas innerlich überzeugt war, konnte sie also durchaus gut präsentieren, also auch äußerlich überzeugen.

Der zweite Schritt lag nun darin, im betrieblichen Alltag die Voraussetzungen zu schaffen, bei der diese Fähigkeit geweckt wurde. Sprich: Sie musste von dem, was sie im Unternehmen gegenüber Mitarbeitern, Kollegen und Vorgesetzten vortrug, auch selbst überzeugt sein.

Nun kann ein Mitarbeiter an seinem Aufgabenfeld und damit an seinen Themen oft nicht allzu viel ändern. Die Kunst liegt deshalb darin, einen anderen Blickwinkel oder zumindest ein Detail zu finden, das man überzeugend vertreten kann – und die gesamte Präsentation dann hieran auszurichten. Wenn also die originäre Fragestellung, unter der ein Thema auf den Tisch kommt, wenig überzeugt, sollte man das Thema zwar beibehalten, aber trotzdem einen Dreh finden, um es glaubwürdig vertreten zu können. Meist genügt es, einen Aspekt herauszugreifen, den man aus innerer Überzeugung gut findet, um daran anknüpfend den gesamten Auftritt glaubwürdig gestalten zu können.

Die Teamleiterin des Kosmetikunternehmens stand zum Beispiel vor der Aufgabe, den Nutzen einer neuen Produktentwicklung zu präsentieren. Die Vorgaben aus dem Marketing behagten ihr überhaupt nicht. Würde sie ihnen folgen, müsste sie marginale Produktänderungen als echten Fortschritt verkaufen. Nach einigem Nachdenken fand sie dann einen Aufhänger, hinter dem sie wirklich stehen konnte: Die veränderte Verpackung des Produkts brachte einen nachweisbaren Umwelteffekt. Anstatt nun die Vorgaben des Marketings eins zu eins zu übernehmen, baute sie ihren Vortrag rund um diesen mit Daten und Fakten nachweisbaren Umweltaspekt auf, ohne jedoch die anderen Produkteigenschaften unter den Tisch fallen zu lassen. Mit ihrem Vortrag vermittelte sie eine klare, gut begründete Botschaft, die nicht nur absolut ernst genommen wurde, sondern auch beim ebenfalls anwesenden Marketingleiter großen Anklang fand. Nach einer kurzen Diskussion wurde entschieden, den Umweltaspekt in das Marketingkonzept noch mit aufzunehmen.

Erfahrungsgemäß funktioniert diese Vorgehensweise in den allermeisten Fällen: Greifen Sie aus Ihrem Thema einen Aspekt heraus, hinter dem Sie stehen können – und richten Sie daran Ihre Argumentation aus. Es ist besser, ein Stück weit von der vorgegebenen Frage abzuweichen, als ein Thema gegen die eigene Überzeugung zu präsentieren.

Halten wir fest: Ein bisschen Präsentationstechnik und Rhetorik können als Sahnehäubchen nicht schaden, Grundlage für eine nachhaltige Durchsetzungskraft ist jedoch die innere Überzeugung. Mit einer nachvollziehbaren Argumentation, hinter der Sie aus innerer Überzeugung stehen und die sich auf Erfahrung und fundiertes Wissen gründet, haben Sie beste Chancen, sich mit einem Anliegen durchzusetzen.

## 11.2  Überzeugen Sie auch emotional

Die meisten Führungskräfte mögen kein Pfauenrad schlagen, sondern lieber ganz solide durch Leistung und Kompetenz überzeugen. Dagegen spricht auch nichts. Nur: Mit einer ausschließlich sachlich-fachlichen Argumentation ist es kaum möglich, sich ausreichend Gehör zu verschaffen. Auch wenn es vielen Ingenieuren, Naturwissenschaftlern und anderen Fachleuten oft schwerfällt und sie dieses Ansinnen gerne als unseriös abtun: Es kommt auch darauf an, emotional zu überzeugen. Das »Influencing«, die emotionale Beeinflussung zählt zum Handwerkszeug einer Führungskraft, wenn sie nachhaltig Durchsetzungskraft entwickeln möchte. Je höher sie in der Hierarchie aufsteigt, eine umso größere Rolle spielt neben der sachlichen Argumentation auch die emotionale Beziehungsebene.

Wie entscheidend das »Influencing« für die Überzeugungs- und Durchsetzungskraft ist, zeigt das Beispiel eines Controllers, der den typischen Ruf eines zahlenorientierten und professionellen Bremsers hatte. Über Jahre fand er daran nichts Schlimmes, schließlich war er ja der »Zahlenmensch« des Unternehmens. Er argumentierte rein sachlich, auf Gefühle und Beziehungen gab er nichts. Erst allmählich wurde ihm bewusst, dass er immer mehr zum Außenseiter wurde und an Einfluss im Unternehmen verlor. In den Meetings wollte keiner mit ihm sprechen; weder zum Vorgesetzten noch zu seinen anderen Auftraggebern im Unternehmen unterhielt er vertrauensvolle Kontakte. Plötzlich war ihm klar: »Wenn ich einmal etwas von den anderen will, dann werde ich auflaufen!«

Die Lösung lag für den Controller darin, eine emotionale Beziehungsebene aufzubauen. Auch wenn es ihm anfangs sehr schwer fiel, sprach er sein Gegenüber an, machte ein wenig Small Talk. Anstatt sich als rigider Kostenrechner darzustellen, zeigte er sich interessiert am Problem des Anderen: »Wie sind diese Zahlen zustande gekommen, welche Strategie steht dahinter?« Er vermittelte seinem Gegenüber glaubhaft das Gefühl: Ich gehe auf dich zu, ich höre dir zu, ich interessiere mich für dich. Interessanterweise erhielt der Controller durch diese Haltung viele Informationen, über die er früher nicht verfügte – was der Qualität seiner Arbeit zugutekam.

Auch wenn er in einem Meeting seinen Part als »Kostenrechner« spielen musste, appellierte er an das Gefühl der Anderen. Er sei nun mal der Controller, der per se etwas genauer auf die Zahlen schauen müsse, sagte er dann. Damit unterschied er zwischen seiner *Rolle* (die man selbstverständlich kritisieren durfte) und seiner *Person*. Wurden Zahlen diskutiert, pflegte er früher kategorisch zu sagen: »Das geht so nicht, das ist zu teuer, das streichen wir.« Heute führt er Dialoge in etwa folgender Art: »Hm, um was geht es genau in diesem Fall? Die Zahl ist natürlich zu hoch. Können wir einen Teil kürzen oder in geringerer Qualität zukaufen?« Das heißt: Der Controller ging lösungsorientiert und konstruktiv in das Gespräch. Anders als früher zeigte er Engagement, um gemeinsam mit den Anderen ein gemeinsames Ziel zu erreichen. Es dauerte nur wenige Monate, und sein Image hatte sich gewandelt: Aus dem »Bremser« ist der »konstruktive Controller« geworden – dessen Wort inzwischen auch bei der Geschäftsleitung Gewicht hat.

Das Beispiel zeigt, wie entscheidend neben der sachlichen Argumentation die Beziehungsebene ist. Studien belegen, dass Überzeugung nur zu 10 Prozent über den Inhalt entsteht, jedoch zu 30 Prozent über Auftreten und zu 60 Prozent über Beziehungen. Überlegen Sie deshalb immer, worauf es Ihrem Gegenüber ankommt: Welche Wünsche, welche Bedürfnisse, welchen Leidensdruck hat er? Gehen Sie dann mit Ihrer Argumentation hierauf ein. Auch wenn Sie mit einer Präsentation überzeugen wollen, empfiehlt es sich, nicht nur die Inhalte vorzubereiten, sondern immer auch nach den Zuhörern zu fragen: Wer sind die Meinungsbildner und Entscheider? Worauf achten sie? Was ist ihnen wichtig? Wie werden sie bestimmte Informationen aufnehmen?

## 11.3 Zusammenfassung

Um gegenüber Ihrem Vorgesetzten mehr Durchsetzungskraft zu entwickeln, kommt es vor allem auf zwei Zutaten an: Überzeugender und durchsetzungsstärker werden Sie, indem Sie

1. aus innerer Überzeugung argumentieren und handeln,
2. nicht ausschließlich sachlich-fachlich argumentieren, sondern den Vorgesetzten auch emotional ansprechen.

Ohne von einer Sache innerlich überzeugt zu sein, werden Sie diese kaum durchsetzen können. Der Widerspruch zwischen dem, was Sie vortragen (und sei es rhetorisch noch so brillant verpackt), und dem, was Sie denken und für richtig halten, lässt sich kaum verbergen. Spätestens bei harten Rückfragen wird man Ihnen Ihre Halbherzigkeit und Unsicherheit anmerken. Ein bisschen Präsentationstechnik und Rhetorik können als Sahnehäubchen nichts schaden, Grundlage für eine nachhaltige Durchsetzungskraft ist jedoch die innere Überzeugung.

Mit einer nachvollziehbaren Argumentation, hinter der Sie aus innerer Überzeugung stehen und die sich auf Erfahrung und fundiertes Wissen gründet, haben Sie beste Chancen, sich mit einem Anliegen durchzusetzen – wenn die zweite Zutat hinzukommt: die emotionale Beeinflussung Ihres Gegenübers. Überlegen Sie, worauf es Ihrem Vorgesetzten ankommt. Gehen Sie dann mit Ihrer Argumentation auf seine Wünsche und Bedürfnisse ein.

Den meisten Leistungsträgern widerstrebt ein Eigenmarketing nach dem »Modell Pfau«. Sie möchten kein Rad schlagen, um auf sich aufmerksam zu machen; diese Form des Sich-Verkaufens ist ihnen suspekt. Als Alternative bietet sich die in diesem Kapitel vorgestellte Strategie an, die auf innere Überzeugung sowie eine Kombination aus sachlicher Kompetenz und emotionaler Ansprache setzt. Dem Vorgesetzten signalisiert diese Haltung: »Ich habe das Ziel und die Aufgabe verstanden – und bringe jetzt meine Kompetenz ein.« Das schafft Glaubwürdigkeit und weckt beim Gegenüber die Bereitschaft, einem Vorschlag tatsächlich zu folgen. So entsteht nachhaltige Durchsetzungskraft.

**Digitales Extra: Durchsetzungsvermögen**
Wie Sie gegenüber Ihrem Vorgesetzten mehr Durchsetzungskraft entwickeln
https://www.galileo-institut.de/buch-downloads

# 12 Wie Sie mit einem entscheidungsschwachen Vorgesetzten umgehen

Jeder kennt sie: die Chefs, die nicht entscheiden. Der eine entscheidet nicht, weil er konfliktscheu ist. Der andere traut sich nicht, weil er keinen Fehler machen will. Der dritte schiebt die Sache hinaus, weil er sie thematisch nicht wirklich verstanden hat. Wenn Sie als Führungskraft einen solchen Vorgesetzten haben, kann das Ihre Abteilung lähmen. Sie kommen mit Ihrer Arbeit nicht voran, weil Sie auf Zwischenbescheide oder Freigaben des Chefs warten.

Die Lösung darf nicht darin liegen, nun selbst anstelle des Vorgesetzten zu entscheiden – auch wenn das viele Führungskräfte in ihrer Not tun. Es gilt hier der eherne Grundsatz: Treffen Sie selbst nur solche Entscheidungen, die in Ihrem Verantwortungsbereich liegen. Denn wenn es schief geht, sind allein Sie der Schuldige (mehr hierzu in Kapitel 14).

Die entscheidende Frage lautet also: Wie bringen Sie Ihren Vorgesetzten dazu, seiner Verantwortung gerecht zu werden und zu entscheiden? Um die Frage zu beantworten, ist es wieder sinnvoll, zwischen dem politisch geprägten Topmanagement und dem sachlich-pragmatisch agierenden Mittelmanagement zu unterscheiden.

## 12.1 Respektvoll: Den Vorstand zur Entscheidung bewegen

Wie lässt sich ein konfliktscheuer Vorstand zu einer Entscheidung bewegen? Sehen wir uns eine konkrete Situation an: Einem Vorstandsmitglied in einem großen Unternehmen unterstanden zwei Forschungsbereiche, Forschung A und Forschung B, die bislang getrennt geführt wurden. Zwischen den beiden Bereichen gab es immer wieder Reibereien und Konflikte, die nun durch eine Umstrukturierung beseitigt werden sollten. Anstatt über die neue Struktur eine Entscheidung zu treffen, führte der Vorstand mit Bereichsleiter A, mit dem er sich gut verstand, ein Gespräch und wies ihn an, er solle sich doch mit seinem Kollegen B über eine Lösung einigen.

Der Bereichsleiter fand sich nach diesem Gespräch in einer prekären Lage wieder. Wie sollte er mit Leiter B eine Einigung finden? Ihm wurde schnell klar: Das konnte er nicht – und durfte er auch nicht. Denn diese Angelegenheit lag eindeutig außerhalb seines Verantwortungsbereichs. Folglich konnte die Lösung nur darin liegen, den Vorstand dazu zu bewegen, die neuen Strukturen zumindest grob festzulegen und eine grundsätzliche Entscheidung zu treffen.

Bereichsleiter A wandte sich deshalb erneut an den Vorstand. Er führte mit ihm ein sehr wertschätzendes, respektvolles Gespräch, in dem er die aktuelle Situation beschrieb – ganz offen, einschließlich der Reibungsverluste zwischen den Bereichen und der zwischenmenschlichen Probleme sowie der daraus resultierenden Nachteile für das Unternehmen. Dann beschrieb er, welche Vorteile für den Vorstand entstünden, wenn eine Lösung gefunden würde – dass die Arbeit deutlich effektiver würde, dass damit ein Imagegewinn für den gesamten Unternehmensbereich verbunden wäre, was nicht zuletzt auch der Positionierung des Vorstands selbst zugutekäme. Abschließend stellte er die offene Frage: »Wie bekommen wir das hin?«

Und tatsächlich: Der Vorstand fing an, seine Sicht der Dinge darzulegen. Er beschrieb, wie er sich die Funktionen der Leiter A und B künftig vorstellte: »Ich denke mal, Ihre Rolle sollte eher diese sein, Ihr Kollege B könnte dann …« Kurzum: Der Vorstand traf nun tatsächlich eine Entscheidung.

Halten wir noch einmal die einzelnen Schritte der Vorgehensweise fest:
- Bereichsleiter A nutzte das bestehende gute Verhältnis zu seinem Vorstand und führte mit ihm auf eine sehr wertschätzende und respektvolle Weise ein Gespräch.
- Darin beschrieb er objektiv, wie sich die Situation darstellte, welche Nachteile hieraus resultieren, nicht zuletzt auch für den Vorstand. Er zeigte also Handlungsbedarf auf, ohne dabei Druck auszuüben.
- Dann stellte er dar, welche Vorteile für den Vorstand eine Neustrukturierung hätte – nicht nur aus Unternehmenssicht, sondern auch für diesen persönlich, etwa mit Blick auf seine Positionierung und sein Image.
- Abschließend machte Bereichsleiter A bewusst *keinen* Vorschlag, sondern stellte die offene Frage, wie man eine Lösung am besten erreichen könnte.

Wie kommt es, dass diese Strategie funktionierte? Ich vermute, dass der Vorstand sich jetzt tatsächlich mit der Situation auseinandersetzte, weil die Angelegenheit durch das Gespräch näher gerückt war. Ihm standen die Nachteile der aktuellen Situation und die Vorteile einer Lösung vor Augen – und er erkannte, dass die vorteilhafte Lösung nur eintreten wird, wenn er eine Entscheidung trifft. Hinzu kam aber noch ein Zweites: Der Vorstand fühlte sich nicht unter Druck gesetzt, denn Bereichsleiter A hatte ihm lediglich die Situation dargestellt.

## 12.2 Sachlich begründet: Den Chef unter Zugzwang setzen

Im mittleren Management empfiehlt sich eine deutlich handfestere und damit auch einfachere Vorgehensweise. Meist hilft es schon, wenn Sie
- erstens Ihrem Vorgesetzten deutlich machen, dass die Entscheidung definitiv nicht in Ihren Kompetenzbereich fällt,

- zweitens die Entscheidung gut vorbereiten und
- drittens die Konsequenzen eines weiteren Hinausschiebens darlegen – etwa in der Art: »Ich brauche diese Entscheidung, sonst können wir nicht weiterarbeiten.«

Tun Sie alles, um einem entscheidungsschwachen Vorgesetzten die Entscheidung zu erleichtern, nehmen Sie ihm so weit wie möglich die Arbeit ab. Das heißt vor allem, dass Sie die Entscheidung selbst fachlich-inhaltlich gründlich vorbereiten. Im Gespräch mit dem Vorgesetzten können Sie sich dann als Experte oder Kompetenzträger positionieren: Stellen Sie die Situation dar, zeigen Sie die Alternativen auf und führen Sie aus, welche Argumente für die verschiedenen Alternativen sprechen. In aller Regel wird der Vorgesetzte dann fragen, welche Variante Sie vorschlagen. Dann legen Sie einen Vorschlag vor und begründen diesen. In vielen Fällen ist die Angelegenheit auf diese Weise schon innerhalb eines halbstündigen Gesprächs entschieden.

Wenn jedoch vom Vorgesetzten partout keine Entscheidung zu bekommen ist, sind weitere Schritte erforderlich. Dann kann es nützlich sein, sich eingehender zu überlegen, was der Vorgesetzte noch benötigt und was ihm helfen könnte, die Entscheidung zu treffen. Die Strategie liegt darin, für den Vorgesetzten die Schwelle für die Entscheidung immer niedriger zu setzen:
- Geben Sie Ihrem Vorgesetzten etwas Zeit, aber bleiben Sie dran. Fragen Sie ihn, bis wann Sie mit einer Entscheidung rechnen können.
- Fragen Sie den Vorgesetzten, ob er noch eine Information benötigt: »Brauchen Sie noch etwas, was ich Ihnen bis morgen bringen kann?«

Signalisieren Sie dem Vorgesetzten also, dass Sie Verständnis für sein Zögern haben und auch wissen, dass die Entscheidung nicht ganz einfach ist – machen Sie aber zugleich deutlich, dass Sie diese Entscheidung benötigen.

Bleibt die Entscheidung weiterhin aus, sollten Sie Ihrem Vorgesetzten signalisieren, dass der Fortgang der Aufgabe nun von ihm abhängt. Erklären Sie ihm, dass Sie mit Ihrem Team gerne weiter daran arbeiten würden, sich hierzu aber ohne die Entscheidung leider außerstande sähen. Lassen Sie ihn erkennen, dass die Verantwortung für die Folgen nun allein bei ihm liegt. Das sollte ganz sachlich, ohne Härte im Ton geschehen. Die Situation lässt sich mit entwaffnender Offenheit formulieren: »Es tut mir fürchterlich leid. Die Rahmenbedingungen sind jetzt einfach so, dass wir nicht weiterkommen …«

Wenn der Vorgesetzte auch nur ansatzweise ein umgänglicher Mensch ist, wird er sich dieser Argumentation nicht verschließen können. Wenn nicht, kommt es darauf an, konsequent zu sein: Die Arbeit an dem betreffenden Projekt muss jetzt tatsächlich so lange ruhen, bis die Entscheidung da ist.

## 12.3 Zusammenfassung

Wenn Sie selbst eine Entscheidung nicht treffen dürfen, der Vorgesetzte sie jedoch nicht trifft, bleibt Ihnen nur eins: Sie finden Mittel und Wege, den Chef doch noch zu einer Entscheidung zu bewegen. Oder anders ausgedrückt: Mitarbeiter und Chef kommen zusammen, dealen miteinander, bis die Sache geregelt ist, um dann wieder auseinanderzugehen. Das ist vergleichbar mit einer Paarung in der Natur, bei der sich die Partner für eine Weile zusammentun und einander geben, was sie brauchen.

Damit die Paarung gelingt und am Ende tatsächlich die Entscheidung herauskommt, haben sich folgende Hinweise bewährt:
- Bereiten Sie eine gute Entscheidungsgrundlage vor, einschließlich möglicher Alternativen.
- Geben Sie dem Vorgesetzten das Gefühl, dass *er* die Entscheidung fällt, auch wenn es Ihr Vorschlag ist.
- Zeigen Sie Verständnis für das Zögern des Vorgesetzten, machen Sie ihm aber auch klar, dass Sie die Entscheidung benötigen.

Wenn das alles nicht hilft: »Streiken« Sie! Sagen Sie dem Vorgesetzten freundlich aber bestimmt, dass Sie ohne seine Entscheidung nicht weiterarbeiten können – und halten Sie diese Ankündigung dann konsequent ein.

**Digitales Extra: Entscheidungen**
So bewegen Sie Ihren Chef zu Entscheidungen – Im Topmanagement und Mittleren Management
https://www.galileo-institut.de/buch-downloads

# Teil III: Besondere Herausforderungen

# 13  So bewegen Sie sich auch auf hochpolitischem Parkett sicher und souverän

Stellen Sie sich vor, Sie fahren in ein fremdes Land. Wahrscheinlich beobachten Sie dann erst einmal respektvoll, wie die Anderen sich verhalten. Das fängt am Flughafen an: Wie ruft man hier ein Taxi? Oder im Restaurant: Wie bestellt man, wie winkt man den Kellner heran? Und wie ist das mit dem Bezahlen? Ist ein Trinkgeld üblich? Ihnen ist klar, dass Sie zunächst die Regeln kennen müssen, bevor Sie sich in diesem Land souverän bewegen können. Würden Sie Gepflogenheiten und Umgangsformen missachten, stieße das bei den Einheimischen schnell auf Unverständnis und Abwehr.

Nicht anders ist es beim Einstieg ins Topmanagement. Auch in diesem Fall gelangen Sie – wie schon im ersten Kapitel beschrieben – in eine andere Welt. Sie betreten ein »fremdes Land«, mit dessen Gepflogenheiten Sie sich erst einmal vertraut machen sollten. Denn die Unterschiede sind beträchtlich. Während im mittleren Management Fairness und Kooperation den Umgang bestimmen, vergleicht Topcoach Uwe Böning die Verhältnisse im Topmanagement mit einem Leben wie früher am Hofe[3]: »Subtile oder direkte Infragestellungen und politische Taktik« prägen das Geschehen, verbunden mit einer Kommunikation, »von der man nicht immer weiß, ob sie einen doppelten Boden hat«. Nicht die Personen mit ihren persönlichen Gefühlen zählten an erster Stelle, »sondern ihre Rolle im gesamten Netzwerk der Ziele und Spiele«.

Mit anderen Worten: Werte und Umgangsformen, die eine Führungskraft im Mittelmanagement als wesentlich kennengelernt hat und mit denen sie viele Jahre lang erfolgreich war, gelten nun zum großen Teil nicht mehr oder werden um neue Regeln ergänzt.

Nun sollte man annehmen, dass eine Führungskraft, die Hervorragendes leistet und seit vielen Jahren im Unternehmen gut »verdrahtet« ist, über die Spielregeln im Vorstand informiert sei. Eigentlich läge es auch nahe, einen Anwärter auf das Topmanagement – ähnlich wie dies bei Nachwuchsführungskräften gemacht wird – durch Schulungen und andere Entwicklungsmaßnahmen auch auf diese zweite Metamorphose im Leben einer Führungskraft (siehe Kapitel 1) vorzubereiten. Dem ist jedoch in der Regel nicht so. Was Führungskräfte in den Medien lesen oder auf Seminaren lernen, ist fast durchweg abgestimmt aufs mittlere Management. So kommt es, dass die meisten Aufsteiger ins Topmanagement nicht einmal wissen, dass sie ein fremdes Land betreten.

---

3  Böhning, Uwe; Fritschle, Brigitte: Coaching fürs Business, Was Coaches, Personaler und Manager über Coaching wissen müssen, 2. Auflage, Bonn 2008.

Ziel dieses Kapitels ist es, auf diese neue Welt ein Stück weit vorzubereiten – damit Sie auf dem ungewohnten Parkett der Topetage nicht ausrutschen.

## 13.1 Knapp der Kündigung entgangen

Ein promovierter Chemiker, nennen wir ihn Dr. Lässig, wurde in einem DAX-Unternehmen zum Ressortleiter ernannt. Er ist nun verantwortlich für rund 10.000 Mitarbeiter und berichtet direkt an den Vorstandsvorsitzenden. Natürlich freut er sich über die Beförderung, ist stolz auf seine neue Aufgabe – und will alles richtig machen.

Herr Dr. Lässig ist ein sportlicher Typ, immer freundlich und zuvorkommend. Lässig, breitbeinig, die Hände in den Hosentaschen steht er eines Morgens am Tresen seiner Sekretärin, unterhält sich mit ihr, als die Tür aufgeht und einer der Vorstände in den Raum kommt. Freudig überrascht dreht er sich dem Eintretenden zu und wirft ihm, ohne Haltung und Tonfall zu ändern, ein freundliches »Moin, moin!« entgegen. Das Gespräch ist nur kurz, der Vorstand nutzt die nächste Gelegenheit, den Raum wieder zu verlassen. Dr. Lässig denkt sich nichts dabei; seine Sekretärin schaut ihn an, schweigt und wendet sich dann ihren Aufgaben zu.

Es irritiert Dr. Lässig etwas, dass der Vorstand auch bei weiteren Begegnungen kurz angebunden ist. Ihm fällt auch auf, dass einige Kollegen immer wieder versuchen, ihm auf freundliche Weise etwas zu verstehen zu geben, ohne sich jedoch klar auszudrücken. Er begreift nicht, was sie meinen, ist er doch – zumal als Naturwissenschaftler – eine klare Sprache gewohnt. Nach einigen Wochen wird ihm ein Coaching nahegelegt. Dr. Lässig freut sich, sieht darin eine Chance, sich weiterzuentwickeln und möchte diese Möglichkeit gerne wahrnehmen. Zuvor will er dann aber doch wissen, warum ihm das Coaching empfohlen wurde. »Haben Sie eine Idee, worüber ich mit dem Coach reden soll«, fragt er seinen Empfehlungsgeber, »oder darf ich mir meine Themen selbst aussuchen?« Der rät ihm dann, er solle mit seinem Coach doch einmal über den »Umgang mit höheren Hierarchien« sprechen.

Auweia! Im Gespräch mit seinem Coach erkennt Dr. Lässig, dass er im Verhalten mit den obersten Hierarchien so ziemlich alles falsch gemacht hat. Und was das Typische für diese Ebene ist: Kein Mensch hat ihm das direkt gesagt, schon gar nicht sein Vorgesetzter. Stattdessen gab es diverse, durchaus freundlich gemeinte Versuche, ihn durch die Blume auf sein Fehlverhalten aufmerksam zu machen. Verstanden hat er diese Andeutungen allesamt nicht.

Inzwischen sind einige Jahre vergangen. Heute ist Dr. Lässig als Typ nicht anders als damals – offen, freundlich, zuvorkommend. Aber er kennt die Regeln und Umgangsformen im Topmanagement und kommt deshalb mit seinen Kollegen ebenso wie mit dem Vorstandsvorsitzenden bestens zurecht. »Das war echt ein Schock«, erinnert er sich heute an die erste Coachingsitzung zurück. »Inzwischen kann ich darüber lachen, aber damals wurde mir gleichzeitig heiß und kalt, als ich erfuhr, was ich alles falsch gemacht hatte. Ich bin wohl nur knapp an der Kündigung vorbeigeschrammt. Was mich dabei am meisten wunderte: Ich war ja nun nicht mehr der jüngste mit 50 und kannte das Unternehmen wirklich sehr gut. Doch von den Spielregeln auf der obersten Etage hatte ich bis dahin tatsächlich nichts gewusst.« Hierbei handele es sich im wahrsten Sinne des Wortes um »Hidden Agendas«, oder auch »geheime Codes«, denn niemand rede darüber.

Wie kam es zu dieser Beinahe-Katastrophe? Dr. Lässig hatte sich weiterhin so verhalten, wie er es gewohnt war – offen, transparent, klar, ein wenig unkonventionell. Ein lässiges »Moin, moin!«, als der Vorstand das Zimmer betrat, war für ihn absolut normal. Was er nicht wusste: Das unorthodoxe, entspannte Verhalten empfand das konservative Topmanagement als Missachtung; es wurde als mangelnde Wertschätzung registriert. Der Verhaltenskodex hätte stattdessen von ihm verlangt: Sich ordentlich hinstellen, Hände aus den Hosentaschen, sein Gegenüber ansehen – und ein höfliches »Guten Morgen«.

## 13.2 Womit Sie im Topmanagement rechnen müssen

Erfahrungen wie die von Dr. Lässig sind kein Einzelfall. Viele meiner Klienten sind auf die Spielregeln, die sie im Topmanagement erwarten, nicht vorbereitet. Sicher: Nicht überall sind diese Spieregeln gleich ausgeprägt. Insgesamt ist auch der Trend zu einem moderneren, das heißt zu einem offeneren und transparenteren Topmanagement unverkennbar. Doch selbst wenn diese Entwicklung in einem Unternehmen bereits im Gange ist, dürfte eine Führungskraft nur schwer abschätzen können, an welcher Stelle der »Modernisierung« das Topmanagement oder auch nur der Vorgesetzte geradesteht. Und Achtung: Turnschuhe und offen getragenes Hemd machen noch kein modernes Topmanagement aus.

Es lohnt sich deshalb in jedem Fall, sich mit den klassischen Regeln vertraut zu machen. In den folgenden Abschnitten erfahren Sie, womit Sie zumindest rechnen müssen. Wenn Sie dann in der Realität auf ein anderes, moderneres Management treffen, umso besser!

### 13.2.1 Hidden Agendas und doppelter Boden

Die Gepflogenheiten in der Topetage sind vor allem eines: undurchsichtig. Die Verhaltensweisen folgen Regeln, die selbst den Betroffenen oft nicht bewusst sind. Wer sich im Topmanagement bewegt, orientiert sich intuitiv an bestimmten Erfolgscodes, über die er sich selbst nie Gedanken gemacht hat. So erklärt sich auch die typische Antwort, die ich auf die Frage nach Erfolgsfaktoren erhalte: Immer wieder ist von Glück und Zufall die Rede.

Was steckt tatsächlich dahinter? Die wohl entscheidende Rolle spielen die objektiv anderen Anforderungen, die im Topmanagement existieren. Die Leistung, auf die es hier ankommt, besteht nicht mehr in der Führung eines Mitarbeiterteams – vielmehr kommt es jetzt darauf an, das Unternehmen als Ganzes erfolgreich zu führen. Daran wird die Leistung des Topmanagers gemessen. Entscheidend hierfür sind strategisches Geschick und, wenn es dann um die Umsetzung geht, in erster Linie Einfluss und diplomatische Souveränität.

Der Topmanager benötigt Durchsetzungskraft nach innen, vor allem aber auch Einflussnahme nach außen – und dies in mehrfacher Hinsicht:
- Das Unternehmen möchte im Markt seine Stellung halten oder ausbauen. Wichtige Themen sind deshalb Einflussnahme auf Konkurrenten, geschicktes Verhandeln, Verkauf von Unternehmensteilen, Kauf neuer Unternehmensfelder, Fusionen, das Durchsetzen von Standards auf dem Markt, möglicherweise auch Absprachen mit Wettbewerbern. Mit anderen Worten: Es zählen Macht und Einfluss, was in manchen Unternehmen auch Aktivitäten am Rande des ethisch Vertretbaren und gesetzlich Zulässigen einschließt.
- Auch mit Blick auf die Eigentümer und Geldgeber des Unternehmens zählen Verhandlungsgeschick, Macht und Einfluss: Es gilt, gute Konditionen auszuhandeln oder potente Finanzpartner an Bord zu holen, ohne die Eigenständigkeit des Unternehmens aufs Spiel zu setzen.
- Nicht zuletzt kommt dem Topmanagement die Aufgabe zu, Lobbyarbeit für das Unternehmen zu betreiben. Das bedeutet vor allem: Einfluss auf Politik und Gesetzgeber nehmen, um für die Entwicklung des Unternehmens möglichst günstige Rahmenbedingungen zu sichern.

Wie diese Beispiele zeigen, hat sich der Leistungsbegriff gegenüber dem Mittelmanagement radikal gewandelt. Um die in der Unternehmensleitung geforderte Leistung zu erfüllen, kommt es vor allem auf Beziehungen und Einfluss an. Es geht hier nicht mehr um das Erreichen von vorgegebenen Abteilungs- oder Bereichszielen, sondern um (politische) Einflussnahme. Nur so ist es möglich, das Unternehmen als Ganzes durch ein schwieriges wirtschaftliches, aber auch gesellschaftliches Umfeld zu steuern.

In dieser Welt des Einflussnehmens und politischen Taktierens ändert sich zugleich auch die Art und Weise, wie die Manager ihre eigenen Ziele verfolgen. Nach wie vor sind die persönlichen Ziele eine entscheidende Triebfeder und stehen vermutlich für die meisten Führungskräfte an erster Stelle. Im mittleren Management stimmen persönliche und sachliche Ziele jedoch weitgehend überein – wer die mit dem Vorgesetzten vereinbarten Ziele erreicht, fördert damit auch seine eigene Karriere. Im Topmanagement, wo sich Leistung über politisches Denken und Handeln definiert, sind beide Motive auf intransparente Weise miteinander verbunden. So entsteht eine manchmal doppelbödige Kommunikation, bei der das Gesagte nicht unbedingt mit den persönlichen Motiven übereinstimmt und das Gesagte vom Gemeinten abweichen kann. Die Folge ist häufig ein gegenseitiges Misstrauen, denn keiner kann so genau einschätzen, welche Botschaft nun gilt und welche möglicherweise ganz anders gemeint ist. So stellt sich ständig die Frage: »Was könnte mein Gegenüber nun meinen?«

Neben der sichtbaren Welt der Fakten, Entscheidungen und Ereignisse existiert deshalb eine zweite Dimension – eine unsichtbare Bühne, auf der die Führungskräfte der obersten Etage um Einfluss und Karriere ringen. Ihr Resonanzraum ist dabei nur am Rande das eigene Team und der eigene Bereich – hier sind sie ja sowieso schon Chef. Zuspruch und Anerkennung suchen sie vielmehr bei den mit Ihnen verbundenen, erfolgreichen Topmanagern. Dazu gehören Vorstände und Aufsichtsräte des eigenen Unternehmens, aber auch Partner und Freunde aus anderen Kontexten.

Dieses Bild trifft wie gesagt nicht auf jedes Unternehmen zu. Nicht überall beherrscht das politische Kalkül in so hohem Maße die Verhältnisse in der Topetage, auch wenn dies in weiten Teilen der Wirtschaft noch so sein dürfte. Erkennbar ist jedoch in den letzten Jahren eine deutliche Tendenz zu mehr Offenheit und Transparenz. Nach meinem Eindruck findet in vielen Unternehmensleitungen ein Kulturwandel statt. Doch jüngst las ich, dass in bestimmten Bereichen ein Wandel zu mehr Autorität erkennbar sei.[4]

## 13.3 Die sieben häufigsten Fehler der Newcomer im Topmanagement

Aufsteiger ins Topmanagement sind gestandene Führungskräfte, die in der Regel zu den besten Leistungsträgern eines Unternehmens zählen. Dennoch ist es erstaunlich, wie unvorbereitet sie oft in die für sie völlig neue Welt eintreten – und wie häufig sie am Anfang auf dem politischen Parkett der obersten Etage ausrutschen. Anhand der Erfahrungen aus zahlreichen Coachingsitzungen habe ich die folgenden sieben häufigsten Fehler der Newcomer im Topmanagement zusammengestellt.

---

[4] Jürgen und Nane Nebel, CEO-Auswahl, Campus 2020.

## 13 So bewegen Sie sich auch auf hochpolitischem Parkett sicher und souverän

### Die häufigsten Fehler der Newcomer im Top-Management

| Fehler | Warum falsch? | Regel |
|---|---|---|
| Sich auf vertraute Werte, Erwartungen und Regeln verlassen | Das Top-Management ist eine andere Welt. Es gelten andere Gesetzmäßigkeiten und Regeln als im mittleren und oberen Management. | Lassen Sie sich auf die Metamorphose ein (siehe Kapitel 1). |
| Mit dem Vorgesetzten das Gespräch auf Augenhöhe suchen | Die Missachtung von Rang und Hierarchieunterschied empfindet ein Manager der obersten Ebene als mangelnde Wertschätzung. | Respektieren Sie in besonderem Maße den höheren Rang Ihres Gegenübers. |
| Offenes und direktes Feedback geben | Das offene Wort wird auf der Top-Ebene eher als undiszipliniert denn als konstruktiver Beitrag gewertet. | Vermeiden Sie direktes Feedback, formulieren Sie stattdessen Wünsche. |
| Ausschließlich fachlich argumentieren, weil es auf Zahlen, Daten und Fakten ankommt. | Im Top-Management zählt emotionale Überzeugungskraft, erst dann folgen die Argumente. | Beachten Sie die Interessen, Bedürfnisse und Motive Ihres Gegenübers, bevor Sie sachlich argumentieren. |
| Die eigene Person über die Rollenerwartung stellen. | Zuerst kommt die Rolle, dann die Person: Es wird erwartet, dass man den im Top-Management gültigen Verhaltenskodex einhält. | Unterscheiden Sie zwischen Ihrer Person und Ihrer Rolle – und halten Sie die für Ihre Rolle gültigen Regeln ein. |
| Ausbleibende Kritik als Zustimmung interpretieren | Im Top-Management wird nicht mehr offen kritisiert. | Achten Sie auf schwache Signale, die auf Kritik schließen lassen – und überlegen Sie, ob Sie gegen eine Regel verstoßen haben. |
| Davon ausgehen, dass ein Top-Manager stets meint, was er sagt. | Sagen und Meinen können zweierlei sein – denn in den Top-Etagen gibt es zwei Kommunikationsebenen. | Vertrauen Sie nicht blind dem Gesagten, sondern rechnen Sie auch mit einer Botschaft hinter den Worten. |

**Abb. 10:** Die häufigsten Fehler der Newcomer im Topmanagement

Bei der Zusammenstellung gilt es, zu beachten: Die Fehler und daraus abgeleiteten Regeln beziehen sich auf eine Kultur, die in der obersten Hierarchieebene nach wie vor häufig vorherrscht, insgesamt jedoch im Wandel begriffen ist. Das traditionelle Topmanagement wird zunehmend durch Führungskräfte abgelöst, die einen moderneren Führungsstil pflegen. Selbstverständlich gibt es heute bereits viele Unternehmensleitungen, in denen offenes Feedback und Kritik nicht nur erlaubt, sondern sogar ausdrücklich erwünscht sind.

Ein Neuankömmling im Topmanagement muss daher sorgfältig prüfen, welche ungeschriebenen Regeln in seinem konkreten Umfeld gelten. In jedem Fall ist es jedoch sinnvoll, die klassischen »Gesetze« des Topmanagements zu kennen – ähnlich wie die Verhaltensregeln des Knigge auch heute noch nützlich sind. Denn nur in Kenntnis der

Regeln können Sie beobachten und austesten, wo Ihr Unternehmen steht und – wenn erforderlich – dann auf die eine oder andere Regel zurückgreifen.

Abb. 11: Mikropolitik – ungeschriebene Regeln (Bildnachweis: Luka8au / istockphoto.com)

Wer ins Topmanagement aufsteigt, muss sich nicht »verbiegen«, um weiterhin Karriere machen zu können. Jedoch sollte er die dortigen Gepflogenheiten kennen, um auf diese Weise Einfluss und Gestaltungsmöglichkeiten zu gewinnen. Dann ist er auch in der Lage, die Verhältnisse nach seinen eigenen Vorstellungen zu gestalten.

Werfen wir deshalb noch einen etwas näheren Blick auf die sieben Fehler.

### 13.3.1 Fehler 1: Sich auf vertraute Werte, Erwartungen und Regeln verlassen

Im mittleren Management sind ehrliches Feedback und konstruktive Kritik entscheidende Erfolgsfaktoren. Es zählen Werte wie Berechenbarkeit, offene Kommunikation und Klarheit – denn damit, so hat sich nun einmal erwiesen, lassen sich die hier anstehende Aufgaben am effektivsten lösen. Auf dieser Weise lässt sich eine Mannschaft am besten führen und zu Leistungen und Ergebnissen bringen.

Auch wenn es nun naheliegt, diese vertrauten und über viele Jahre erfolgreichen Regeln weiterhin anzuwenden, kann dies beim Aufstieg ins Topmanagement ein Fehler sein. Denn Leistung wird hier – wie beschrieben – anders definiert. Das, was Sie bislang als Leistung kannten, wird als selbstverständlich vorausgesetzt und wir nicht weiter beachtet. Jetzt kommen noch weitere Anforderungen hinzu. Dementsprechend gelten andere Arbeitsweisen und Spielregeln. Wer ins Topmanagement aufsteigt, muss sich auf die zweite Metamorphose im Leben einer Führungskraft einstellen (siehe Kapitel 1).

### 13.3.2 Fehler 2: Mit dem Vorgesetzten das Gespräch auf Augenhöhe suchen

Im Mittelmanagement sind Sie es wahrscheinlich gewohnt, auch mit Ihrem Vorgesetzten das Gespräch auf Augenhöhe zu suchen. In der obersten Etage kann das ein gravierender Fehler sein und das Gegenüber vor den Kopf stoßen. Der hier gültige Verhaltenskodex verlangt es, den höheren Rang des Anderen in besonderem Maße zu respektieren. Gespräche auf Augenhöhe finden daher in der Regel nur zwischen gleichrangigen Partnern statt. So können Vorstände zueinander durchaus Zugehörigkeit und Vertraulichkeit schaffen. Anders verhält es sich, wenn ein Vorstand mit dem Vorstandsvorsitzenden spricht. Auch Führungskräfte der zweiten Führungsebene, deren Vorgesetzte der obersten Ebene angehören, sollten den Rangunterschied beachten und nicht wie selbstverständlich den Kontakt auf Augenhöhe suchen.

### 13.3.3 Fehler 3: Offenes und direktes Feedback geben

So angebracht es im mittleren Management ist, in der Topetage ist es ein Fehler: das offene, direkte Feedback. Und unaufgefordert ist es sogar ein Tabubruch. Es ist wie seinerzeit am Hofe, um es mit dem Bild von Uwe Böning auszudrücken: Im Topmanagement kritisiert man nicht, das gehört sich nicht. Ein ungeschminktes Feedback ist hier tabu, wohl auch deshalb, weil sich das Gegenüber dadurch häufig gleich angegriffen fühlt. Erkennbar ist der Fauxpas meist sehr schnell: Anstatt auf das Feedback einzugehen, steigt der Gesprächspartner sofort aus der Situation aus.

Die Regel lautet deshalb: Vermeiden Sie im Topmanagement direktes Feedback, kritisieren Sie niemals Ihren Vorgesetzten. Versuchen Sie stattdessen, sein Verhalten durch Empathie zu beeinflussen. Versetzen Sie sich in seine Lage, versuchen Sie, seine Gefühle und Wünsche zu erkennen – und sprechen Sie mit ihm über seine Anliegen.

### 13.3.4 Fehler 4: Ausschließlich fachlich argumentieren

Im Topmanagement zählt emotionale Überzeugungskraft – erst dann folgen die Argumente. Ein Fehler ist es deshalb, ausschließlich durch Zahlen, Daten und Fakten überzeugen zu wollen. Wieder (wie bei Fehler 3) kommt es darauf an, die Wünsche und Anliegen des Gegenübers zu erkennen – und dann die Argumentationsstrategie mit Blick auf dessen Bedürfnisse aufzubauen. Um ein Ziel zu erreichen, formulieren Sie also *zuerst* das Anliegen des Gesprächspartners, das Sie *dann* mit sachlichen Argumenten untermauern. Einer meiner Klienten – Geschäftsführer in einem Konzern – bringt es prägnant auf den Punkt: »Egal, was ich meinem Vorstandsvorsitzenden gegenüber zu kommunizieren habe: Ich brauche eine Story!«

### 13.3.5 Fehler 5: Die eigene Person über die Rollenerwartung stellen.

Im Topmanagement wird konsequent zwischen Rolle und Person unterschieden. Wer sich hier bewegt, hat sich an die Regeln seiner Rolle zu halten – so verlangt es der ungeschriebene Verhaltenskodex. Ein Fehler ist es deshalb, die eigene Person über die Erwartungen zu stellen, die mit der Rolle verbunden sind. Erinnern wir uns an das Beispiel von Dr. Lässig (siehe oben): Der Verhaltenskodex erwartet bestimmte Höflichkeitsfloskeln, gegen die dieser Manager durch sein unkonventionelles Verhalten verstoßen hat.

Unterscheiden Sie also zwischen Person und Rolle – und achten Sie darauf, die für Ihre Rolle gültigen Regeln einzuhalten. Natürlich zählt auch im Topmanagement die Person – und es wäre falsch, sich nun »verbiegen« zu wollen und die eigene Authentizität aufs Spiel zu setzen. Dennoch ist es wichtig, die Rollenerwartungen zu kennen und sich – so weit es geht – damit zu arrangieren. Es war auch für Herrn Dr. Lässig letztlich kein Problem, seine Umgangsformen an die herrschenden Gepflogenheiten anzupassen. Daher spreche ich im Zusammenhang mit dem Topmanagement auch weniger von »authentisch« – was eher auf die Person bezogen ist. Ich nutze die Formulierung »stimmig«, damit ist gemeint »passend zur Rolle.«

### 13.3.6 Fehler 6: Ausbleibende Kritik als Zustimmung interpretieren

In der Topetage kritisiert man nicht. Diese unausgesprochene Regel kann für den Betroffenen unangenehm sein. Er ahnt womöglich nicht, dass er längst in Ungnade gefallen ist. Keiner informiert ihn – und es liegt nahe, die ausbleibende Kritik als Zustimmung zur eigenen Leistung zu interpretieren. »Wenn man mit mir unzufrieden wäre, würde man es mir doch sagen«, lautet der manchmal gefährliche Trugschluss.

Es ist deshalb ein Fehler, ausbleibende Kritik unbedacht als Zustimmung zu interpretieren. Achten Sie deshalb auf andere Signale, aus denen Sie schließen können, wie Ihre Leistung ankommt. Die Wertschätzung des Vorgesetzten erkennen Sie zum Beispiel daran, dass er sich Zeit für Sie nimmt.

Achten Sie also auf das Verhalten der anderen, insbesondere dem Verhalten der »Chef-Flüsterer«, bzw. dem näheren Umfeld desjenigen, von dem Sie wissen wollen, wie es um Sie selbst steht. Vermeiden diese Personen den Kontakt mit Ihnen – oder sind sie höflich zugewandt und versuchen sich mit Ihnen zu verbinden?

### 13.3.7 Fehler 7: Davon ausgehen, dass ein Topmanager stets meint, was er sagt

Im mittleren Management können Sie üblicherweise davon ausgehen: Was der Andere sagt, meint er auch so. Die Kommunikation ist auf Vertrauen ausgerichtet, offen und transparent. Auf der Topebene hingegen gibt es, wie beschrieben, zwei Kommunikationsebenen. Das besondere Problem liegt darin, dass eine Botschaft hier beides sein kann – ehrlich gemeint oder doppelbödig. Daher gilt die Regel: Vertrauen Sie nicht blind dem Gesagten. Achten Sie stets auch auf den Zusammenhang, das Umfeld. Entwickeln Sie sich zu einem aufmerksamen Beobachter.

> **Digitales Extra: Hidden Agenda**
> Die sieben häufigsten Fehler für Newcomer im Topmanagement
> https://www.galileo-institut.de/buch-downloads

## 13.4 Zusammenfassung

Was Führungskräfte in den Medien lesen oder auf Seminaren lernen, ist in der Regel aufs mittlere Management abgestimmt. So kommt es, dass die meisten Aufsteiger völlig unvorbereitet ins Topmanagement gelangen. Vor allem eines ist ihnen nicht bewusst: Während sich Leistung und Erfolg im Mittelmanagement vor allem an guter Mitarbeiterführung festmachen, definiert sich Leistung im Topmanagement völlig anders – nämlich durch strategisch kluge Einflussnahme. Im Mittelpunkt stehen jetzt Strategien, um Einfluss zu gewinnen und Einfluss zu nehmen.

Das hat zur Folge, dass auch Arbeitsweise und Umgangsformen andere sind als im Mittelmanagement. Wer ins Topmanagement aufsteigt, muss im Extremfall damit rechnen, dass politische Taktik, Misstrauen und doppelbödige Kommunikation das Geschehen bestimmen.

Wie ist es nun möglich, sich auf diesem hochpolitischen Parkett souverän zu bewegen?

Gehen Sie wie beim Arbeitsbeginn in einem neuen Unternehmen vor. Wenn Sie dort Ihren ersten Arbeitstag haben, ist es ganz selbstverständlich, dass Sie erst einmal beobachten und schauen Sie, wie man sich hier verhält. Sie schnuppern in die Unternehmenskultur, versuchen den tatsächlich gelebten Werten und Spielregeln auf die Spur zu kommen. Auch wenn Sie ins Topmanagement gelangen, sollten Sie zunächst beobachten, welche Gepflogenheiten hier herrschen – selbst dann, wenn Sie dem Unternehmen seit vielen Jahren angehören. Analysieren Sie die für Sie relevante Personen hinsichtlich Einfluss, Interessen und Zielen sowie die Beziehungen dieser Personen untereinander. Nehmen Sie auch Ihr Bauchgefühl ernst: Ist Ihr Gegenüber echt? Stimmen Handlung und Stimme überein? Was sagt seine Körpersprache? Je mehr Sie Ihre Intuition trainieren, desto verlässlicher sind diese »von innen« kommenden Informationen.

Wenn Sie dann noch die typischen, in diesem Kapitel beschriebenen Fehler vermeiden, stehen die Chancen gut, dass Ihnen die Metamorphose von der Führungskraft hin zum strategisch denkenden und politisch handelnden Topmanager gelingt.

**Digitales Extra**
Sie wollen lieber hören? Hören Sie sich die Folge 2 in meinem kostenlosen Audio-Coaching an. Erhalten Sie einen Überblick über die sieben fatalsten Fehler im Topmanagement. Laden Sie sich die ganze neunteilige Serie
»**Neue Rolle an der Spitze – Macht und Politik**« herunter:
https://www.galileo-institut.de/audiocoaching-unternehmenslenker/

# 14 So treffen Sie schwierige Entscheidungen

Die Zeit drängt, die Lage ist schwer durchschaubar, die Informationen sind lückenhaft, und die Folgen lassen sich nicht überblicken: Entscheidungen zählen ohne Zweifel zu den schwierigsten Situationen einer Führungskraft. Was Entscheiden unter Zeitdruck und bei extremer Unsicherheit bedeutet, haben das Platzen der Dotcom-Blase im März 2000, die weltweite Rezession Ende 2008 oder auch die Covid-19-Krise aus dem Jahr 2020 gezeigt. Dynamik und Komplexität der Entwicklung stellten Unternehmenslenker vor eine Situation, die sie so noch nie erlebt hatten. Erfahrungen aus vergangenen Jahren schienen plötzlich nutzlos, gewiss war im Grunde nur noch eines: die Ungewissheit. Und zu alledem wurde insbesondere in der weltweiten Corona-Pandemie deutlich: Es gibt keine Blaupause! Es gibt keine Vorlage, wie aus dieser Krise wieder rauszukommen ist. Auch gibt es keine Garantie für die richtige Entscheidung. Was ist überhaupt richtig? Sie wissen nur eins: Sie müssen entscheiden!

Besonders drastisch durchlebte diese Monate ein Geschäftsführer, dessen Unternehmen große Mengen an Rohstoffen und Energie einsetzt. Noch im Frühjahr 2008 explodierten die Rohstoffpreise, ganze Betriebsteile rutschten in die Verlustzone; kurz darauf folgte die weltweite Konjunkturkrise mit Absatzeinbrüchen von rund 30 Prozent, gleichzeitig aber mit wieder sinkenden Rohstoffpreisen. Hilflos sah sich der Unternehmer den Ereignissen ausgeliefert. Im Frühjahr 2009, mitten in der Rezession, konnte er weder Preise noch Absatzzahlen der nächsten sechs Monate auch nur einigermaßen zuverlässig abschätzen. Anderseits war ihm klar, dass er Entscheidungen treffen musste. Sollte er die Verlust bringenden Betriebsteile schließen, Kapazitäten abbauen und Mitarbeiter entlassen? Oder sollte er auf sinkende Rohstoffpreise und eine rechtzeitig anziehende Nachfrage setzen?

Was die Sache in einem solchen Fall noch verschlimmert: Unter dem Druck der Situation bleibt das in dieser Lage absolut notwendige kreative Denken schnell auf der Strecke. In unserem Kopf sind die vorderen Gehirnteile dafür zuständig, die jedoch bei Stress blockiert werden. Vernünftige, sprich souverän und gelassen getroffene Entscheidungen sind dann kaum mehr möglich.

## 14.1 Was Entscheidungen so schwierig macht

Doch nicht nur steigende Preise, Umsatzeinbrüche und andere äußere Ereignisse oder Sachzwänge können Entscheidungen erheblich erschweren. Sehr oft steht eine Führungskraft auch unter einem großen inneren Entscheidungsdruck, der nicht unmittelbar etwas mit den äußeren Rahmenbedingungen zu tun hat. Der Druck resultiert vielmehr aus einem hohen eigenen Anspruch, der für Leistungsträger typisch ist: Die

Führungskraft glaubt, perfekte Leistung erbringen und die Dinge souverän überblicken zu müssen, obwohl die Situation in Wirklichkeit höchst undurchsichtig ist.

Beides, die Unklarheit außen wie auch im eigenen Innern, führt in der Regel zu einem Druck, der es schwer macht, die richtige Entscheidung zu treffen.

Zeigen lässt sich das am Beispiel eines Konzerns, bei dem in knapp zwei Jahren ein neuer Vorstandsvorsitzender gewählt wird. Aus der Sicht der Leistungsträger – gemeint sind hier die Bereichs- und Abteilungsleiter – stellt sich die Situation nun wie folgt dar: Die obersten Führungskräfte spekulieren auf die Nachfolge und konzentrieren sich darauf, den eigenen Kopf über Wasser zu halten. Jeder sieht nur ein Ziel: keine Fehlentscheidung treffen, die einen aus dem Rennen wirft! Trotzdem müssen in dem Unternehmen natürlich weiterhin Entscheidungen fallen. Um die kümmern sich jetzt die Mitarbeiter in den Ebenen darunter. Das sind die Arbeitspferdchen – leistungsorientiert, willig, loyal, ehrlich und fair. Sie müssen in dieser Zeit damit zurechtkommen, dass von oben klare Vorgaben ausbleiben.

»Ich kann ja verstehen, dass der Vorstand eine tolle Bilanz braucht. Aber es geht doch eigentlich darum, das Unternehmen mittel- bis langfristig zu positionieren«, klagte der Leiter der Marketingabteilung mir gegenüber. »Woran soll ich denn meine Entscheidungen ausrichten, an kurzfristigen Zielen oder am mittel- bis langfristigen Erfolg?« Die Antwort darauf konnte ihm nur der Vorstand geben, doch der blieb vage.

Um in der Sache voranzukommen, wollte er nun selbst die notwendigen Entscheidungen treffen. Dass er damit seine Kompetenzen überschreiten und möglicherweise einen Fehler machen würde, war ihm offensichtlich nicht bewusst. »Können und dürfen Sie es verantworten?«, fragte ich ihn deshalb. »Gehört das noch zu Ihrem Entscheidungs-, Kompetenz- und Verantwortungsbereich?« Er sah mich etwas überrascht an und meinte: »Ja, ich entscheide doch im Sinne des Unternehmens. Oder etwa nicht?«

Das weitere Gespräch machte ihm dann doch klar, dass er dabei war, seine Kompetenzen eindeutig zu überschreiten. Sein Ziel war es natürlich, die beste inhaltliche Lösung zu finden. Doch fehlte ihm der Überblick über die Gesamtpolitik des Unternehmens; die Ziele des Vorstands kannte er nicht, und auch die dort gültigen Spielregeln waren ihm nicht vertraut. In dieser Situation hatte der Marketingleiter nun vorgehabt, nach seinen eigenen Spielregeln zu handeln, ohne die Ziele und Gepflogenheiten der Vorstandsetage zu kennen. Damit hätte er dem Unternehmen möglicherweise eher geschadet als genutzt.

Die Situation ist typisch – und stellt sich aus der Sicht eines Leistungsträgers im mittleren bis gehobenen Management wie folgt dar: Die oberen Etagen schieben fällige Entscheidungen auf die lange Bank. Der Leistungsträger, der auf diese Entscheidungen angewiesen ist und mit Blick auf seine Aufgaben Ergebnisse erzielen möchte, glaubt schließlich, selbst entscheiden zu müssen. In der Regel ist er auch fest davon überzeugt, richtig zu handeln. Vom Vorgesetzten fühlt er sich allein gelassen, zumindest nicht genug unterstützt – und überschreitet dann seine Kompetenzen, ohne sich dessen bewusst zu sein. Dass er damit einen eklatanten Fehler begeht, weil ihm notwendige Hintergrundinformationen zum Beispiel über die Unternehmensstrategie oder die aktuellen Prioritäten des Vorstands fehlen, erkennt er in diesem Moment nicht.

Was die Leistungsträger im mittleren und gehobenen Management ebenfalls häufig verkennen: Die Vorgesetzten auf der Topebene sind häufig gar nicht in der Lage, die fälligen Entscheidungen zu treffen – einfach weil Rahmenbedingungen noch unklar sind, weil noch über die Strategie gestritten wird oder erst noch bestimmte politische Entscheidungen abgewartet werden müssen. Möglicherweise beherrscht der Machtkampf um den künftigen Vorstandsvorsitz das Geschehen, sodass die Vorstandsmitglieder nur noch politisch und strategisch miteinander umgehen. Vor diesem Hintergrund ist es dann vielleicht sogar wohlwollend-unterstützend gemeint, wenn ein Vorgesetzter seine Leistungsträger mit diesen Problemen nicht belastet. Und im Ergebnis ist der Vorgesetzte eventuell ebenso frustriert von der »Eigenmächtigkeit« des Leistungsträgers wie der Leistungsträger vom »Alleingelassenwerden« des Vorgesetzten.

Das Beispiel zeigt, warum Entscheidungen oft so schwierig sind. Es ist einfach zu viel im Unklaren: das höchste Ziel, die Spielregeln, die Verantwortungsbereiche, die Entscheidungs- und Handlungskompetenzen, die Motivationen des Vorgesetzten – ein einziges Sammelsurium von Möglichkeiten, die Unsicherheit und Druck erzeugen. Die Lösung liegt letztlich darin, eben diese Spielregeln und Kompetenzen, aber auch die unausgesprochenen Erwartungshaltungen transparent zu machen.

## 14.2 Wie die Natur Entscheidungen trifft

Es lohnt sich, einmal einen Blick darauf zu werfen, wie in der Natur Entscheidungen fallen. Das lässt sich am Beispiel des Blutgerinnungssystems besonders gut verdeutlichen.

Nehmen wir an, Sie zerkleinern einen Salat und schneiden sich in den Finger. Es blutet. Für Ihren Körper heißt das: Es ist etwas passiert, was augenblicklich einer Entscheidung bedarf. Intuitiv wird die Frage gestellt: Was ist jetzt das höchste Ziel? Ist die Antwort »Überleben!«, wird das Blutgerinnungssystem ausgelöst – ein komplizierter Mechanismus, der in 18 Schritten dafür sorgt, dass Sie nicht verbluten. Dieser Mechanismus beginnt nicht nur sofort, sondern läuft auch absolut präzise und zuverlässig ab, bis das definierte »höchste Ziel«, das Überleben, erreicht ist.

**Abb. 12:** Blutgerinnungssystem (Bildnachweis: selvanegra / istockphoto.com)

Dahinter steht die Tatsache, dass die Natur eindeutige Prioritäten setzt. Das höchste Ziel ist Überleben, an zweiter Stelle folgt das Ziel Wachstum, dann die Vermehrung – immer in dieser Reihenfolge. Wenn Sie sich in den Finger schneiden, schaltet die Natur sofort auf das nunmehr höchste Ziel »Überleben« um. Weder Wachstum noch Vermehrung interessieren in diesem Moment und auch nicht, woher das Messer stammt oder wer so ungeschickt damit hantiert hat. Stattdessen läuft das Blutgerinnungssystem an, und alle »Beteiligten« ordnen sich dem höchsten Ziel »Überleben« unter. Jeder spielt dann nach eindeutig klar festgelegten Spielregeln seine Rolle. Diskutieren kann man wieder, wenn die Wunde »verstopft« ist.

Die Natur folgt also einem klaren Prinzip, das sich wie folgt zusammenfassen lässt:
1. Ein Ereignis erfordert eine Reaktion.
2. Das System fragt sofort: Was ist IN DIESEM MOMENT das höchste Ziel?
3. Daran ausgerichtet fällt die Entscheidung (zum Beispiel: Überleben!).
4. Ein festgelegter Mechanismus läuft ab, um das Ziel zu erreichen (klare Spielregeln!).

## 14.3 Der Entscheidungsfindungsprozess

Um eine Entscheidung systematisch und nachvollziehbar treffen zu können, hat es sich bewährt, den Entscheidungsfindungsprozess in fünf Hauptschritte zu gliedern:
- Schritt 1: Klarheit gewinnen,
- Schritt 2: Lösungen und Alternativen suchen,
- Schritt 3: Szenarien durchspielen,
- Schritt 4: Entscheidung treffen,
- Schritt 5: Spielregeln festlegen.

Wie können Sie diese fünf Schritte erfolgreich durchlaufen? Eine gute Hilfe kann es sein, bei jedem Schritt zunächst einige Leitfragen zu beantworten.

### 14.3.1 Schritt 1: Klarheit gewinnen

*Leitfragen:*
- Was ist das höchste Ziel?
- Was will ich wirklich?

Entscheidungsfindung hat letztlich damit zu tun, Klarheit zu suchen. Klarheit bedeutet, dass Sie in einer Situation genau wissen, was Sie wollen und worin das Ziel besteht. Bewährt hat sich hier die Strategie, analog zum Blutgerinnungssystem der Natur nach dem in der aktuellen Situation »höchste Ziel« zu fragen (mehr hierzu siehe unten unter Strategie 1).

Worauf es ankommt, ist ein Ziel, das Sie wirklich wollen. Um dahin zu kommen, müssen Sie auch möglichen Selbstlügen auf die Spur kommen. Denn wenn Sie ein ausschließlich kopfgesteuertes Ziel formulieren, das Ihrer inneren Überzeugung nicht standhält, werden Sie das spätestens beim zweiten oder dritten Schritt bemerken – und müssen dann noch einmal von vorne anfangen.

Wie leichtfertig der Schritt »Klarheit gewinnen« manchmal übergangen wird, zeigt der Fall einer Abteilungsleiterin, die kurz vor dem Mutterschutzurlaub stand. Da das Unternehmen gleichzeitig umstrukturiert wurde, sah sich die Frau vor zwei Alternativen gestellt: Entweder würde sie zu ihrem Chef zurückkehren, jedoch neue Aufgaben übernehmen, oder den Bereich komplett wechseln. Sie hatte die Wahl, konnte also frei entscheiden. Mir gegenüber behauptete sie steif und fest, dass ihr beides gleich recht sei. Sie wirkte auf mich sehr überzeugend – und ich dachte schon, sie sei die erste Ausnahme meiner bisherigen Erfahrungen. Bislang hatte ich immer erlebt, dass sich meine Klienten bei einer Entscheidungssituation, die sie mir schilderten, innerlich – und meist unbewusst – bereits für eine Alternative entschieden hatten, zum aktuellen Zeitpunkt aber noch keinen argumentativen Zugang zu ihrer Entscheidung gefunden hatte.

Gemeinsam mit meiner Klientin spielte ich die Situationen durch: Was genau würde passieren, wenn sie sich für die eine oder die andere Alternative entscheiden würde? Dabei wurde ich in meinen Situationsbeschreibungen immer unverblümter, zum Teil auch krass, um ihr vor Augen zu führen, welche Konsequenzen die eine oder die andere Entscheidung haben könnte. So erwähnte ich auch, dass man im Falle eines Bereichswechsels natürlich einen Ersatz finden müsse, jemanden, der gut mit ihrem bisherigen Chef zusammenarbeiten könne und dann auch eine besondere Vertrauensstellung innehabe. Plötzlich reagierte die Klientin emotional und merkte selbst, dass sie eigentlich doch lieber bei ihrem Chef bleiben würde. Sie wurde sich darüber im Klaren, dass sie einer Selbstlüge aufgesessen war – einfach deshalb, weil sie für diese Entscheidungsvariante bei ihren ersten Überlegungen keine Realisierungschancen gesehen hatte. Daher hatte Sie sich »kopfmäßig« für ein »Egal« entschieden. Doch der Prozess der Entscheidungsfindung brachte die wirkliche, die »innere Wahrheit« ans Licht.

Das Erstaunliche: Bei der anschließenden Frage, »Okay, was müsste denn passieren, damit es machbar ist, dass Sie bei Ihrem Chef bleiben?«, sprudelten nun die Ideen. Die Abteilungsleiterin stand jetzt wirklich hinter ihrer Entscheidung, sie hatte Klarheit gewonnen – und alles schien plötzlich einfach und logisch. Gemeinsam erarbeiteten wir einen Vorschlag, den sie ihrem Chef unterbreitete. Dieser reagierte sehr angetan.

Leider funktioniert dieser Effekt immer nur in dieser bestimmten Reihenfolge: erst Klarheit schaffen, dann die weiteren Schritte überlegen.

Diesen Grundsatz musste der Abteilungsleiter eines Konzerns erst noch schmerzlich lernen. Er hatte ein wichtiges Projekt erfolgreich geleitet und bekam daraufhin eine neue Position angeboten. Stolz auf diese Anerkennung nahm er die Stelle an. In den folgenden Tagen und Wochen fühlte er sich jedoch zunehmend unwohl. Seine Zweifel wuchsen: »Bin ich da wirklich richtig?« Im Kopf hatte er »ja« gesagt, die Stelle angenommen, ohne vorher wirklich für Entscheidungsklarheit zu sorgen. Man könnte auch sagen: Die Entscheidung fiel gegen den Bauch. Am Ende blieb ihm nur der Weg, das Versäumte nachzuholen, sprich zu Phase eins des Entscheidungsprozesses zurückzukehren, Klarheit zu gewinnen – und seine Entscheidung dann neu zu treffen.

Klarheit gewinnen, das zeigen diese Beispiele, bedeutet vor allem, der eigenen inneren Überzeugung Geltung verschaffen.

Wer vor einer Entscheidung steht, sucht meistens nach Argumenten für verschiedene Entscheidungsvarianten und hofft dadurch, der richtigen Entscheidung näherzukommen. Die Gefahr besteht dann darin, dass man sich vorschnell auf eine Alternative festlegt. Dieses Vorgehen bedeutet, das Pferd von hinten aufzuzäumen. Nach meiner Überzeugung klappt es nur andersherum: Schaffen Sie erst Klarheit darüber, was Sie wirklich wollen. Wenn Sie dann eine Entscheidung treffen, fallen Ihnen die Lösungswege, Argumente und Möglichkeiten nahezu automatisch zu. Kopf und Bauch sind nun »auf einer Linie«, es fängt an zu sprudeln. Und mehr noch: Hinter der Entscheidung steht jetzt eine feste innere Haltung, die dazu führt, dass Sie Ihre Argumente selbstbewusst und überzeugend vortragen. Damit stehen auch die Chancen gut, dass Sie für die Umsetzung der Entscheidung die erforderliche – innere wie äußere – Unterstützung finden.

Wie gehen Sie nun vor, um diese Klarheit zu gewinnen? In der Praxis haben sich zwei Herangehensweisen bewährt:

- *Vom Kopf zum Bauch.* Die erste Möglichkeit setzt auf einer sachlichen Ebene an. Der Entscheider macht sich seine Prioritäten klar und fragt nach dem in der aktuellen Situation höchsten Ziel. Zu beachten ist dabei die Perspektive: Handelt es sich um das höchste Ziel aus Sicht der Abteilung, des Unternehmens, eines aktuellen Projekts – oder um das persönliche höchste Ziel des Entscheiders? Je nach Blickwinkel kann die Antwort anders ausfallen. Doch sollte es möglich sein, das Ziel des Unternehmens oder der Abteilung auch zum eigenen Ziel zu machen. Nun prüft der Entscheider, ob dieses Ziel für ihn (oder den Bereich, für den er sich entschieden hat) wirklich das höchste Ziel ist – ob er es wirklich will. Denn es gibt ja viele klare Kopfentscheidungen, die in der Umsetzung nicht funktionieren. Das liegt in der Regel daran, dass sie nicht mit dem Bauch abgeglichen sind.
- *Vom Bauch zum Kopf.* Die zweite Herangehensweise konzentriert sich zunächst auf den inneren Druck, also jenes »ungute Gefühl«, das häufig auf eine drängende Entscheidungssituation hindeutet. Ziel ist es hier, dem Kopf begreifbar und analytisch nachvollziehbar zu machen, was der Bauch schon lange »weiß«.

Beide Herangehensweisen schaffen Entscheidungsklarheit. Erst wenn diese Klarheit besteht, ist es sinnvoll, sich konkret mit dem angestrebten »höchsten Ziel« zu befassen und nach adäquaten Lösungen und Alternativen zu suchen.

### 14.3.2 Schritt 2: Lösungen und Alternativen suchen

*Leitfragen:*
- Welchen Preis bin ich bereit zu zahlen, sprich: Was bin ich bereit, für mein Ziel zu tun?
- Wie hoch darf das Risiko sein?
- Wo kann ich Kompromisse eingehen?
- Wie stelle ich sicher, dass das Ziel auch erreicht werden kann?

In Schritt 1 haben Sie die Klarheit darüber gewonnen, welches Ziel Sie erreichen wollen. Nun geht es darum zu überlegen,
- was Sie bereit sind, für das angepeilte Ziel zu geben und zu tun, und
- welche Lösungen und Alternativen bestehen, um das Ziel zu erreichen.

Es geht also um den eigenen Beitrag, den Sie (oder Ihre Abteilung, Ihr Unternehmen, Ihr Projektteam etc.) bereit sind, für das Ziel zu leisten.

Mit Schritt 1 haben Sie die Speerspitze geschaffen und die Richtung festgelegt. Nun geht es darum, die Flugbahn auszuleuchten, damit der Speer sein Ziel erreicht.

Um es an einem einfachen Beispiel zu verdeutlichen: Ihr Ziel ist es, zwei Wochen lang ungestört in Urlaub zu fahren, was Ihnen bislang noch nie geglückt ist. Welchen Preis sind Sie bereit, dafür zu zahlen? Möglicherweise kommen Sie zu dem Schluss, dass Sie bereit sind, mehr zu arbeiten, allerdings nicht nach zehn Uhr abends. Welche Lösungen und Alternativen gibt es in diesem Fall? Eine Möglichkeit könnte sein, drei Wochenenden hintereinander zu arbeiten.

### 14.3.3  Schritt 3: Szenarien durchspielen

*Leitfragen:*
- Was kann schlimmstenfalls passieren?
- Wie gehe ich mit Unvorhergesehenem um?

Bevor Sie die Entscheidung treffen, sollten Sie diverse Worst-Case-Szenarien durchspielen. Welche Folgen haben gravierende Fehler? Was passiert, wenn Beteiligte nicht mitspielen oder anders als erwartet reagieren? Prüfen Sie die in Schritt 2 erwogenen Alternativen und Lösungswege sorgfältig – und spielen Sie jeweils den schlimmsten Fall durch.

In diesem Schritt geht es also darum zu überlegen, welche Überraschungen von außen auftreten könnten. Mit Blick auf das in Schritt 2 angeführte Urlaubsbeispiel hieße das: Sie arbeiten die drei Wochenenden, und dann verkündet Ihr Vorgesetzter: »Wir brauchen Sie unbedingt – Urlaub gestrichen.« Wie würden Sie damit umgehen?

Mithilfe der Szenariotechnik bekommen Sie ein Gespür für die Risiken und Kosten, aber auch für die Auswirkungen, die eine geplante Entscheidung nach sich ziehen könnte. Gut möglich, dass Sie dann diese Entscheidung zwar gut finden, vernünftigerweise aber trotzdem darauf verzichten.

Angenommen der Vorstand bittet Sie, ein Projekt für eine Produktneuentwicklung zu leiten. Sie stehen voll hinter dem Vorhaben und sind auch überzeugt, dass Sie der

Richtige für die Projektleitung sind. Also wollen Sie zusagen. Trotzdem lohnt es sich, erst noch das Worst-Case-Szenario durchzuspielen, um die Entscheidung auf ihre Belastbarkeit hin zu testen. Was passiert zum Beispiel, wenn die Laborkapazitäten in kritischen Projektphasen belegt sind? Oder wenn das fachliche Know-how im Unternehmen nicht ausreicht? Oder wenn der für das Projekt wichtigste Experte das Unternehmen verlässt? Oder wenn ein Konkurrent schneller ist und vor Projektabschluss mit einem ähnlichen Produkt auf den Markt kommt? Wenn Sie diese Eventualitäten durchdenken, kommen Sie möglicherweise zu dem Schluss, dass Sie das Projekt zwar weiterhin gerne übernehmen – aber nur, wenn der Vorstand zusätzliche Ressourcen genehmigt und weitere für das Projekt notwendige Zusagen macht.

Das Durchspielen verschiedener Szenarien sichert eine Entscheidung aber nicht nur ab, sondern bereitet auch auf die Umsetzung vor. Was Sie gedanklich durchlebt haben, wird Sie in der Realität nicht mehr überraschen.

### 14.3.4 Schritt 4: Entscheidung treffen

*Leitfragen:*
- Welche Entscheidungen gibt es?
- Was ist die beste Entscheidung?
- Was ist meine beste Entscheidung?

Das Ziel ist klar (Schritt 1), mögliche Lösungen und Alternativen liegen auf den Tisch (Schritt 2) und sind mithilfe von Worst-Case-Szenarien auf ihre Belastbarkeit geprüft (Schritt 3). Nun ist es so weit: Sie können beherzt entscheiden! In der Regel fällt jetzt die Entscheidung ziemlich leicht … Probieren Sie es einfach mal aus!

### 14.3.5 Schritt 5: Spielregeln festlegen

*Leitfragen:*
- Welche Spielregeln gibt es?
- Welche – auch unausgesprochenen – Erwartungshaltungen bestehen?
- Wie vermittle ich meine Spielregeln klar und verständlich?

Erinnern wir uns noch einmal daran, wie Entscheidungsprozesse in der Natur ablaufen. Das Blutgerinnungssystem ist ungemein komplex. Und dennoch: Ab dem Moment, in dem ein Fehler passiert, also eine Wunde auftritt und die Entscheidung für das Ziel »Überleben!« gefallen ist, läuft der Lösungsmechanismus so zuverlässig wie ein Uhrwerk ab. Es gibt ein höchstes Ziel, dem sich alle Beteiligten unterordnen – und im Ernstfall weiß auch jeder, was er zu tun hat, und agiert nach genau festgelegten Regeln.

Leider sind die meisten Unternehmen von eindeutig definierten Abläufen weit entfernt. Viele Probleme und Reibungsverluste entstehen bekanntlich dadurch, dass Abläufe unklar und Spielregeln nicht transparent sind. Es lohnt sich deshalb, sich an dieser Stelle an der Natur zu orientieren und – gerade auch bei der Umsetzung einer wichtigen Entscheidung – für feste Spielregeln zu sorgen.

Mit Spielregeln sind in diesem Falle sowohl »offizielle«, also zum Beispiel niedergeschriebene Spielregeln gemeint, wie sie in Unternehmensleitlinien zu finden sind, als auch »inoffizielle« Regeln in Form von unausgesprochenen Erwartungshaltungen. Als Entscheider haben Sie selbst eine klare Vorstellung, wie Sie vorgehen und welche Rolle die anderen Beteiligten spielen. Das Problem ist nur: Den anderen ist das deshalb noch längst nicht klar. Tauschen Sie sich daher aus, um die unterschiedlichen Erwartungshaltungen deutlich zu machen und einvernehmliche Spielregeln festzulegen. Bei größeren Entscheidungen greifen hier auch die klassischen Spielregeln des Projektmanagements.

Wenn Sie Ihre Entscheidung umsetzen, werden Sie häufig auch Mitarbeiter einbeziehen, die aus anderen Abteilungen oder Bereichen kommen und deren Erwartungshaltungen Sie nicht kennen. Regeln, die für Sie selbstverständlich sind, sind diesen »fremden« Mitarbeitern nicht vertraut. Das kann bei ganz banalen Dingen anfangen: Ihnen ist vollkommen klar, dass Sie auf eine E-Mail zeitnah eine Antwort erhalten. Dennoch kann es Ihnen jetzt passieren, dass Sie bei dem einen oder anderen Beteiligten tagelang auf Antwort warten. Deshalb ist es sinnvoll, für die Mitglieder des Projektteams explizit und verbindlich festzulegen, dass eine Anfrage per E-Mail zum Beispiel innerhalb von 24 Stunden beantwortet sein muss.

## 14.4  Entscheiden in schwierigen Situationen

Klarheit gewinnen, nach Lösungen und Alternativen suchen, Szenarien durchspielen, entscheiden und die Spielregeln festlegen – der Prozess erscheint nachvollziehbar. Dennoch hilft im konkreten Fall allein die Kenntnis der Prozessschritte nicht immer weiter. Die Erfahrung zeigt, dass es nicht um das theoretische Wissen über das Wie geht, sondern darum, in der konkreten Situation tatsächlich das Richtige richtig zu tun.

Hierbei können die folgenden sechs Basisstrategien helfen, die sich in schwierigen Entscheidungssituationen bewährt haben:
- Fragen Sie nach dem höchsten Ziel.
- Transferieren Sie das Bauchgefühl in den Kopf.

- Packen Sie die Verantwortung dorthin, wo sie hingehört.
- Übernehmen Sie bewusst die Verantwortung.
- Starten Sie einen aktiven Leerlauf.
- Stellen Sie das höchste Ziel sicher.

### 14.4.1 Strategie 1: Fragen Sie nach dem höchsten Ziel

Die Natur folgt in schwierigen Entscheidungssituationen – wie oben dargestellt – klaren Prinzipien: Tritt ein überraschendes Ereignis ein, schneiden Sie sich zum Beispiel in den Finger, fragt die Natur zunächst nach dem höchsten Ziel. Heißt die Antwort dann »Überleben«, wird das Blutgerinnungssystem ausgelöst. Die Natur folgt also einem klaren Prinzip. Ein Ereignis erfordert eine Reaktion, das System fragt sofort nach dem höchsten Ziel – und daran ausgerichtet fällt sofort die Entscheidung.

Was können Führungskräfte hieraus lernen? Kommen wir zurück auf die am Anfang des Kapitels beschriebene Situation: Herbst 2008, der Absatz bricht ein, die Finanzierung wankt – Sie steuern Ihr Unternehmen durch eine Nebelwand. Was tun? Der Rat lautet nun, abgeleitet aus dem Prinzip des Blutgerinnungssystems: Innehalten und fragen, was das höchste Ziel ist. Wichtig ist hierbei: Nur ein Ziel nennen – darauf kommt es an. Diese Frage führt erfahrungsgemäß dazu, die Mitarbeiter auf ein einziges Ziel hin auszurichten, die Kräfte im Unternehmen zu bündeln und die in diesem Augenblick richtige Entscheidung zu treffen.

Für ein Unternehmen, das in den Strudel der Wirtschaftskrise geraten ist, kann das höchste Ziel darin liegen, die Liquidität zu sichern. Alle Abteilungen – Einkauf, Vertrieb, Produktion, Controlling – orientieren sich nun hieran. Und jeder Mitarbeiter weiß, warum das Unternehmen Lager abbaut, Bestellungen storniert, Sonderverkäufe organisiert, Gratifikationen streicht und mit Lieferanten über ein Moratorium verhandelt. Jedem ist klar, es geht jetzt um das oberste Ziel »Liquiditätssicherung«.

Die Frage nach dem »höchsten Ziel« hat in einer Krisensituation vor allem einen Effekt: Sie stoppt die Negativspirale aus Unsicherheit, Überforderung, Angst und Lähmung. Denn in einer solchen Lage hilft am ehesten eine absolut pragmatische und einfache Maßnahme – etwas, das die Kräfte aller Beteiligten auf einen Punkt hin lenkt. Genau hierfür eignet sich ganz hervorragend die einfache Frage nach dem höchsten Ziel. Sie konzentriert die Aufmerksamkeit, gibt dem Handeln im Unternehmen eine Richtung und reißt es damit aus seiner Ohnmacht.

Dieses »höchste Ziel« kann sich recht schnell wieder ändern. Die erste Maßnahme gilt dem Überleben in der akuten Krise, etwa der Liquiditätssicherung. Gleich im Anschluss daran kann das oberste Ziel darin bestehen, das Unternehmen auf einen stabilen Wachstumspfad zurückzuführen. Wie bei dem Krisenfall »Wunde«: Zuerst wird die Blutgerinnung aktiviert, gleich darauf, wenn das Blut gestillt ist, folgt die Frage, wie der Körper mit dem Blutverlust umgeht, um auch längerfristig zu überleben. Bemerkenswert ist hierbei, dass diese Vorgänge nicht parallel ablaufen, sondern hintereinander.

Sich auf ein einziges Ziel festzulegen, ist oft nicht leicht. Und hier liegen sowohl der Engpass als auch die Chance dieses Prinzips. Die Erfahrung zeigt, dass es häufig eine Ambivalenz zwischen zwei oder drei scheinbar gleichwertigen Zielen gibt, die alle idealerweise bedient werden wollen. Meist ist dem Entscheider nicht klar, dass er gerade mehrere Ziele verfolgen möchte, die sich zudem möglicherweise widersprechen. Das Unternehmen möchte zum Beispiel seine Fachkräfte behalten, die Kapazitäten der sinkenden Nachfrage anpassen und in neue Produktentwicklungen investieren. So schwer es fällt: Die Regel lautet, sich für ein Ziel entscheiden – und die Kräfte darauf fokussieren.

Denken Sie an einen Feuerwehrmann. Wenn ein Haus in Flammen steht, hat er ein eindeutiges höchstes Ziel: Leben retten. Da ist es vollkommen egal, ob die Couchgarnitur qualmt oder das Gemälde von 1207 brennt.

### 14.4.2 Strategie 2: Transferieren Sie das Bauchgefühl in den Kopf

Bei Strategie 1 standen Sie unter dem Druck äußerer Ereignisse – der Absatz bricht ein, die Rohstoffpreise explodieren, der Leiter der Entwicklungsabteilung hat gekündigt. Anders jetzt: Ein ungutes Gefühl macht Ihnen zu schaffen. Der Bauch sagt Ihnen, dass etwas schiefläuft und eine Entscheidung getroffen werden muss. Konkret benennen können Sie das Problem jedoch nicht. Selbst wenn Sie normalerweise ein kopfgesteuerter, analytischer und logisch denkender Mensch sind, kann Ihnen das passieren.

Hier geht es also darum, aus einem diffusen Bauchgefühl eine klare Entscheidung zu machen, die sich mit Argumenten begründen lässt und damit auch jeder Diskussion standhält. Das Bauchgefühl soll quasi auf eine analytische Ebene gehoben werden, damit man es verstehen und rational in die Entscheidungsfindung einbeziehen kann. So gelingt es, Bauch und Kopf »auf eine Linie« zu bringen und eine konsistente Entscheidung zu treffen.

Der Gedanke, Bauch und Kopf miteinander in Einklang zu bringen, ist kein esoterischer Zauber, sondern wissenschaftlich durchaus begründet. Das Bauchhirn durchzieht nahezu den gesamten Magen-Darm-Trakt; es besteht aus einem komplexen Geflecht aus Nervenzellen und ist fest mit dem Kopf verbunden. Was in dem einen Hirn geschieht, bleibt dem anderen nicht verborgen. Jedes Mal, wenn der Mensch in ähnlichen Situationen eine Entscheidung trifft, basiert diese nicht nur auf intellektuellen Überlegungen, sondern wird massiv von unbewussten Informationen aus einem gigantischen Katalog gespeicherter Emotionen und Körperreaktionen im Bauchhirn mitgeprägt. Erst in jüngerer Zeit stellten Forscher fest, dass weitaus mehr Nervenstränge vom Bauch in das Gehirn führen als umgekehrt: 90 Prozent der Verbindungen verlaufen von unten nach oben, »weil sie wichtiger sind als die von oben nach unten«, sagt der Chef des Departments für Anatomie und Zellbiologie der Columbia University in New York[5]. Die meisten Botschaften des Darms sind uns somit gegenwärtig, auch wenn wir sie nicht bewusst wahrnehmen.

Zwischen Bauch und Kopf besteht also eine enge Verbindung. Wir sollten es deshalb ernst nehmen, wenn der Bauch Unwohlsein signalisiert – und dann diese Botschaft auch analytisch fassbar machen. Wie funktioniert das?

In der Praxis hat es sich bewährt, durch intensives Fragen die aktuelle Situation kritisch auszuleuchten. Was gefällt mir nicht? Was läuft gerade schief? Was könnte zu diesem komischen Gefühl geführt haben? Was steckt wirklich dahinter? Mit solchen Fragen kommen Sie dem diffusen Bauchgefühl auf die Schliche. Überlegen Sie auch, welche Maßnahmen wünschenswert und welche unbedingt notwendig sind. Wünschenswert kann es zum Beispiel sein, in der Konjunkturkrise bewährte Mitarbeiter zu behalten; unbedingt notwendig ist aber vielleicht, die Existenzgrundlage für die nächsten zwei Jahre zu sichern – bei aller Liebe zu den Mitarbeitern.

Auf diese Weise gelangen Sie an einen Punkt, bei dem es – wie meine Klienten häufig sagen – plötzlich »einrastet« oder »der Schlüssel ins Schloss passt«. Bauch und Kopf sind nun auf einer Linie, die Situation ist in den wesentlichen Facetten erfasst. Sie halten jetzt eine Landkarte in Händen, die Ihnen Orientierung bietet und anhand der Sie eine Entscheidung treffen können, die im Einklang mit dem Bauchhirn steht. Das diffuse Unwohlsein weicht einer inneren Klarheit, die benennbar und mit Argumenten begründbar ist.

### 14.4.3 Strategie 3: Packen Sie die Verantwortung dahin, wo sie hingehört

»Treffen Sie nur Entscheidungen, die im eigenen Verantwortungsbereich liegen.« Eine Regel, die eigentlich selbstverständlich klingt. Tatsächlich verstoßen aber viele Führungskräfte gegen diesen Grundsatz – ohne zu merken, dass sie sich damit in eine prekäre Lage manövrieren.

---

5   Luczak, Hania, Neurologie: Wie der Bauch den Kopf bestimmt, in: GEO Magazin Nr. 11/2000.

Ein typischer Fall: Ein Manager aus dem obersten Führungskreis, relativ neu in seiner Position, klagte über die Entscheidungsschwäche seines Vorgesetzten. Im Unternehmen stand eine Umstrukturierung an, und der Manager erhielt den Auftrag, dieses Vorhaben vorzubereiten. Nun hatte er zwei Alternativen ausgearbeitet und fragte mich bei einer Coachingsitzung, wie er denn entscheiden solle. Im weiteren Gespräch wurde schnell klar: Da es sich um eine langfristige strategische Entscheidung handelte, lag die Verantwortung hierfür eindeutig beim Vorstand. Die Antwort auf die Frage des Managers lautete deshalb ebenso eindeutig: Er sollte überhaupt nicht entscheiden! Ohne es zu wissen und zu wollen, hätte er sich beinahe weit über seine Grenzen hinausgewagt.

Die richtige Frage in dieser Situation lautete also nicht »Wie entscheide ich?«, sondern »Wie bringe ich meinen Vorgesetzten dazu, seiner Verantwortung gerecht zu werden und zu entscheiden?« Hier gilt das Prinzip, die Entscheidung in dem Verantwortungsbereich zu belassen, wo sie hingehört – in diesem Fall also beim Vorgesetzten.

Dieser Manager ist kein Einzelfall. Sehr oft wollen Führungskräfte von sich aus eine Verantwortung übernehmen, die sie weder überblicken noch tragen können. Sie treffen Entscheidungen, für die sie nicht zuständig sind, weil sie den Chef entlasten wollen und glauben, ihm damit einen Gefallen zu tun – oder auch nur, weil sie ihre Aufgabe möglichst rasch fortführen möchten und dafür die Entscheidung benötigen. Diese Haltung ist jedoch höchst gefährlich. Spätestens wenn sich eine solche Entscheidung einmal als falsch erweist, kann die Kompetenzüberschreitung gravierende Folgen für Ihre Karriere haben.

Klären Sie deshalb bei jeder wichtigen Entscheidung, in wessen Verantwortungsbereich sie fällt. Es gibt zwei Möglichkeiten:
- Die Verantwortung liegt bei Ihnen – dann entscheiden Sie auch selbst.
- Die Verantwortung liegt bei einer anderen Person – dann suchen Sie nach einem Weg, diese Person zur Entscheidung zu veranlassen (s. Kapitel 12 » Wie Sie mit einem entscheidungsschwachen Vorgesetzten umgehen«).

Das Prinzip »Pack die Verantwortung dahin, wo sie hingehört« gilt nicht nur gegenüber dem Vorgesetzten, sondern auch gegenüber den eigenen Mitarbeitern: Entscheidungen, für die Ihre Mitarbeiter zuständig sind, sollten Sie nicht selbst treffen.

Wie sinnvoll das Prinzip auch in diese Richtung ist, zeigt das Beispiel einer Prokuristin, deren Bereich in neue Räumlichkeiten umziehen sollte. Abläufe, Büroverteilung und Sitzpläne mussten neu festgelegt werden. Ziel war es auch, die Effizienz des Bereiches zu verbessern, notfalls durch Personalabbau. Die Prokuristin hatte nicht den besten Ruf. Sie galt als eine Chefin, die stark kontrollierte und den Mitarbeitern wenig zutraute. Ihrerseits beklagte sich die Prokuristin, dass man sich bei ihr ständig über alles Mögliche beschwere und sie keine Lust mehr habe, für jeden und jedes als Sündenbock herzuhalten. In dieser Situation war klar, dass die Mitarbeiter beim bevorstehenden Umzug des Bereiches die Chefin im Zweifelsfall für alles verantwortlich machen würden, was schiefgehen oder nicht funktionieren würde.

Tatsächlich neigt die Prokuristin dazu, Entscheidungen selbst zu treffen und dabei auch die Verantwortung für Dinge zu übernehmen, die sie ihren Mitarbeitern überlassen könnte. Meine Empfehlung lautete deshalb: »In diesem Fall könnten doch die Mitarbeiter die Verantwortung für das Gelingen des Umzuges übernehmen, oder?«. Meine Klientin beauftragte daraufhin ihr Team, innerhalb von 14 Tagen einen fertigen Plan für die Neuordnung des Bereiches vorzulegen. Die Mitarbeiter diskutierten heftig untereinander, einigten sich dann aber doch. Nach zwei Wochen stand der Plan. Die Prokuristin hatte nicht nur viel Zeit gewonnen, sondern ersparte sich auch eine Menge Ärger. Denn nachdem sie den Plan abgesegnet hatte, gab es keinerlei Beschwerden.

Wie konnte das funktionieren? Sobald sich das Team in der Verantwortung sah, suchte es innerhalb des nun klaren eigenen Verantwortungsbereichs eine Lösung und demonstrierte nach außen Einigkeit. Und vor allem: Da die Verantwortung vollständig bei dem Team lag, gab es nun auch keine »Schuldigen« mehr außerhalb des Systems.

### 14.4.4 Strategie 4: Übernehmen Sie bewusst die Verantwortung

Wenn Sie entscheiden – dann tragen Sie dafür die Verantwortung. Andere mögen bei der Entscheidungsfindung beteiligt sein, die Entscheidung selbst ist aber allein Ihre Sache (sofern sie in Ihren Verantwortungsbereich fällt). Strategie 4 ist damit der umgekehrte Fall zu Strategie 3: Dort ging es darum, die Verantwortung an anderer Stelle im Unternehmen richtig zu positionieren. In Strategie 4 übernehmen Sie hingegen bewusst die Verantwortung für alle Entscheidungen, die in Ihrem eigenen Verantwortungsbereich liegen. Damit vermeiden Sie Unklarheiten, die dazu führen können, dass andere an Ihrer Stelle entscheiden.

In der Realität ist dieses Prinzip alles andere als selbstverständlich. So neigen nach Harmonie strebende Führungskräfte dazu, gemeinsame Entscheidungen herbeizuführen. Sich gemeinschaftlich beraten – das ist selbstverständlich! Aber entscheiden sollte derjenige, der die Verantwortung trägt. Andernfalls entstehen leicht schale Kompromisslösungen, für die sich am Ende dann keiner wirklich verantwortlich fühlt.

In dieser Lage sah sich zum Beispiel der Geschäftsführer eines größeren Unternehmens, der bei wichtigen Entscheidungen einen Ältestenrat berücksichtigen musste. Das Gremium hatte offiziell eine beratende Funktion, forderte aber ständig eine gleichberechtigte Mitsprache bei Entscheidungen ein. Vor allem drei der fünf Mitglieder pochten darauf, bei Entscheidungen mitzubestimmen, ohne jedoch die Konsequenzen und die Verantwortung zu übernehmen. Diese trug allein der Geschäftsführer, der ja von Gesetzes wegen für die Folgen einer unternehmerischen Fehlentscheidung haftet.

Es liegt auf der Hand, dass von einer klaren Entscheidungssituation in diesem Unternehmen nicht die Rede sein konnte. Wenn eine Person für die Folgen haftet und damit eindeutig die Verantwortung trägt, funktioniert es nicht, wenn ein ganzer Personenkreis entscheidet. Dem Geschäftsführer bereitete die Situation zunehmend Sorgen. Einerseits strebte er nach einem guten Verhältnis mit dem Ältestenrat und suchte den Konsens, andererseits wusste er um seine Haftungsrisiken im Falle einer Fehlentscheidung.

Das Beispiel lässt sich auf viele andere Führungssituationen übertragen, sei es in der Geschäftsführung oder auf Teamebene.

Was tun? In einer solchen Situation ist es sinnvoll, ganz bewusst die Verantwortung zu übernehmen. Verbunden ist damit stets auch ein weiteres Prinzip: Wer die Verantwortung übernimmt, hat auch das Recht, frei zu entscheiden. Das heißt: Die drei Begriffe Verantwortung, Entscheidung und Freiheit gehören untrennbar zusammen. Sie lassen sich als Entscheidungsdreieck beschreiben: Wer eine Entscheidung trifft, trägt für diese Entscheidung die Verantwortung – er hat aber auch die Freiheit, diese Entscheidung allein zu treffen sowie Wege und Maßnahmen für Ihre Umsetzung zu bestimmen.

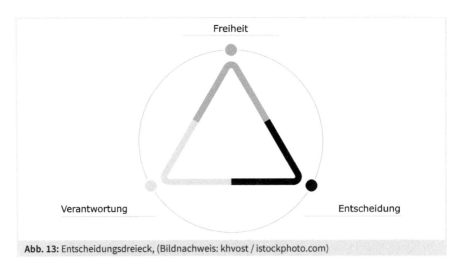

Abb. 13: Entscheidungsdreieck, (Bildnachweis: khvost / istockphoto.com)

Nutzbar ist das Dreieck in zwei Richtungen. Zum einen gibt es Mitarbeiter, die gerne große Entscheidungsfreiheiten für sich reklamieren möchten. Ihnen kann man verdeutlichen, dass sie diese Spielräume gerne haben können, aber nur, wenn sie auch die Verantwortung dafür übernehmen. (Meist überlegen sie sich ihre Forderung nach mehr Freiheit dann noch einmal.) Zum anderen gibt es Führungskräfte, die gerne Entscheidungen im Konsens treffen. Ihnen gibt das Entscheidungsdreieck die Legitimation und das Werkzeug in die Hand, um sich aus dieser Haltung zu lösen und von seinen Mitentscheidern freizuschwimmen.

So geschah es auch bei dem Geschäftsführer, der den Konsens mit seinem Ältestenrat suchte. Ihm war klar, dass er – ob er nun wollte oder nicht – die Hauptverantwortung trug. Da er auf Harmonie bedacht war, wusste er zunächst nicht, wie er mit dem Widerstand des Ältestenrates umgehen sollte. Das Entscheidungsdreieck half ihm, entschlossen gegenüber seinen Ältesten aufzutreten und ihnen zu vermitteln: »Ich trage die Verantwortung, entscheide deshalb auch und bestimme die Umsetzung.« Den Ältesten obliegt damit weiterhin nur die – durchaus wichtige und wertvolle – beratende Funktion.

Oft genügt eine einfache Frage, um aus der diffusen Entscheidungssituation einer harmoniebedürftigen Konsensrunde herauszukommen. Fragen Sie einfach danach, wer eigentlich verantwortlich ist, wenn eine Fehlentscheidung getroffen wird. Wer übernimmt dann den Schaden oder die Haftung? In der Regel wird Ihnen nur ein Name genannt. Damit haben Sie den Hauptverantwortlichen identifiziert. Dieser hat aber auch das Recht – oder die Pflicht – zu entscheiden.

### 14.4.5 Strategie 5: Starten Sie einen aktiven Leerlauf

Aktiver Leerlauf, das bedeutet so viel wie: Aktivität entfalten, ohne etwas Nennenswertes zu bewegen.

Wozu soll das gut sein? In Entscheidungssituationen kann es tatsächlich manchmal sehr nützlich sein, erst einmal nichts Ergebnisbeeinflussendes zu tun. Zur Veranschaulichung lohnt es sich, sich den ersten Hauptsatz der Thermodynamik ins Gedächtnis zu rufen.

Sie erinnern sich? In einem abgeschlossenen System bleibt die Gesamtenergie erhalten. Zwar kann man Energie von einer Form in eine andere überführen, die Gesamtsumme ändert sich dadurch jedoch nicht. Es mag überraschen: Aber mit eben diesem ersten Hauptsatz der Thermodynamik lässt sich für erfolgreiches Management eine ganze Menge anfangen.

**Abb. 14:** Hauptsatz der Thermodynamik/Energieerhaltungssatz

Denn dieses Gesetz lässt sich auf Unternehmen und Bereiche übertragen, und zwar nicht nur mit Blick auf den Erhalt von der Energie. Hier gilt zum Beispiel auch:
- Die Summe der *Verantwortung* in einem System bleibt gleich.
- Die Summe des *Engagements* in einem System bleibt gleich.
- Die Summe des *Vertrauens* in einem System bleibt gleich.
- Die Summe der *Lösungen* in einem System bleibt gleich.
- Die Summe der *Entscheidungen* in einem System bleibt gleich.
- ….

Mit »System« sind nicht die im Organigramm abgegrenzten Organisationseinheiten gemeint, vielmehr gehören einem System alle Personen an, die sich diesem System zugehörig fühlen. Dies ist ganz entscheidend, denn ein System bilden nur jene, die sich mit dem betreffenden Bereich, Thema oder Projekt auch identifizieren, sich wirklich dazugehörig fühlen. Nur mit diesen Leistungsträgern sind tatsächlich Erfolge zu erzielen. Alle anderen sind eher Abarbeiter, vielleicht sogar Bremser oder schlimmer noch »faule Äpfel«, die aus dem Team entfernt werden sollten – so wie man faule Äpfel sofort aus der Kiste aussortiert, damit sie nicht die gesunden Äpfel infizieren.

In Bezug auf schwierige Führungssituationen kann dieser Rückgriff auf die Thermodynamik sehr hilfreich sein. Ein Beispiel: Eine Führungskraft, sehr engagiert, ist es gewohnt, viele Entscheidungen zu treffen und dafür auch die Verantwortung zu übernehmen. Sie hat jedoch das Gefühl, dass die eigenen Mitarbeiter nicht wirklich mitziehen. Sie weiß nicht, welche Mitarbeiter voll dabei sind, wer mit seinen Gedanken bereits die Stelle gewechselt hat, welche Mitarbeiter loyal sind und welche nicht. Was kann diese Führungskraft also tun?

Ich riet ihr zum »aktiven Leerlauf«, also abzuschalten und das System ein paar Wochen sich selbst zu überlassen – nach dem Motto: Wirbeln Sie Staub auf, tun Sie viel, aber bewegen Sie nichts Wesentliches. Halten Sie sich zurück bei allen Angelegenheiten, bei denen es um die Übernahme von Verantwortung geht. Der Führungskraft fiel dieser Leerlauf zugegebenermaßen nicht leicht, doch das Prinzip zeigte Wirkung.

Wenn nun tatsächlich die Summe der Verantwortung in einem System immer gleich bleibt, was wird logischerweise passieren? Da die Führungskraft vorher 90 Prozent der Verantwortung trug, blieben für die Mitarbeiter nur noch zehn Prozent übrig. Kein Wunder, dass sie inaktiv waren. Doch wenn sich die Führungskraft zurücknimmt und vielleicht nur noch zehn Prozent der Verantwortung trägt, bleiben die anderen 90 Prozent für die Mitarbeiter übrig. Automatisch werden jene Mitarbeiter, die sich zum System zugehörig fühlen, aktiv und übernehmen Verantwortung. Sie fangen an, sich um die notwendigen Aufgaben und Entscheidungen zu kümmern.

Deutlich wird jetzt, welche Mitarbeiter wirklich an einem Strang ziehen. Für die Führungskraft war es höchst informativ, zu beobachten, wer sich tatsächlich engagierte. Man könnte es auch so formulieren: Wie aus heiterem Himmel sprießen mit einem Male kleine Pflänzchen, wo vorher nur Samen in der Erde waren. An anderer Stelle, wo der Beobachter eigentlich eine wunderschöne Pflanze erwartet hätte, tut sich dagegen möglicherweise gar nichts. Zu wissen, auf welche »Pflanzen« Sie zählen können, kann in einer schwierigen Entscheidungssituation sehr wichtig sein.

Der aktive Leerlauf, so zeigt dieses Beispiel, bringt Klarheit in Absichten, Meinungen, Allianzen und Beziehungsgefüge. Manchmal ist es besser, nicht auch noch »in der Suppe herumzurühren«, sondern seine Finger eine Zeit lang bewusst aus der Gemengelage herauszuhalten und genau zu beobachten, was passiert.

### 14.4.6 Strategie 6: Stellen Sie das höchste Ziel sicher

Um eine Entscheidung umzusetzen, benötigen Sie die richtige Unterstützung. Alleine schaffen Sie es in der Regel nicht. Doch wie stellen Sie sicher, dass Sie Ihr »höchstes Ziel« am Ende tatsächlich erreichen, dass also die Umsetzung einigermaßen reibungslos funktioniert? Es liegt auf der Hand: Noch bevor Sie eine Entscheidung treffen, sollten Sie dafür sorgen, dass diese genügend Rückendeckung findet und auch die erforderlichen Ressourcen zur Verfügung stehen.

Das bedeutet vor allem: Sie müssen wissen, auf wen Sie zählen können. Überlegen Sie genau, welche Mitstreiter Sie für die spätere Umsetzung benötigen. Und prüfen Sie dann, ob diese Leute hinter Ihnen stehen und wen sie mit ins Boot holen können. Eine Möglichkeit, um das festzustellen, haben Sie bereits kennengelernt: den aktiven

Leerlauf. Das heißt, Sie tun ganz bewusst nichts mit hoher Ergebniskraft und provozieren dadurch, dass die Beteiligten ihre Haltung zu erkennen geben (siehe Strategie 5).

In vielen schwierigen Entscheidungssituationen fehlt jedoch die Zeit, einige Wochen lang auf aktiven Leerlauf zu schalten. In solchen Fällen hat sich eine andere Vorgehensweise bewährt: Erstellen Sie ein Konzept, das die wesentlichen Anforderungen enthält, die für die Umsetzung der Entscheidung notwendig sind. Legen Sie dieses Konzept dann den relevanten Mitspielern vor – und beobachten Sie genau, wie diese darauf reagieren. So erhalten Sie ein sicheres Gespür dafür, wer Sie wirklich unterstützt.

Ein Beispiel verdeutlicht das Prinzip: Einer meiner Klienten, der Abteilungsleiter eines größeren Versorgungsunternehmens, verfolgt derzeit eben diese Strategie. Der Konzern hat ein Forschungsprojekt aufgelegt, das aus fünf Teilprojekten besteht, die mehr oder weniger unkoordiniert nebeneinander herlaufen. Das Gesamtprojekt hat für das Unternehmen große Bedeutung, die Zukunft eines ganzen Unternehmensbereichs hängt davon ab.

Eines der Teilprojekte hat der Abteilungsleiter übernommen und es auch sehr erfolgreich vorangebracht. Die übrigen vier Teilprojekte hingegen stecken fest, sodass nun auch das Gesamtprojekt zu scheitern droht. In dieser Situation erhält der Abteilungsleiter das Angebot, für die nächsten sechs Jahre die Gesamtprojektleitung für alle fünf Teilprojekte zu übernehmen. Dem Angesprochenen ist klar, dass er »der Retter in der Not ist«. Er fühlt sich von dem Angebot geschmeichelt und neigt dazu, sich für den Job zu entscheiden.

»Wissen Sie, worauf Sie sich da einlassen?«, fragte ich den Abteilungsleiter, als er mir die Geschichte erzählte. »Der Vorstand sieht Sie als letzte Rettung. Aber wer steht wirklich hinter Ihnen?« Welche Haltung würden zum Beispiel die vier Projektleiter einnehmen, deren Teilprojekte er mit übernehmen sollte? Würden sie ihn unterstützen? Und was dachten die obersten Führungsebenen? Ich machte meinem Klienten klar, dass je nach Führungsetage andere Spielregeln gelten: Im oberen Management, dem er angehört, zählen Inhalte und Leistung, in den Etagen darüber geht es dagegen vorrangig um Politik – zum Beispiel um die Frage, wer das Bauernopfer ist, wenn ein wichtiges Vorhaben scheitert.

Andererseits ist auch unbestritten: Wenn es überhaupt eine Chance gibt, das Projekt zu retten, dann nur mit ihm. Egal aus welcher Perspektive wir es betrachten: Es gilt, Klarheit über die Entscheidungssituation zu gewinnen.

Wir begannen mit Strategie 1, der Frage nach dem höchsten Ziel. Das Ergebnis war eindeutig: Der Abteilungsleiter will den Job übernehmen. Er hat Lust darauf, sieht das

Angebot als einmalige Herausforderung. Zudem fühlt er sich moralisch verantwortlich, weil er sich tatsächlich für den Einzigen im Unternehmen hält, der das Projekt jetzt noch herumreißen kann. Was aber, wenn die Vorgesetzten das Ziel weniger hoch hängen? Dann kann es leicht passieren, dass selbst bei bestem Willen das Projekt nicht vorankommt – denn viele Entscheidungen, die diese Vorhaben betreffen, müssen auf den obersten Ebenen getroffen werden.

Der »nützliche Idiot« will mein Klient natürlich nicht sein. Also möchte er jetzt herausfinden, wie der Vorgesetzte, der Vorstand und weitere wichtige Mitspieler zu dem Projekt stehen. Kann er sich auf sie verlassen, sehen sie die Bedeutung des Projektes genauso wie er? Hat das Projekt tatsächlich höchste Priorität? Erhält es die nötige Unterstützung – personell, finanziell und politisch? Um das in Erfahrung zu bringen, überlegte der Abteilungsleiter, was er für die Umsetzung des Projektes konkret benötigen würde. Er hielt fest, welche Ressourcen und welchen Mitarbeiterstab er für erforderlich hält, ebenso skizzierte er die Projektstrukturen, die ihm großen Entscheidungsfreiraum und den direkten Zugang zum Vorstand zusichern sollen. Im nächsten Schritt vereinbarte er mit den relevanten Entscheidungsträgern Termine, um ihnen seine Vorstellungen darzulegen …

Ich bin gespannt, wie der Fall ausgeht. Es gibt jetzt zwei Möglichkeiten: Die wichtigsten Entscheider stehen hinter dem Projekt, mein Klient erhält also die erforderliche Rückendeckung. Dann wird er den Job übernehmen. Oder sie flüchten sich in unverbindliche Floskeln – dann wird er ablehnen.

Werfen wir einen Blick auf diese beiden Szenarien.

Szenario eins: Der Abteilungsleiter wird mit seinem Vorgesetzten und weiteren Verantwortlichen Gespräche führen und die Anforderungen durchgehen. Von vielleicht fünf Beteiligten wird er möglicherweise drei finden, die eindeutig auf seiner Seite stehen und die Sache genauso sehen wie er. Bei einem Gesprächspartner wird er feststellen, dass dieser nur vordergründig an dem Erfolg des Projektes interessiert ist, in Wirklichkeit aber offensichtlich andere Interessen verfolgt, während der fünfte Gesprächspartner ambivalent dazwischensteht.

Damit weiß er, dass das Projekt insgesamt getragen wird. Zwar stehen nicht alle Verantwortlichen auf seiner Seite, aber mit drei von ihnen kann er fest rechnen. Zudem kennt er jetzt seinen »Gegner«, der dem Projekt gegenüber kritisch eingestellt ist und mit dessen Motiven und Interessen er sich nun befassen kann. Vor allem aber: Für seine wichtigsten Forderungen hat er verbindliche Zusagen erhalten. So kann er jetzt eine Strategie entwickeln, wie sich das Projekt zusammen mit seinen drei Verbündeten stemmen lässt. Gemeinsam mit ihnen wird er aber auch verschiedene Worst-Case-Szenarien durchspielen, um auf schwierige Projektphasen vorbereitet zu sein.

Szenario zwei:. Der Vorgesetzte lässt sich auf die Forderungen nicht ein. Vielleicht sagt er im Gespräch: »Natürlich, Sie können sich darauf verlassen«, gibt dann aber keine schriftlichen Zusagen. Oder er macht viele Zusagen bei Nebensachen, weicht aber den wirklich wichtigen Punkten aus. Wenn es darauf ankommt, findet er viele Worte, denen keine Taten folgen. In diesem Fall würde ich meinem Klienten raten, die Finger von dem Projekt zu lassen.

Dieses Nein zur Übernahme der Gesamt-Projektleitung hätte dann nichts mit Versagen oder Ducken zu tun. Im Gegenteil: Der Abteilungsleiter hat sich gründlich mit der Situation befasst und kommt zu dem Schluss, dass die Voraussetzungen nicht erfüllt sind, um das Projekt erfolgreich umzusetzen. Die Ablehnung ist jetzt wohl begründet. Angenommen, Sie möchten ein Haus bauen, sind von dieser Idee auch absolut überzeugt. Wenn Sie dann aber feststellten, dass das Grundstück auf Treibsand steht, ist es eine weise und selbstbewusste Entscheidung zu sagen: »Hier baue ich nicht.«

**Digitales Extra: Schwierige Entscheidungen treffen**
Entscheidungsfindungsprozess in fünf Schritten – sechs Strategien für schwierige Entscheidungen
https://www.galileo-institut.de/buch-downloads

## 14.5 Zusammenfassung

Schwierige Entscheidungssituationen haben eines gemeinsam: Sie erfordern Klarheit über das Ziel und die Situation.

Es gibt unterschiedliche Strategien, um diese Klarheit zu bekommen und die richtige Entscheidung zu treffen. Oft hilft die Frage, was in der aktuellen Situation das höchste Ziel ist (Strategie 1). Häufig ist es auch erforderlich, ein ungutes Gefühl auf eine rationale Ebene zu heben, um auf diese Weise Bauch und Kopf auf eine Linie zu bringen (Strategie 2). In vielen Fällen liegt die vernünftigste Lösung darin, die Verantwortung dorthin zu packen, wo sie hingehört (Strategie 3) – oder auch ganz bewusst selbst die Verantwortung zu übernehmen (Strategie 4). Damit die Umsetzung gelingt, kann es manchmal auch sinnvoll sein, in den aktiven Leerlauf zu schalten (Strategie 5); auf jeden Fall empfiehlt es sich, das Ziel der Entscheidung abzusichern, indem man sich rechtzeitig der erforderlichen Unterstützung vergewissert (Strategie 6).

Hinter den Strategien steht ein klar definierter Entscheidungsprozess, der sich an der Natur orientiert. Das Grundprinzip wird am Beispiel des Blutgerinnungssystems deutlich: Im Falle einer Verletzung fragt das System sofort: Was ist JETZT das höchste Ziel?

Daran ausgerichtet fällt die Entscheidung: Das höchste Ziel ist »Überleben!«. Nun läuft ein bestimmter Mechanismus ab, um dieses Ziel zu erreichen.

Achten Sie vor allem darauf, im Einklang mit Ihrer inneren Überzeugung zu entscheiden. Dann werden Ihnen nicht nur gute Lösungen einfallen, sondern auch Ihr Auftreten und Ihr Standing werden viel überzeugender sein. Eine Kopfentscheidung ohne Abstimmung mit dem »Bauchgehirn« ist wie ein abgeschnittener Grashalm, den der Wind davonträgt. Nur zusammen mit seiner Wurzel, die ihn mit lebensnotwendigen Stoffen versorgt, bildet er eine funktionierende Einheit.

**Digitales Extra**
In der Folge 3 des kostenlosen Audio-Coachings hören Sie die Idee, wie Sie selbst schwierige und komplexe Entscheidungen schnell und leicht treffen können. Laden Sie sich die ganze neunteilige Serie »**Moderne Führung an der Unternehmensspitze**« herunter:
https://www.galileo-institut.de/audiocoaching-unternehmenslenker/

# 15 Knüpfen Sie Beziehungen!

»Ich bin doch nicht so eine Networkerin«, meint etwas despektierlich eine Abteilungsleiterin in einem Chemiekonzern, »ich halte mich aus politischen Spielchen komplett heraus.« Diese Einstellung höre ich öfter, vor allem bei Führungskräften im mittleren Management. Sie halten wenig von den »Selbstdarstellern, die immer nur herumlaufen und erzählen, wie toll sie sind« oder von den »Faulen, die gut vernetzt sind, aber keine Leistung bringen«. Stattdessen sind sie davon überzeugt, dass gute Leistung von selbst auffällt. Sie handeln nach dem Motto: Wer gut ist, muss nicht über sich reden – der wird entdeckt.

Schön wär's. Leider sieht die betriebliche Realität meist ganz anders aus. Die stillen Guten fallen oft durch den Rost; bei Beförderungen bleiben sie unberücksichtigt, weil niemand von ihnen weiß. Genau wie auch die zitierte Abteilungsleiterin, die das Netzwerken ablehnte: Sie galt als hervorragende Spezialistin – aber eben nur bei denen, die direkt mit ihr zu tun hatten. Für alle anderen war sie ein unbeschriebenes Blatt. »Ich arbeite gerne, bin selbstständig, ehrgeizig, führe gerne Mitarbeiter«, meinte sie über sich selbst. »Ich möchte weiterkommen, schaffe den Sprung aber nicht.«

Nun sollte der Coach helfen. Und so sehr sie zunächst protestierte: Die Lösung lag darin, die richtigen Menschen kennenzulernen – also gezielt ein Netzwerk aufzubauen.

Wer sich allein auf gute inhaltliche Arbeit verlässt, kommt in der Regel nicht weit. Wenn sie wirklich gut sein wollen, sind Führungskräfte sehr bald auch auf die Fähigkeiten und Kompetenzen von Kollegen aus anderen Bereichen angewiesen. Sie müssen wissen, wer bei der einen oder anderen Frage Auskunft geben, wer bei einem akuten Problem helfen könnte. Schon hier fängt das Netzwerken an!

Je weiter oben in der Hierarchie, umso entscheidender sind die Beziehungen. »Wir haben in unserem Unternehmen viele gute Mitarbeiter, die wir zum Teil auch über High-Potential-Programme fördern«, berichtet eine erfahrene Bereichsleiterin eines internationalen Konzerns. »Mit diesem Wissen gelangen sie aber höchstes bis zur dritten Führungsebene. Wer dann nicht gut vernetzt ist, wird kaum weiter aufsteigen.« Während es somit im mittleren Management darauf ankommt, ein strategisches Netzwerk aufzubauen, erreicht die Beziehungspflege im Topmanagement schließlich ihre Höchstform: Hier kommt dann die »Community«, ein Netzwerk von Gleichgesinnten, hinzu.

Wie Sie auf effektive Weise ein Netzwerk aufbauen und welche Gefahren damit verbunden sind, erfahren Sie in diesem Kapitel.

# 15 Knüpfen Sie Beziehungen!

## 15.1 Bauen Sie ein strategisches Netzwerk auf

Aufbau und Pflege von Beziehungen kosten viel Zeit. Networking sollte sich daher auf wichtige Kontakte konzentrieren. Anstatt wahllos Visitenkarten zu sammeln, kommt es darauf an, mit Blick auf ein klares Ziel ein strategisches Netzwerk aufzubauen. Die Vorgehensweise lässt sich in drei wesentlichen Schritten zusammenfassen:

**Schritt 1:** Ziel festlegen und Zielgruppe definieren.

Die erste Frage sollte lauten: »Was habe ich vor?« Legen Sie ein klares Ziel fest – und überlegen Sie dann, welche Kontakte wichtig sind, um dieses Ziel zu erreichen. Wenn Sie zum Beispiel eine neue Position anstreben, benötigen Sie Kontakte in den Bereich oder in die Hierarchieebene, in den sie wechseln wollen. Das können Ihre zukünftigen Chefs, Kollegen oder Kunden sein. Nicht zuletzt geht es auch darum, dass Ihre künftige Zielgruppen Sie kennenlernt.

**Schritt 2:** Überblick über das bestehende Netzwerk gewinnen. Machen Sie eine Bestandsaufnahme. Über welche Kontakte verfügen Sie? Wie sieht Ihr aktuelles Netzwerk aus? Häufig erlebe ich, dass dieser Schritt sehr aufschlussreich ist: Das bestehende Netzwerk erweist sich als wenig ausgeglichen. Bezogen auf die aktuelle Tätigkeit bestehen viele und gute Kontakte, mit Blick auf die angestrebten Ziele hat das Netzwerk dagegen »weiße Flecken«.

**Schritt 3:** Das Netzwerk gezielt ergänzen. Die naheliegende Frage lautet natürlich, ob Sie vorhandene Kontakte für Ihr Ziel nutzen können. Wenn ja, liegt hier der Ansatzpunkt, um Zugang zu Ihrer Zielgruppe zu finden. Überlegen Sie also, ob und wie Sie bestehende Beziehungen für Ihr Ziel nutzen können. Welche brachliegenden Kontakte sollten aufgefrischt oder intensiviert werden? Welche Personen, die Sie weniger mögen, sollten Sie dennoch kontaktieren? Wenn jemand für Ihr Vorhaben wichtig ist und Sie ihm etwas bieten können, kann eine Kooperation durchaus sinnvoll sein – Sie müssen ihn dafür ja nicht lieben.

Oft führt der indirekte Weg, das »Über-die-Bande-Spielen«, zum Erfolg. Wenn Sie aus Ihrer Zielgruppe noch niemanden direkt kennen – vielleicht gibt es ja unter Ihren Kontakten jemanden, der diese Zielgruppe kennt? Falls nein: Kennen Sie jemanden über den Sie jemanden kennenlernen könnten, der die Zielgruppe kennt? Verabreden Sie sich mit ihm, vielleicht gehen Sie mit ihm Essen, zum Beispiel mittags in der Firmenkantine oder beim Italiener in der Nähe.

Holen Sie sich vor dem Treffen einige Informationen über den Anderen ein. Was denkt er über Sie? Welchen Ruf hat er im Unternehmen? Einem meiner Klienten ist Folgendes passiert: Um einen Karriereschritt vorzubereiten, wollte er Kontakte in die nächsthöhere Hierarchieebene knüpfen. Er traf sich mit einer Führungskraft, die er vor Jahren einmal kennengelernt hatte – und wunderte sich, wie überschwänglich diese sich für ihn interessierte. Es war einfach zu viel des Guten! Wie er dann herausfand, stand dieser Kontaktpartner im Unternehmen auf der »Abschussliste« – und griff verzweifelt nach jedem Strohhalm. Beinahe hätte mein Klient – der ja erst anfing, sein strategisches Netzwerk aufzubauen – gleich zu Beginn einen »Imageschaden« erlitten, indem er sich mit dieser in Ungnade gefallenen Führungskraft verbrüderte.

Um kein Missverständnis entstehen zu lassen: Ich plädiere nicht dafür, dass Sie Ihren Bekanntenkreis künftig allein auf die »Winner« beschränken. Doch beim Aufbau eines strategischen Netzwerks sollte man sich doch besser an Persönlichkeiten halten, die im Unternehmen ein gutes Standing haben.

Wenn Sie nun Termine vereinbaren und Gespräche führen, gilt das eherne Gesetz des Networkings: *Eine Beziehung besteht aus Geben und Nehmen, sie muss für beide Seiten einen Nutzen haben.* Überlegen Sie deshalb immer, was Sie ihrem Gegenüber geben können, damit er im Gegenzug eventuell gibt, was Ihnen wichtig ist. Meine Kollegin Anja Förster, von Förster & Kreuz, hat es so formuliert: »Die eigennützige Haltung ist zuerst darauf ausgerichtet, das eigene Ziel zu erreichen, zu gewinnen, einen Vorteil zu bekommen. Im Gegensatz dazu, fragt die einem gemeinsamen Ziel dienende Haltung zuerst: Was kann ich geben? Erst dann kommt der zweite Teil: Wie kann ich mein eigenes Ziel erreichen?« (Mai 2020, LinkedIn).

Läuft das erste Treffen gut, kann schnell eines das andere ergeben. Zum Beispiel lädt Ihr Gesprächspartner Sie dann zu einer Veranstaltung ein. Bereiten Sie sich hierauf gut vor. Versuchen Sie herauszubekommen, worum es geht und wer kommen wird. Und vor allem: Machen Sie sich bewusst, warum Sie hingehen. Klar, Sie möchten neue Menschen kennenlernen, zunächst auf der menschlichen Ebene. Gleichzeitig verfolgen Sie aber ein strategisches Ziel, suchen zum Beispiel nach Kontakten, die Ihnen helfen, in eine neue Position zu kommen. Man soll Sie also nicht nur kennenlernen, sondern auch ein bestimmtes Bild von Ihnen erhalten. Vielleicht möchten Sie, dass man Sie als Experte für ein bestimmtes Thema sieht.

Überlegen Sie deshalb genau, welches Bild Sie von sich selbst vermitteln möchten. Was soll man von Ihnen wissen? Wie soll Ihr Image sein? Entwickeln Sie eine Art Markenprofil von sich selbst, dessen Kern Sie idealerweise in einem Satz formulieren – etwa in der Art: »Ich bin Expertin für Projektmanagement in internationalen Projekten.« Oder: »Ich bin der Troubleshooter in komplizierten IT-Projekten«. Natürlich muss dieses Bild auch tatsächlich mit Ihrer Persönlichkeit übereinstimmen, sonst wirken Sie schnell unglaubwürdig.

Wenn es dann so weit ist, »kleben« Sie nicht zu sehr an Ihrem Gastgeber. Je eigenständiger Sie sich verhalten, umso lieber und leichter wird er Sie anderen Gästen vorstellen. Blättern Sie auch nicht alleine an einem Stehtisch gelangweilt in einer Zeitschrift, lesen Sie nicht einen scheinbar wichtigen Artikel – denn so verpassen Sie garantiert Ihre Kontaktchancen. Fragen Sie stattdessen eine Gruppe, ob Sie sich dazustellen dürfen.

## 15.2 Netzwerken auf Topebene: Die Community

Während im mittleren Management der Aufbau eines strategischen Netzwerks im Mittelpunkt steht, kommt dann im Topmanagement die »Community« hinzu. Gemeint ist damit eine Gemeinschaft von Gleichgesinnten, zu denen Vorstände und Aufsichtsräte des eigenen Unternehmens, aber auch Partner und Freunde aus anderen Kontexten zählen.

Nun sind, wie in Kapitel 13 ausgeführt, die Beziehungen auf den Topebenen alles andere als einfach. Politisches Taktieren, doppelbödige Kommunikation und gegenseitiges Misstrauen zählen hier in vielen Unternehmen nach wie vor zum Alltag. Wie kann es da gelingen, eine freundschaftliche Community aufzubauen? Die Antwort kann uns ein Tier geben, das es perfekt versteht, aus Misstrauen stufenweise Vertrauen zu entwickeln: der Kolkrabe.

Abb. 15: Kolkrabe (Bildnachweis: Supercaliphotolistic / istockphoto.com)

Der Kolkrabe ist ein sehr misstrauisches Tier. Schließlich klaut er auch selbst gerne, wenn es ihm gerade einfällt. Zudem neigt er dazu, die Dinge alleine zu machen. Erst wenn er feststellt, dass er für eine Aufgabe Unterstützung braucht, sucht er die Kooperation. Bevor er sich jedoch auf einen anderen Raben einlässt, respektiert er dessen Misstrauen und testet sein Gegenüber. Zum Beispiel vergräbt er vor dessen Augen etwas Futter, um dann aus einem Versteck heraus zu beobachten, was der Andere tut. Buddelt dieser das Futter wieder aus, um es zu stehlen? Der Rabe orientiert sich an Taten, nicht an Worten. Er lässt sich Zeit, fängt in kleinen Schritten an – nach dem Prinzip: Wirf ein Bröckchen hin und stelle fest, wie der andere reagiert. Durch Geben und Nehmen, durch ein ständiges Hin und Her bauen die beiden Vögel ein stabiles Vertrauensverhältnis auf. So entwickelt sich aus anfänglichem Misstrauen zwischen den beiden Raben eine stabile Beziehung, die über Jahre halten kann.

Nehmen Sie sich den Kolkrabe zum Beispiel. Lassen Sie sich Zeit, wählen Sie eine Strategie der kleinen Schritte – nach dem Prinzip: ein Bisschen geben und dann erst einmal die Gegenreaktion abwarten. Liegt die Zusammenarbeit im Interesse beider, entsteht aus vielen kleinen Schritten mit der Zeit ein festes Fundament. Beide wissen, dass sie sich aufeinander verlassen können. Konkret heißt das dann zum Beispiel: Nehmen Sie Einladungen an, laden Sie selbst ein. Das sind dann keine entspannte Cocktail-Events oder lockere Plauschrunden, sondern gezielte Aktionen, um Schritt für Schritt Ihre Community aufzubauen.

## 15.3  Gefahren des Netzwerkens: Vorsicht Falle!

Netzwerken ist keineswegs eine harmlose Disziplin. Damit meine ich nicht, dass man bei der Kontaktsuche immer wieder aufs falsche Pferd setzt und eine Menge Zeit investiert, ohne dass etwas dabei herauskommt. Das wird hin und wieder passieren, es gehört zum Spiel. Ich meine damit ernsthafte Risiken, die oft unterschätzt werden – und mit denen ich in meiner Coachingpraxis immer wieder konfrontiert werde.

Es handelt sich vor allem um drei Fallen, in die Führungskräfte manchmal ahnungslos hineingeraten – und sie zu echten Verlierern des Networkings machen können:
- *Falle 1:* Sie werden Opfer einer parasitären Beziehung. Nicht ein gleichgewichtiges Geben und Nehmen bestimmt das Verhältnis; stattdessen spielt das Gegenüber seinen Einfluss gegen Sie aus.
- *Falle 2:* Sie betreiben ein nach innen gerichtetes »Wohlfühlnetzwerk« und versäumen es, strategisch wichtige Kontakte nach außen aufzubauen.
- *Falle 3:* Sie übersehen, dass die Kontakte Ihrer Funktion, nicht jedoch Ihrer Person gelten.

### 15.3.1 Falle 1: Sie werden Opfer einer parasitären Beziehung

Es klingt so schön: Ein Netzwerk ist ein Geflecht aus Beziehungen, das von einem ausgewogenen Geben und Nehmen bestimmt wird, bei dem alle Partner gleichermaßen profitieren. Tatsächlich sind in der Realität viele Beziehungen eher parasitär als ausgewogen.

Parasiten – das sind Schmarotzer, die sich in einem anderen Organismus, dem sogenannten Wirt, festsetzen und sich von diesem nähren. Ein Beispiel ist die Mistel, die sich auf Ästen festsetzt und hier auf Kosten des Baumes wächst und gedeiht. Mit ihren Wurzeln dringt sie in die Baumrinde ein und arbeitet sich bis zu den Leitungsbahnen des Astes vor. Hier zapft sie die Wasser- und Mineralstoffleitung an und nimmt die erforderlichen Nährstoffe auf, an die eine Pflanze im Regelfall über ihre Wurzeln aus dem Boden gelangt.

Parasitär heißt also: Einer nährt sich auf Kosten des anderen.

Genau so kann auch eine Beziehung sein. Meist fängt es harmlos an. Ein hierarchisch höher stehender Manager fordert dazu auf, doch Mitglied in einem Verband zu werden und lässt dabei durchblicken: »Da kann ich etwas für Sie tun.« Dass der Mitgliedsbeitrag 7.000 Euro kostet, nimmt man stillschweigend in Kauf. Einige Wochen später bittet der Manager wieder um eine Gefälligkeit, stellt wiederum vage eine Gegenleistung in Aussicht. Doch es passiert nichts, die Beziehung bleibt unausgeglichen. Nicht ein Gleichgewicht aus Geben und Nehmen hält die Beziehung zusammen, sondern Macht oder Manipulation. Sicher, auch hier gilt: Wenn einer spielt, gibt es einen anderen, der mitspielt. Das Problem liegt jedoch darin, dass der »Täter« bewusst eine Abhängigkeit aufbaut, um sein »Opfer« auszunutzen.

Parasitäre Beziehungen sind im Unternehmensalltag gar nicht so selten und bedeuten gerade für die guten, auf Vertrauen und Offenheit setzenden Leistungsträger eine reale Gefahr. Das gilt besonders für die obersten Unternehmensebenen, in denen der Erfolg nach wie vor zu einem großen Teil von Beziehungen und Einfluss abhängt (siehe Kapitel 13).

Wie können Sie diesem Phänomen begegnen? Nach meiner Überzeugung sind zwei Konsequenzen wichtig:
- Achten Sie bei Ihren Kontakten auf ein faires Geben und Nehmen, um nicht selbst parasitär zu handeln. Fragen Sie Ihr Gegenüber ruhig auch einmal ganz offen: »Im Gegenzug, was kann ich für Sie tun?« Prüfen Sie, ob an dem Kontakt ein gegenseitiges Interesse besteht. Ist das nicht der Fall, fehlt das Fundament für eine ausgeglichene Beziehung – und dann ist es besser, auf den Kontakt zu verzichten.

- Achten Sie darauf, nicht Opfer einer parasitären Beziehung zu werden. Wenn Sie das Gefühl haben, dass der Andere Sie ausnutzt, sollten Sie nüchtern prüfen, ob Geben und Nehmen in einem ausgewogenen Verhältnis zueinander stehen. Wenn nicht, sollten Sie die Beziehung abbrechen.

Das Idealziel des Netzwerkers ist die Symbiose – ein Geben und Nehmen, von denen beide Partner gleichermaßen profitieren. Denken wir an die Symbiose in der Natur: Da leben zwei Arten zusammen, weil sie in Gemeinschaft mehr voneinander haben, als wenn sie alleine wären. Ein Beispiel dafür ist das Nilpferd, das mit einer bestimmten Vogelart – mit Madenhackern – eine enge Beziehung eingegangen ist: Die Vögel setzen sich auf den riesigen Rücken des Nilpferds und picken die Schädlinge aus der Haut. Beide ziehen ihren Vorteil aus der Symbiose: Der eine Partner entledigt sich seines Ungeziefers, der andere sichert sich eine zuverlässige Nahrungsquelle.

### 15.3.2 Falle 2: Sie betreiben ein »Wohlfühlnetzwerk«

Der zweite Geschäftsführer einer Servicetochter in einem großen internationalen Konzern ist ein eher ruhiger, introvertierter Typ – nennen wir ihn Dr. Still. Er leistet in seiner Position hervorragende Arbeit, fühlt sich jedoch zunehmend unterfordert. Zudem spricht Einiges dafür, dass der Konzern in seiner Tochter auf die zweite Geschäftsführerposition in absehbarer Zeit verzichten könnte.

So kommt es, dass Dr. Still sich innerhalb des Konzerns verändern möchte – und dies auch bei einem Coachingtermin thematisiert. Ich frage ihn nach seinen Kontakten. Er sei gut vernetzt, immerhin sei er seit 19 Jahren im Unternehmen und kenne viele Leute, antwortet er – und fängt an, seine Kollegen und Mitarbeiter aufzuzählen, mit denen er sich nicht nur in der Firma, sondern teilweise auch privat trifft. Das klingt auf den ersten Blick gut, doch bei näherem Hinsehen hat die Liste einen Schönheitsfehler: Die Kontakte sind alle nach innen gerichtet.

Das heißt, dass Dr. Still zu den Mitarbeitern seines Teams enge persönliche Beziehungen unterhält und ihm auch vom Kollegenkreis Vertrauen und Unterstützung entgegengebracht werden. »Ich kann mit einem Problem zu meinen Leuten gehen und weiß, dass es unter uns bleibt«, berichtet er stolz. Ohne Zweifel hat ein solches introvertiertes Netzwerk einen hohen Wert. Es bietet nicht nur einen Schutzraum, sondern schafft auch eine vertrauensvolle Atmosphäre, die nicht zuletzt der Leistung zugutekommt. Tatsächlich gelingt es dem Team von Dr. Still, auf seinem Gebiet regelmäßig echte Durchbrüche zu vollbringen.

Doch schon hier zeigt sich das Manko einer fehlenden Vernetzung nach außen: Beruflich konnte Dr. Still aus diesen Erfolgen kaum Kapital schlagen. »Andere Teamleiter haben unsere Konzepte mit Erfolg als ihre Ideen verkauft«, berichtet er. Hinzu kommt: Dr. Still wird im Konzern als Geschäftsführer nicht wirklich wahrgenommen, obwohl er es ist, der für das Tochterunternehmen die wesentlichen Ergebnisse bringt. Die Erfolgsmeldungen gehen nicht auf seinem, sondern auf dem Konto des ersten Geschäftsführers ein.

Bei Dr. Still handelt es sich um einen typischen *introvertierten Netzwerker*, der sich auf die Pflege seiner »Hausmacht« konzentriert. Das gibt ihm Sicherheit; er baut sich eine Welt, in der er sich wohlfühlt und auch Hervorragendes leistet. Die Dynamik des introvertierten Netzwerks liegt jedoch darin, dass es seine Mitglieder absorbiert und sich nach außen hin abschottet. Die externen Kontakte, die für eine berufliche Weiterentwicklung oder eine Positionierung im weiteren Umfeld wichtig sind, fehlen immer mehr. Das vergleichsweise unbequeme extrovertierte Networking bleibt dann zugunsten eines Wohlfühlnetzwerkes auf der Strecke.

Diese Analyse überzeugt meinen Klienten. In seinem bestehenden Netzwerk sei er »wie in einer Falle eingesperrt«, erkennt er selbst. »Ich muss da raus.« Die Lösung liegt in einer zweigleisigen Strategie: Zum einen löst er sich aus dem dichten Netzwerk des eigenen Teams ein Stück weit heraus, pflegt zum Beispiel einige bestehende Beziehungen weniger eng. Zum anderen nutzt er die dadurch freiwerdende Zeit, um gezielt Kontakte nach außen aufzubauen. So möchte er Fürsprecher für seine Leistungen gewinnen, um sich in einer größeren Unternehmensöffentlichkeit als »Kopf und Leiter einer Gruppe von Spitzenentwicklern« zu positionieren.

Halten wir fest: Ein introvertiertes Netzwerk kann perfekt funktionieren und ist bestens geeignet, um sich im engeren Umfeld wohlzufühlen. Es hilft jedoch nicht bei weitergehenden Zielen. Die gesunde Mischung macht es: Idealerweise haben Sie Ihre Kontakte nach innen, achten aber auch auf belastbare Beziehungen zu externen Schlüsselpersonen. Mit einem solchen balancierten Netzwerk verfügen Sie einerseits über ein solides und verlässliches Basislager, das Deckung, Orientierung und Unterstützung bietet. Gleichzeitig stehen Sie in guten »Außenkontakten«, die sicherstellen, dass dieses Basislager im Unternehmen richtig positioniert, ausreichend beachtet und immer gut versorgt wird.

### 15.3.3 Falle 3: Sie übersehen, dass die Kontakte nur Ihrer Funktion gelten

Im Geschäftsleben gelten Beziehungen – insbesondere auf den oberen Etagen – in erster Linie der Position, erst dann der Person. Was so harmlos klingt, kann für die berufliche Entwicklung höchst gefährlich sein. Diese Lektion musste einer meiner Klienten, damals geschäftsführender Partner einer großen IT-Management-Beratungsfirma, erst noch lernen.

Der Mann war bekannt wie ein bunter Hund. Überall hin hatte er Kontakte, er kam sich sehr beliebt vor und entwickelte hieraus ein vielleicht etwas überzogenes Selbstbewusstsein. Mit Anfang 40 unterbrach er seine Karriere, um in den folgenden zwei Jahren ein MBA-Studium zu absolvieren. Er kündigte seine Stelle und widmete sich ganz der Weiterbildung. Er war fest davon überzeugt, anschließend – dann als MBA mit einem noch höheren Marktwert – problemlos eine attraktive Position zu finden: »Kontakte habe ich ja genug.«

Zu früh gefreut! Erstaunt stellte der frühere Geschäftsführer nach Ablauf der zwei Jahre fest, dass von seinen Kontakten praktisch nichts mehr übrig war. Sie hatten seiner Position, nicht seiner Person gegolten. Da er diese Position nicht mehr bekleidete und er sich um seine Kontakte auch nicht mehr gekümmert hatte, musste er feststellen, dass er trotz seines glänzenden Lebenslaufes für den Markt ein »Nobody« war. Er musste komplett neu anfangen.

Wo lag der Fehler? Er hätte in seiner Zeit als Geschäftsführer die Businesskontakte annehmen, pflegen und teilweise zu stabilen Geschäftsfreundschaften ausbauen sollen. Das heißt, er hätte sein strategisches Netzwerk zu einer freundschaftlichen Community weiterentwickeln sollen. Dann hätte zumindest ein Teil der Kontakte überdauert.

Erst nach längerer Suche erhielt der einstige Geschäftsführer der IT-Beratungsfirma dann doch wieder ein attraktives Angebot, allerdings nicht mehr in seinem früheren Bereich. Er wurde Geschäftsführer einer MBA-School. Inzwischen weiß er: Die Kontakte, die ihm derzeit von allen Seiten »zufliegen«, gelten zunächst einmal seiner Rolle. Er hat sich deshalb fest vorgenommen, einige dieser Kontakte zu persönlichen Beziehungen weiterzuentwickeln – »damit sie auch dann halten, wenn ich meine Position verlasse«.

## 15.4 Zusammenfassung

Ein gutes Netzwerk eröffnet Zugang zu wichtigen Akteuren, es kann Informationen zuspielen und Unterstützung vermitteln. Je weiter eine Führungskraft in der Hierarchie aufsteigt, umso mehr ist sie hierauf angewiesen. Da Networking sehr zeitaufwendig ist, sollte man Businesskontakte mit einem klaren Ziel und gut überlegt aufbauen.

Netzwerke bergen aber auch Risiken. Es gibt vor allem drei Fallen, in die Führungskräfte immer wieder ahnungslos hineingeraten – und zu Verlierern des Networkings machen: Die Führungskraft:
- wird Opfer einer parasitären Beziehung, bei der anstelle eines gleichgewichtigen Gebens und Nehmens ein Abhängigkeitsverhältnis tritt,

15  Knüpfen Sie Beziehungen!

- betreibt ein nach innen gerichtetes »Wohlfühlnetzwerk« und versäumt es, strategisch wichtige Kontakte nach außen aufzubauen,
- übersieht die Tatsache, dass Businesskontakte zunächst der Funktion, nicht jedoch der Person gelten.

Das Idealziel des Netzwerkers ist die Symbiose – ein Geben und Nehmen, von denen beide Partner gleichermaßen profitieren.

**Digitales Extra: Beziehungen**
So knüpfen Sie Beziehungen: Das wichtigste im Überblick
https://www.galileo-institut.de/buch-downloads

# 16   Das Minimumgesetz – So managen Sie zwei Vollzeitaufgaben parallel

Hin und wieder steht ein Unternehmen vor einer speziellen und besonders großen Herausforderung, die weit über das normale Tagesgeschäft hinausgeht. Prof. Dr. G., Prokurist in einem international tätigen Chemiekonzern, hat eine solche Aufgabe übernommen. Sein Unternehmen plant, eine neue Fabrik zu errichten, und musste mit erheblichem Widerstand der Anwohner rechnen – für den Konzern ein hochbrisantes Thema, stand doch eine Investition in dreistelliger Millionenhöhe auf dem Spiel.

Dem Manager gelang ein diplomatisches Meisterstück: Er knüpfte Kontakte sowohl zu den betroffenen Bürgern als auch zu Politikern auf lokaler, regionaler und Landesebene und gewann mit viel Geduld und Geschick, aber auch durch sein souveränes Auftreten deren Vertrauen. Das Projekt war noch in vollem Gange, da beschloss das Unternehmen, an einem anderen Standort ebenfalls eine große Industrieanlage zu errichten. Wieder steht der Erfolg der Investition auf dem Spiel, wenn es nicht gelingt, die Öffentlichkeit für das Vorhaben zu gewinnen. Es war klar, dass der Vorstand nun sofort an Herrn Prof. G. dachte. Der hatte zwar mit seiner bisherigen Aufgabe alle Hände voll zu tun, doch war auch offensichtlich, dass das Unternehmen ihn brauchte. Und so war es für ihn selbstverständlich, der Bitte des Vorstands nachzukommen und den Job anzunehmen.

Prof. Dr. G. stand nun vor einer besonders großen Herausforderung: Er musste zwei Vollzeitaufgaben parallel managen.

Es gibt zwei Situationen, die eine Führungskraft in eine solche Lage bringen kann:
- Im einen Fall wird einem Manager – wie im Beispiel von Prof. G. – eine zweite Aufgabe angetragen, weil »kein anderer im Unternehmen das kann«. Gefragt ist hier das besondere Know-how dieses Managers, für den es dann auch naheliegt, die Aufgabe zu übernehmen – passt sie doch hervorragend in seinen Kompetenzbereich.
- Der andere, wesentlich häufigere Fall tritt dann ein, wenn zwei Arbeitsbereiche oder Firmen »vorläufig« in Personalunion geführt werden sollen. Typische Situation: Eine Führungskraft wird in eine neue Position befördert, für ihre bisherige Stelle gibt es aber noch keinen Nachfolger.

Wie auch immer es dazu kommt: Es kann durchaus geschehen, dass Sie eines Tages mit der Forderung konfrontiert sind, zwei Vollzeitaufgaben zu managen. Der erste, in vielen Fällen sicher vernünftigste Rat besteht darin, sich auf dieses Spiel nicht einzulassen und nur eine der beiden Aufgaben zu übernehmen. Wie wir in Kapitel 10 gesehen haben, gibt es auch nicht erfüllbare Anforderungen. Was nicht geht, geht nun einmal nicht – und dieser Tatsache sollten dann alle Beteiligten ins Auge sehen.

Manchmal jedoch stellt sich die Situation nicht so einfach dar. Prof. Dr. G. erklärte mir definitiv, dass er beide Aufgaben übernehmen wolle. Auch andere Klienten schildern immer wieder Situationen, in denen sich die vorübergehende Übernahme einer Zweitposition kaum ablehnen lässt, ohne der eigenen Karriere oder dem Unternehmen ernsthaft zu schaden. In solchen Fällen kommt es dann tatsächlich darauf an, die doppelte Herausforderung zu bewältigen.

## 16.1 Prioritäten setzen – und auf den Engpass zuspitzen

Um zwei große Aufgaben parallel zu managen, sind zwei Dinge entscheidend: die richtige Planung im Vorfeld und das richtige Handeln bei der Umsetzung. In beiden Phasen lautet die wenig überraschende Strategie: Prioritäten setzen, zuspitzen! Das Besondere liegt in der Radikalität, in der diese Regel nun angewandt werden muss.

Betrachten wir hierzu die Vorgehensweise von Herrn Dr. G. Seine Kernkompetenz liegt im Bereich »Bürgerverfahren« – so weit so gut. Doch wo innerhalb dieses Prozesses ist er wirklich unersetzlich? Was muss er auf jeden Fall selbst tun? Als er sein Aufgabengebiet unter diesem Blickwinkel analysiert, ergibt sich zunächst ein Pensum von immer noch 80 bis 100 Stunden pro Woche. Die Devise lautet deshalb: Weiter zuspitzen, noch mehr auf die Kernkompetenz fokussieren – so lange, bis der Zeitaufwand ein erträgliches Maß erreicht.

Die große Zahl der Teilprozesse, die nicht in diesen eng definierten Kompetenzbereich fallen, muss Herr Dr. G. delegieren. Hier kann er zum Glück bereits auf eine zuverlässige Mannschaft zurückgreifen, die er in den zurückliegenden Monaten für Aufgaben des Bereichs »Bürgerverfahren« zusammengestellt und aufgebaut hat. Nun prüft er, welche Aufgaben die vorhandenen Mitarbeiter übernehmen können und welche Lücken dann noch verbleiben. Das Ergebnis der Analyse fasst er in einem kleinen Konzept zusammen, mit dem er sich an den Vorstand wendet. Für diesen ist es keine Frage, die noch notwendigen Ressourcen bereitzustellen.

Phase eins, die Planung, ist damit abgeschlossen. Nun kommt es darauf an, die beiden Vollzeitaufgaben tatsächlich erfolgreich parallel zu managen. In dieser Situation weise ich gerne auf das Minimumgesetz hin, das der Chemiker Justus von Liebig formuliert hat und von vielen Managern als sehr hilfreich empfunden wird. Das Gesetz besagt, dass das Wachstum einer Pflanze durch die jeweils knappste Ressource begrenzt wird. Diese Ressource – zum Beispiel Wasser, Licht oder ein bestimmter Nährstoff – ist der Minimumfaktor, den es zu beseitigen gilt. Wird stattdessen eine andere Ressource hinzugegeben, die bereits im benötigten Umfang vorhanden ist, hat dies keinen Einfluss auf das Wachstum. Anders formuliert: Fehlt einer Pflanze Phosphor, dann wäre es falsch, sie zu wässern, Sie besser ins Licht zu rücken oder umzutopfen. Diese Aktionen sind zwar nett gemeint, aber vollkommen wirkungslos. Die Pflanze darbt weiter, bis sie schließlich eingeht. Das Einzige, was ihr hilft, ist die Beseitigung des aktuellen Engpasses, nämlich die Zugabe von Phosphor.

**Abb. 16:** Minimumgesetz (Bildnachweis: DooFi / Wikipedia)

Übertragen auf das Management bedeutet das: Identifizieren Sie in jeder Situation den jeweiligen Engpass – und konzentrieren Sie sich darauf, diesen zu beseitigen. Wenn Sie engpassorientiert managen, erzielen Sie mit Ihren begrenzten Kräften die größtmögliche Wirkung. Halten Sie deshalb immer wieder inne und analysieren Sie die aktuelle Lage: Wo ist das gerade größte Problem? Überlegen Sie, was den Fortgang Ihres Vorhabens gerade am meisten bremst und werden Sie dann genau dort aktiv.

## 16.2  Zusammenfassung

Wenn Ihnen eine zweite Vollzeitaufgabe angetragen wird, kommt es mehr denn je darauf an, Prioritäten zu setzen und die eigene Tätigkeit auf das wirklich Wesentliche zuzuspitzen. Hilfreich sind hierbei vor allem zwei Strategien:
- *Planung im Vorfeld: Grenzen Sie das eigene Aufgabenfeld ein.* Spitzen Sie Ihre Aufgaben konsequent auf die eigene Kernkompetenz zu, delegieren Sie alles Andere an Mitarbeiter. Fragen Sie sich: Was kann ich am besten? Was ist meine wichtigste Qualität, auf die niemand verzichten kann? Übernehmen Sie nur dann zwei Vollzeitaufgaben, wenn *beide* in diesen eng definierten Kernbereich fallen; denn nur

dann wird es Ihnen gelingen, beide Jobs mit einem machbaren Zeitaufwand und bestmöglichem Ergebnis zu bewältigen.
- *Umsetzung: Managen Sie engpassorientiert.* Identifizieren Sie jeweils den »Minimumfaktor«, der den Fortgang Ihrer Tätigkeiten gerade am meisten bremst – und konzentrieren Sie sich auf dessen Beseitigung.

Prüfen Sie sorgfältig, ob Sie eine zweite Vollzeitaufgabe tatsächlich übernehmen können. Wie in Kapitel 10 beschrieben, gibt es auch Vorgaben, die schlicht unerfüllbar sind. Eine komplette zweite Vollzeitaufgabe, die Sie ohne Abstriche in Zeit und Qualität umsetzen sollen, gehört sicher dazu. Entscheidend ist es, dem Vorgesetzten deutlich zu machen, wo die Grenzen des Machbaren liegen, denn nur für das Machbare können Sie die Verantwortung übernehmen. Wenn Ihr Vorgesetzter diese Einschränkung akzeptiert, wird es möglich sein, gemeinsam einen gangbaren Weg zu finden. Dann können Sie auch eine zweite Vollzeitaufgabe übernehmen.

# 17 Das Zuckertütchenspiel – Wie Sie die zunehmende Komplexität Ihrer Aufgaben bewältigen

Am 17. Februar 1962 brechen in Hamburg die Deiche, eine Sturmflut bedroht weite Teile der Stadt. Während das Wasser steigt und Menschen sterben, wissen die meisten Entscheider nicht weiter. Verzweifelt blättern sie in Verordnungen und Bestimmungen, die jedoch für einen solchen Fall nicht angelegt sind und deshalb auch keine brauchbaren Hinweise enthalten. Die Verantwortlichen sind von der Situation völlig überfordert. Das ändert sich schlagartig, als Helmut Schmidt, der damalige Innensenator und spätere Bundeskanzler, das Heft in die Hand nimmt und die entscheidende Frage stellt: Was ist im Augenblick das vorrangige Ziel, um was geht es jetzt wirklich?

»Hier ging es um Menschenleben«, sagte Helmut Schmidt viele Jahre später in einem Interview[6]. »Da saßen Tausende auf den Dächern ihrer Wochenendlauben. Die, wenn sie nicht ertranken, erfrieren würden. Sie mussten also so schnell wie möglich geborgen werden. Dazu gab es nur zwei Möglichkeiten: Mit Motorbooten und mit Hubschraubern. Beides hatte die Bundeswehr, deshalb habe ich keine Sekunde gezögert.« Weder im Grundgesetz noch in der Hamburgischen Verfassung war ein Bundeswehreinsatz vorgesehen, insofern übernahm der damalige Innensenator eine enorme Verantwortung. Er habe an jenem Morgen jedoch mit der Möglichkeit gerechnet, 10.000 Menschen könnten ums Leben kommen, erklärte Schmidt. »Wir haben Menschenleben gerettet. Es hat nicht gegen den Geist des Grundgesetzes verstoßen, wohl aber möglicherweise gegen die Buchstaben.«

Bemerkenswert ist auch, dass niemand zögerte, den Anweisungen Schmidts zu folgen. Die Vorgabe des obersten Ziels »Menschenleben retten« ersetzte plötzlich alle Verordnungen und Vorgaben, selbst Zweifel an der Verfassungstreue wurden hinten angestellt. Stattdessen fielen alle notwendigen Entscheidungen schnell und unbürokratisch, alle Beteiligten handelten ziel- und lösungsorientiert. Die Hamburgische Verfassung habe auch nicht vorgesehen, »dass sich einer praktisch zum Befehlshaber aufschwingt«, erinnert sich Schmidt. »Aber das war zweckmäßig, es haben sich auch alle willig gefügt.«

Um was geht es wirklich? Was ist im Augenblick das höchste Ziel? Wir kennen diese Fragen aus Kapitel 14, als es darum ging, in einer Krisensituation die richtige Entscheidung zu treffen. Indem diese Fragen das Augenmerk auf das im Augenblick wichtigste

---

6 »Der Ausdruck Held ist abwegig!«, Zeitgeschichten auf Spiegel Online, veröffentlicht 17.2.2008.

# 17 Das Zuckertütchenspiel – Wie Sie die Komplexität Ihrer Aufgaben bewältigen

Ziel lenken, sind sie zugleich dafür geeignet, eine komplexe Situation handhabbar zu machen. Stellen wir uns noch einmal die Situation während der Flutkatastrophe vor: Als der Innensenator die Führung übernahm, sich über alle Regeln hinwegsetzte und »Menschenleben retten« als vorrangiges Ziel vorgab, brachte das sofort Klarheit in die unüberschaubare Lage. Die Beteiligten kamen ins Handeln. Weder Arbeitszeiten und Arbeitsschutzbestimmungen, weder Vorschriften, Titel und Positionen zählten jetzt, entscheidend war allein die Frage: »Was brauchen wir, um dieses Ziel zu erreichen?« Alles andere konnte weggelassen werden – eine radikale Reduktion der Komplexität.

Das Beispiel zeigt, wo der entscheidende Hebel für den Umgang mit komplexen Situationen liegt: nach dem obersten Ziel fragen, sich auf das wirklich Entscheidende konzentrieren – und ins Handeln kommen.

Immer häufiger sehen sich Führungskräfte mit schwierigen, komplexen Situationen konfrontiert. Meistens sind eine ganze Reihe von Personen involviert – zum Beispiel, wenn ein größeres Projekt zu scheitern droht oder wenn bei einer Produktneuentwicklung ein Streit zwischen Entwicklungsabteilung und Marketing ausgetragen wird. Die große Gefahr liegt darin, dass sich in einer unübersichtlichen, krisenhaften Lage jeder Einzelne zunächst einmal selbst absichern möchte. Er setzt sein eigenes »Überleben« an die oberste Stelle und tut alles, damit ihm nicht nachgewiesen werden kann, dass er an der absehbaren Katastrophe schuld sein könnte. Häufig geschieht das, indem andere als Schuldige ausgemacht werden.

Hier liegt der wohl eklatanteste Fehler beim Umgang mit komplexen Situationen: Anstatt die *für das Ganze entscheidende Frage* nach dem im Augenblick wichtigsten Ziel zu stellen, lässt man es zu, dass sich jeder mit sich selbst beschäftigt. Unterdessen bleibt das Problem ungelöst und wird immer größer. Die Beteiligten verlieren noch mehr den Überblick, fühlen sich noch weniger Herr der Lage. Entweder klagen sie dann über einen Mangel an Leadership, weil sie überall Handlungsoptionen sehen, deren Auswirkungen sie nicht abschätzen können; es wird endlos diskutiert, die Zeit verstreicht und nichts passiert, was zur Lösung der Situation beitragen könnte. Oder die Beteiligten negieren das Thema, nach dem Motto: »Was ich nicht sehe, gibt es auch nicht.« Diese höchst fragwürdige Form der Komplexitätsreduzierung rächt sich meist nach einiger Zeit. Das Problem wird größer und schlägt mit Macht zurück. Wenn die Dinge dann offensichtlich schiefgehen, beginnen die gegenseitigen Schuldzuweisungen und die Situation gleitet schnell in planlosen Aktionismus ab.

Es kommt also darauf an, eine komplexe Situation anzunehmen, sie dann aber durch Reduktion auf das Wesentliche handhabbar zu machen. Bewährt haben sich hier folgende Schritte: Verschaffen Sie sich einen Überblick über die Lage, finden Sie eine Lösung – und kommen Sie ins Handeln.

## 17.1 Schritt 1: Überblick verschaffen

### 17.1.1 Klarheit durch Draufsicht: Zuckertütchenspiel

Nach einem gemeinsamen Mittagessen in einem Restaurant schilderte mir ein Abteilungsleiter sein aktuelles Führungsproblem. Er gab sich redlich Mühe, doch verstanden habe ich so gut wie nichts. »Tut mir leid, das sind zu viele Namen«, sagte ich – und schob ihm die Zuckertütchen hin, die für den Kaffee gedacht waren. »Versuchen Sie damit einmal zu erklären, was Sie mir sagen wollen!« Er gab jedem Tütchen einen Namen und schob die »Figuren« dann hin und her – und auf einmal war es nicht mehr schwer, die Situation zu begreifen. Der Abteilungsleiter entwarf ein Bild der Situation, indem er die Zuckertütchen so arrangierte, wie seiner Meinung nach die einzelnen »Spieler« tatsächlich zueinander in Beziehung standen. Es ging dabei nicht um das Nachstellen des offiziellen Firmenorganigramms, also nicht um Hierarchie, sondern um die Beziehungen: Wer kann mit wem? Wer steht abseits?

**Abb. 17:** Zuckertütchen

Das funktioniert natürlich auch mit Apfelsinen, Keksen oder Nüssen – ganz egal: Es kommt darauf an, den Fall auf eine andere, abstraktere Ebene zu bringen, die den Draufblick ermöglicht. Natürlich gibt es für diesen Zweck auch professionelle Coachingwerkzeuge wie etwa das Beziehungsbrett oder die Coaching Disk, eine Magnetscheibe, auf der man Figuren oder Klötzchen in den unterschiedlichsten Kombinationen positionieren kann. Es kommt dann vor, dass Klient und Coach gemeinsam vor einem solchen Spielbrett auf dem Teppich sitzen, und da wird dann geschoben, kombiniert und revidiert – so lange, bis die Situation adäquat dargestellt ist.

Mithilfe des Brettspiels stellte kürzlich ein Klient eine besonders komplizierte Führungssituation dar, bei der zwei Abteilungen miteinander im Clinch lagen. Sein Vorgesetzter hatte ihm den Auftrag erteilt, mit diesen zerstrittenen Abteilungen ein gemeinsames Projekt auf den Weg zu bringen. Ich bat ihn, anhand der Figuren möglichst sachlich, noch ohne jede Interpretation, die Situation zu beschreiben – immer anhand der schlichten Frage: Wer hat was gemacht?

**Abb. 18:** Aufstellungsarbeit mit Personen und Klötzen

In der einen Abteilung waren zehn, in der anderen sieben Mitarbeiter tätig. Zusammen mit den beiden Chefs platzierte mein Klient schließlich 19 Figuren auf dem Brett, die alle irgendwie mit der Situation zu tun hatten. Die Lage schien in der Tat sehr unübersichtlich. Deshalb fragte ich ihn: »Wen können wir – für diese spezielle Situation – ungestraft wegdenken?« Nach einigem Nachdenken blieben vier Kernspieler übrig. Nun war es möglich, deren Beziehungen untereinander zu erörtern und in Form eines Beziehungsdiagramms (siehe Kapitel 7) festzuhalten.

### 17.1.2 Die entscheidende Frage: Was ist wirklich wichtig?

Entscheidend ist also der Mut, wegzulassen! Wenn die Beschreibung der Situation in ein unübersichtliches Beziehungsgeflecht mündet, sollten Sie überlegen, welche Figuren für die Fragestellung wirklich relevant sind. Indem Sie nach und nach die Nebenrollen aus dem Spiel entfernen, findet ein Klärungsprozess statt. Sollte sich später herausstellen, dass Sie zu weit gegangen sind, können Sie die eine oder andere Person immer noch zurückholen. Nehmen Sie also zunächst alle Figuren aus dem Spiel, die nicht wirklich im Zentrum des Geschehens stehen. Folgende Leitfragen können dabei helfen:

- Was ist das höchste Ziel?
- Um was geht es wirklich? Was ist wirklich wichtig?
- Welche Personen lassen sich ungestraft wegdenken?

Was ist wirklich wichtig? Nach meiner Erfahrung ist das eine sehr einfache, aber auch konstruktive und entscheidende Frage. Mit ihrer Hilfe gelingt es meistens, die Komplexität einer Situation auf ein handhabbares Maß zu reduzieren. Meinem Klienten half diese Frage, relativ schnell 15 der 19 Spieler aus dem Feld zu nehmen. Dass er ursprünglich 19 Personen aufgestellt hatte, lag vor allem an seiner Eigenschaft, ein Problem sehr umsichtig und analytisch anzugehen. Nur: Eine solche, auf Vollständigkeit bedachte Vorgehensweise führt erst recht in die Komplexität hinein – und verbaut den Weg zum Handeln.

## 17.2 Schritt 2: Eine Lösung finden

### 17.2.1 Die Aufmerksamkeit nach vorne richten

Sobald die Lage klar erscheint und man sich einen Überblick verschafft hat, unterbreche ich als Coach gerne die Diskussion und frage: »Okay, wie könnte da jetzt eine Lösung aussehen?« Wenn mir eine Gruppe gegenübersitzt, sehe ich dann meistens in viele erstaunte Gesichter. Man habe die Situation doch noch längst nicht ausdiskutiert, heißt es dann. »Nur einmal angenommen, es gäbe eine Lösung: Wie könnte die denn aussehen?«, wiederhole ich die Frage. »Tun wir doch einmal so, als gäbe es für diesen Fall eine Lösung. Was fällt Ihnen dazu ein?« Ich bestehe auf einer Lösung. Wenn es sein muss, frage ich (selbstverständlich charmant verpackt) fünf Mal hintereinander – so lange, bis die Diskussion sich vom Problem abkehrt und der Zukunft, nämlich der Suche nach einer Lösung, zuwendet.

Dieses Vorgehen ist natürlich nur sinnvoll, wenn es tatsächlich eine Lösung gibt. Doch davon, so zeigt die Erfahrung, darf man ausgehen. Wir können hier durchaus die sehr nützliche Annahme unterstellen: Eine Lösung gibt es immer.

Die schnelle Zuwendung zur Lösungssuche hat ihren guten Grund. Es gilt der Leitsatz: An Bedeutung gewinnt, worauf man sich konzentriert. Wer die Ursachen eines aktuellen Problems in extenso analysiert, den beansprucht dieses Problem immer stärker – bis schließlich seine komplette Energie und geistige Kapazität davon aufgezehrt wird. Vermutlich ist Ihnen schon aufgefallen, dass Probleme, wenn sie in einem Unternehmen auftauchen, die Neigung haben, immer größer und komplexer zu werden, bis sie schließlich unlösbar erscheinen. Meist liegt das daran, dass sich alle nur mit dem Problem auseinandersetzen, anstatt das Augenmerk von der Analyse weg hin zu einer Lösung zu wenden. Dann nämlich wächst nicht das Problem, sondern die Lösung fängt an, das Denken und Handeln zu bestimmen.

Hier liegt ein wichtiger Ansatz, um die Komplexität einer Situation zu reduzieren: Suchen Sie nach einer Lösung! Sobald sich Ihre Gedanken und Kräfte hieran ausrichten, tritt alles andere, was nicht der Lösungsfindung dient, automatisch in den Hintergrund. Und nicht nur das: Wenn Sie erst einmal einer Lösung auf der Spur sind, beginnt auch die Kreativität wieder zu sprudeln. Unsicherheit, Angst und Lähmung, die typischen Begleiterscheinungen einer komplexen und überfordernden Situation, sind verflogen.

Wenden wir uns noch einmal dem Brettspiel zu. Es eignet sich nicht nur dazu, einen Überblick zu gewinnen, sondern auch im nächsten Schritt eine Lösung zu finden. Wenn ich einen Klienten frage, wie eine Lösung aussehen könnte, fängt er an, die Figuren hin und her zu schieben. Er ordnet sie, holt auch eine abgelegte Figur, etwa die Sekretärin des Vorstands, wieder ins Spiel, weil er nun erkennt, dass er sie für die Lösung benötigt. Unversehens kommt er ins Handeln, blickt nach vorne. Auf dem Brett ist das alles noch ein Experiment; Figuren können verschoben, ausrangiert oder wieder eingesetzt werden. Wenn der Klient dann aber das Gefühl hat, die Lösung ist rund, beginnt die Umsetzung.

**Abb. 19:** Idealbild mit Klötzchen

### 17.2.2 Die Wurzelraumanlage: Stets die Problemlösung im Blick

Für die Natur ist es selbstverständlich, sich sofort einer Lösung zuzuwenden. Denken Sie an die Funktionsweise des Blutgerinnungssystem (siehe Kapitel 14). Ein anderes Beispiel, das mich besonders fasziniert, ist die Wurzelraumanlage. Hierbei handelt es sich um eine mit Wasser gefüllte Black Box, bestehend aus einem komplizierten System aus Boden, Pflanzen, Wurzeln und Mikroorganismen. Strömt auf der einen Seite verschmutztes Wasser in die Box, verlässt auf der anderen Seite sauberes Wasser das System. Von den Ingenieuren der Anlage wollte ich wissen, wie das funktioniert, bekam jedoch keine befriedigende Antwort. Das hatte meinen Ehrgeiz als Biologin geweckt – und so untersuchte ich die Black Box näher.

Das Ergebnis meiner Untersuchungen war beeindruckend: Die Wurzelraumanlage schaffte es, mit den unterschiedlichsten »Verschmutzungen« zurechtzukommen. Ganz gleich, welche Schadstoffe das eingeleitete Wasser enthielt, innerhalb von fünf Tagen hatte sich das System darauf eingestellt – und bewies seine Fähigkeit, sich auf ein komplett neues Problem umzuorientieren. Eine unglaubliche Anpassungsleistung, die vor allem eines deutlich macht: Das System fragt nicht danach, wer das schmutzige Wasser hineinkippt. Vielmehr konzentrieren sich alle »Beteiligten« sofort auf das gemeinsame Ziel, nämlich das Wasser wieder sauber zu machen. Jedes der zahllosen Kleinstlebewesen erfüllt dabei seine spezielle Aufgabe, bis das gemeinsame Ziel erreicht ist.

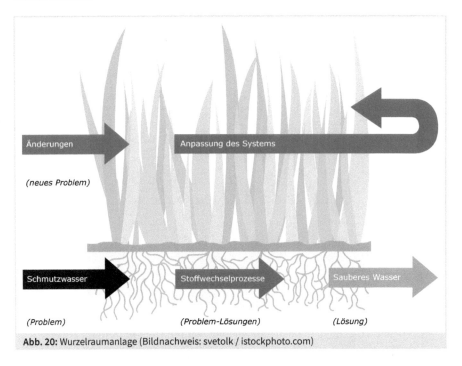

**Abb. 20:** Wurzelraumanlage (Bildnachweis: svetolk / istockphoto.com)

Die Botschaft ist klar: Das System will das Problem zunächst nicht verstehen, sondern lösen. Die Reihenfolge lautet: Erst das Problem lösen, dann die Ursachen angehen.

## 17.3 Schritt 3: Ins Handeln kommen

Mit Schritt 2 haben wir eine Lösung modelliert, sei es mithilfe von Zuckertüten, einem Beziehungsbrett oder an einer Pinnwand. Die Lösung vor Augen, lässt sich nun ein Umsetzungsweg festlegen. Die Erfahrung ist hier immer wieder die gleiche: Am Anfang, wenn alle Figuren kreuz und quer herumstehen, erscheint die Situation höchst kompliziert. Nach der Reduktion auf das Wesentliche, wenn sich dann die Lösung schließlich abzeichnet, fällt es nicht mehr schwer, ins Handeln zu kommen.

Sicher: Auch wenn man die Lösung klar vor Augen hat, bleibt die Situation, die es zu managen gilt, in vielen Fällen sehr anspruchsvoll. Ob es um die Entwicklung eines neuen Produkts, eine wichtige Markteinführung, eine umfassende Reorganisation oder ein anderes abteilungsübergreifendes Projekt geht – es handelt sich nach wie vor um ein komplexes System, mit dem die verantwortlichen Führungskräfte zurechtkommen müssen. Nach meiner Überzeugung gibt es für den Umgang mit einem solchen

System nur eine wirklich effektive Möglichkeit: Das System sollte nach den Funktionsprinzipien der Selbstregulierung und Selbstorganisation natürlicher Organismen organisiert sein.

Damit kommen wir zur zweiten Botschaft der Wurzelraumanlage. Wie beschrieben, verursacht der Schadstoffeinfluss ein komplexes Problem, bei der die Natur nicht erst lange nach der Ursache fragt, sondern gleich ein oberstes Ziel festlegt und sich einer Lösung zuwendet. Die am System beteiligten Organismen kommen sofort ins Handeln und – das ist das Entscheidende dabei – jedes dieser Kleinstlebewesen konzentriert sich auf seine speziellen Fähigkeiten. Es übernimmt die Rolle, die es am besten kann – und verlässt sich darauf, dass alle anderen ihren Part ebenfalls zuverlässig ausführen. Unter der Voraussetzung, dass alle sich von einem gemeinsamen höheren Ziel leiten lassen, entsteht auf diese Weise ein sich selbst steuerndes System.

Was ich bei der Untersuchung der Wurzelraumanlage bemerkenswert fand, war die Tatsache, dass je nach Abwassereintrag unterschiedliche Fähigkeiten zum Einsatz kamen. Nicht immer waren alle Mikroorganismen aktiv. Es gab auch Kompetenzen, die in einer speziellen Situation brach lagen, beim nächsten »Störfall« jedoch umso mehr gebraucht wurden. Dies bestätigt mein Credo, auch im Unternehmen die »B-Player« im System zu belassen und nicht voreilig »wegzurationalisieren«, wenn sie eine Zeit lang nicht ausgelastet sind. Beim nächsten komplexen Problem, mit dem das Unternehmen konfrontiert wird, kann sich ein gepuffertes System schnell auszahlen.

Das Beispiel der Wurzelraumanlage zeigt somit auch: Vertrauen Sie als Führungskraft auf Ihre Mitarbeiter und deren Fähigkeit zur Selbstorganisation. Das setzt voraus, dass Sie vorher
- Ziel und Lösung klar kommunizieren sowie
- die Spielregeln der Zusammenarbeit verbindlich festlegen.

Wenn alle Beteiligten verstanden haben, worum es wirklich geht, wenn sich alle mit dem Ziel identifizieren können und die Regeln der Zusammenarbeit akzeptiert haben – dann verfügen Sie über eine Mannschaft, mit der Sie auch komplexe Herausforderungen meistern können.

## 17.4 Zusammenfassung

Eine komplexe Situation birgt vor allem eine große Gefahr: In einer unübersichtlichen, krisenhaften Lage neigen die Beteiligten dazu, sich zunächst einmal selbst abzusichern. Jeder setzt sein eigenes »Überleben« an die oberste Stelle – und tut alles, damit ihm nicht nachgewiesen werden kann, dass er an einem möglichen Fehlschlag schuld sein könnte. Die Folge davon: Das Problem wird nicht gelöst, sondern noch unübersichtlicher.

Komplexe Situationen erfordern daher eine klare Führung, die sich auf das Wesentliche konzentriert und ein vorrangiges Ziel vorgibt, an dem sich alle Aktivitäten ausrichten. Um eine solche Situation erfolgreich zu managen, haben sich folgende Schritte bewährt:

- *Klarheit und Überblick bekommen.* Beschreiben Sie das Problem nicht nur, sondern vereinfachen Sie es auch. Blenden Sie vorübergehend alles aus, was nicht notwendig ist. Die Leitfrage lautet hier: Was ist wirklich wichtig?
- *Eine Lösung finden.* Wenden Sie sich möglichst schnell der Lösungssuche zu. Sobald sich Gedanken und Kräfte hieran ausrichten, tritt alles andere, was nicht der Lösungsfindung dient, automatisch in den Hintergrund.
- *Ins Handeln kommen.* Die Lösung vor Augen, fällt der Umsetzungsweg meistens relativ leicht. Um eine Lösung in einem komplexen Umfeld umzusetzen, hat sich das Prinzip der Selbstorganisation bewährt.

Priorität hat der Blick nach vorne. Zwar ist ein zuverlässiger Überblick über die Situation notwendig, ebenso die Festlegung eines höchsten Ziels – gleich anschließend sollte man sich jedoch der Lösungssuche zuwenden. Ist die Krise überwunden, dann – aber eben erst dann – sollte man sich das Problem noch einmal ansehen, um aus Fehlern lernen zu können. Erst nach der Sturmflut, wenn die akute Gefahr gebannt ist, ist es an der Zeit, sich um ein besseres Hochwassermeldesystem und höhere Deiche zu kümmern.

**Digitales Extra: Komplexität handhaben**
Wie Sie die zunehmende Komplexität Ihrer Aufgaben bewältigen. Eine Anleitung in drei Schritten
https://www.galileo-institut.de/buch-downloads

# 18 Wie Sie mit Ihrem Perfektionismus besser umgehen

Manche Menschen neigen dazu, immer und überall perfekt sein zu wollen. Zu ihnen zählte eine Marketingleiterin, die an sich selbst den Anspruch stellte, jede Aufgabe auf höchstem Niveau auszuführen. Selbst Dinge, die sie delegierte, wollte sie auch selbst mindestens ebenso gut beherrschen. Kurzum: Die Frau steckte in der Perfektionismusfalle. Indem sie von der Produktbeschreibung bis zur Führung ihrer sechs Mitarbeiter alles perfekt leisten wollte, setzte sie sich selbst unter Stress. Sie war permanent überfordert, ständig unter Zeitdruck, für ihren Vorgesetzten immer weniger greifbar. Der Wunsch, überall perfekt zu sein, führte zum genauen Gegenteil: Am Ende waren die Leistungen der Marketingleiterin für den Vorgesetzten nicht mehr zufriedenstellend.

Vor allem jüngere Führungskräfte, die gerade ihre erste Leitungsposition angenommen haben, tappen leicht in die Perfektionismusfalle. Aber auch sehr anspruchsvolle »alte Hasen« sind nicht davor gefeit. Sie sehen sich nach wie vor als inhaltliche Spezialisten und erkennen nicht, dass sie als Führungskraft für *Führung*, und nicht mehr für ihre Fachleistung bezahlt werden. Sie glauben, in beiden Feldern perfekt sein zu müssen – sowohl als Fachexperte als auch als Führungskraft. Ihnen ist nicht klar, dass sie sich damit freiwillig zwei Vollzeitaufgaben auferlegen, was weder funktionieren kann noch vom Vorgesetzten so gewollt ist.

Einerseits möchte man hervorragende Leistung erbringen, auf der anderen Seite aber nicht in der Perfektionismusfalle tappen. Wie geht das?

## 18.1 Was den Profi vom Perfektionisten unterscheidet

Selbstverständlich gibt es Aufgaben, die perfekt gelöst sein müssen. Ein Arzt muss perfekt sein, wenn er seinen Patienten operiert, ebenso ein Pilot, wenn er sein Flugzeug landet. Von einem Spezialisten erwartet man, dass er in seinem Metier ein Profi ist – eben perfekt.

Es gibt jedoch zwei wesentliche Merkmale, die den Profi vom Perfektionisten unterscheiden:
- Ein Profi stellt höchste Ansprüche, jedoch ausschließlich *bezogen auf sein Aufgabengebiet*. Ein Perfektionist hingegen versucht, überall perfekt zu sein – und das möglichst auch noch gleichzeitig. Im Unterschied zum Profi investiert der Perfektionist Zeit und Energie auch in Bereiche, die abseits seiner Stärken liegen. Der Anspruch, auch da gut zu sein, überfordert ihn. Gleichzeitig fehlen ihm dann dort

die Ressourcen, wo man wirklich Perfektion von ihm erwartet: in seinem eigentlichen Aufgabengebiet.
- Ein Profi erfüllt punktgenau die Erwartungen seines Auftraggebers – nicht weniger, aber eben auch nicht mehr. Wenn ein Perfektionsgrad von 70 oder 80 Prozent erwartet wird, liefert er keine 100 Prozent.

## 18.2 Wie Sie der Perfektionismusfalle entgehen

Wann ist es angebracht, eine perfekte Leistung zu erbringen? Wann sollten Sie dagegen auf Perfektion verzichten? Die Antwort lässt sich aus den beiden genannten Kriterien leicht ableiten: Eine perfekte Leistung sollten Sie in Ihrem Aufgabengebiet erbringen, sofern im konkreten Fall Perfektion von Ihnen erwartet wird. Nur dort und nur dann!

Die Abgrenzung des Profis vom Perfektionisten legt zwei Regeln nahe, die Sie vor der Perfektionismusfalle bewahren. Wichtig ist, beide Regeln gleichzeitig im Auge zu behalten:
- Regel 1: Suchen Sie die Perfektion in Ihrem Kerngebiet – aber nur da!
- Regel 2: Erfüllen Sie punktgenau die Erwartungen Ihres Auftraggebers.

Die erste Regel ist uns schon öfter begegnet, zuletzt in Kapitel 17 im Zusammenhang mit dem Prinzip der Selbstorganisation. Schwierige, komplexe Aufgaben – so lautet dort die Kernaussage – erfordern ein Team, bei dem jedes Mitglied seine besonderen Stärken einbringt, um ein gemeinsames Ziel zu erreichen. Regel 1 passt nahtlos zu diesem Managementprinzip.

Konkret bedeutet das: In Ihrem Metier sind Sie perfekt, um bei Bedarf alle an Sie gestellten Erwartungen erfüllen zu können. In anderen Bereichen, die nicht zu Ihrer Kernkompetenz zählen, verlassen Sie sich dagegen auf die jeweiligen Spezialisten. Genau das ist der entscheidende Punkt: Als Profi akzeptieren und nutzen Sie die Stärken der anderen, anstatt das Unmögliche zu versuchen, selbst überall perfekt zu sein.

Regel 1 schützt allein jedoch noch nicht vor Perfektionismus. Das zeigt ein einfaches Beispiel: Der Chef erwartet einen kurzen Überblick, der Mitarbeiter jedoch produziert eine 30-seitige Abhandlung. Anstelle von Anerkennung erntet er Kopfschütteln: »Das ist ja gut gemeint, aber ...« Aus der Sicht des Vorgesetzten hat er keine gute Arbeit geleistet.

Wenn Sie hohe Qualität erbringen möchten, heißt das nicht, dass Sie eine aus Ihrer Sicht perfekte Leistung abliefern. Es geht nicht – wie Sie es vielleicht von der Universität her gewohnt sind – um die theoretisch bestmögliche Lösung, sondern um die meist pragmatischen Erwartungen Ihres Vorgesetzten. In der Management-Realität genügt oft eine 80-Prozent-Lösung, um eine für den Vorgesetzten oder Kunden optimale Leistung zu erbringen. Auch wenn es manchmal schwerfällt: In diesen Fällen ist es notwendig, vom eigenen Leistungsanspruch Abstriche zu machen.

Angenommen Sie erhalten den Auftrag, eine Produktbeschreibung zu erstellen. Möglicherweise sehen Sie darin zunächst eine Aufgabe von vier Wochen. Sollte Ihr Chef dann aber signalisieren, dass er die Beschreibung in zwei Tagen benötigt, ist das ein klares Signal dafür, dass er völlig andere Erwartungen an die Aufgabe stellt. Vermutlich soll die Sache wesentlich einfacher und kürzer ausfallen, als Sie gedacht haben.

Klären Sie deshalb immer genau die Vorstellungen Ihres Vorgesetzten. Nur so können Sie der Gefahr begegnen, Ihre Aufgaben tendenziell überzuerfüllen – und unbemerkt in den Perfektionismus abzugleiten.

## 18.3 Zusammenfassung

Gerade die besten Leistungsträger eines Unternehmens stellen hohe eigene Ansprüche an ihre Arbeit. Das birgt die Gefahr, über das Ziel hinauszuschießen: Man möchte perfekt sein, auch wenn es gar nicht verlangt wird. Wer jedoch einen Perfektionsgrad von 100 Prozent anstrebt, wenn nur 70 oder 80 Prozent erwartet werden, erreicht am Ende das Gegenteil: Er ist permanent überfordert, was seine Kreativität und schließlich seine Leistungsfähigkeit beeinträchtigt. Gerade weil er perfekt sein will, verfehlt er das Klassenziel.

Zwei Regeln können helfen, dieser Perfektionismusfalle zu entgehen: Suchen Sie die Perfektion ausschließlich in Ihrem Kerngebiet. Und: Erfüllen Sie die Erwartungen Ihres Auftraggebers – nicht weniger, aber eben auch nicht mehr.

**Digitales Extra: Perfektionismus**
Zwei Regeln, die Ihnen helfen der Perfektionismusfalle zu entgehen
https://www.galileo-institut.de/buch-downloads

# Teil IV: Sich selbst führen – Die eigene Karriere im Blick behalten

# 19  Die U-Liste – Wie Sie Ihre eigene Karriere im Blick behalten

Ein Informatiker, waschechter Berliner, bei einem Weltkonzern im IT-Bereich beschäftigt, erhält ein Angebot aus München: doppeltes Gehalt, interessanter Job. Er ist begeistert: »Dass man mich für so viel Geld haben will!« staunt er, da müsse er doch zusagen. Er kündigt seine Wohnung in Berlin, packt seine Sachen und zieht nach München. Ein gutes Jahr später treffe ich ihn zufällig auf der Straße – in Berlin. Er habe es in München nicht mehr ausgehalten, gesteht er. Das hohe Gehalt sei ihm egal gewesen, er habe gekündigt, »nur um wieder zurück nach Berlin zu kommen.«

Kein Frage: Der Mann hat viel Lehrgeld bezahlt. Sein Fehler war es gewesen, dem hohen Gehalt hinterherzulaufen, ohne wahrhaben zu wollen, dass die Rahmenbedingungen der neuen Position für ihn nicht passten. Er hatte *seine eigene Karriere* aus dem Blick verloren.

Beinahe wäre dies auch einem jungen Teamleiter passiert. Er wusste nicht so recht, wie es mit ihm beruflich weitergehen sollte. Auf jeden Fall, so meinte er, müsse er etwas Neues finden: »Meine Kollegen sagen mir, dass ich ja eh nur noch höchstens zwei Jahre hier im Unternehmen bin.« Das erstaunte mich. Sein Unternehmen, eine mittelständische IT-Beratung, expandierte kräftig. Nach meinem Eindruck arbeitete er sehr gerne dort und hatte hervorragende Chancen, in eine Leitungsposition aufzusteigen und bald die Entwicklung des Unternehmens maßgeblich mitzugestalten. Warum also wechseln? Das sei doch unvermeidlich, antwortete er: »Nach einigen Jahren muss man doch das Unternehmen verlassen, wenn man sich seine Karriere nicht verderben will.«

Hier zeigt sich die Kehrseite allgemeiner Empfehlungen, wie wir sie aus Karriereratgebern kennen: In der konkreten Situation weisen sie manchmal genau den falschen Weg. Generelle Ratschläge helfen oft nicht weiter, führen manchmal sogar in die Irre. Denn entscheidend ist etwas ganz anderes: der *eigene* Weg. Es geht zunächst darum, die eigene Karriere im Blick zu behalten und gegen vermeintliche Chancen, unpassende Angebote und andere externe Einflüsse zu verteidigen.

Wie es Ihnen gelingt, Ihren *eigenen* Karriereweg zu finden und trotz aller Gefahren erfolgreich zu gehen, ist das zentrale Thema dieses vierten Buchteils.

> Sie wollen ausführlichere Informationen? Dann werfen Sie einen Blick in mein Buch »**Was wirklich zählt! Mit Überzeugung führen.**« Hier begleiten Sie vier Protagonisten auf ihrem Weg ... https://www.galileo-institut.de/publikationen/buecher-fuehrung/

## 19.1  Die vier häufigsten Karrierefallen

Halten wir uns erneut vor Augen, was bei einer beruflichen Entscheidung auf dem Spiel steht. Was sind die Folgen, wenn man sich vom eigenen Karriereweg abbringen lässt und eine Position annimmt, bei der etwas »nicht stimmt«? Das Beispiel des Berliner Informatikers steht hier für viele andere: Der Karriereschritt verliert schnell seinen Glanz. Immer deutlicher tritt zutage, dass die Position den eigenen beruflichen Wünschen widerspricht. Die Unzufriedenheit wächst. Was Spaß bereiten sollte, fällt schwer. Anstatt motiviert die Aufgaben anzupacken, stapeln sich die Probleme. Eine Negativspirale beginnt, an deren Ende Gesundheit und Karriere ruiniert sein können – ganz zu schweigen von der steigenden Unzufriedenheit Ihres Arbeitgebers.

Nach meiner Beobachtung gibt es vor allem vier Karrierefallen, die in diese Negativspirale hineinführen können:

- *Man lässt sich verleiten.* Ein gutes Gehalt, die große Chance, eine höhere Position – wie im Falle des Berliner Informatikers gibt es dann kein Halten mehr. Scheinbar attraktive Angebote sind nach meiner Erfahrung die gefährlichsten Karrierefallen. Häufig fühlt sich der Betroffene von einem verlockenden Angebot so geschmeichelt, dass er gar nicht auf die Idee kommt, erst einmal genau zu überprüfen, ob es tatsächlich ein *für ihn* attraktiver Karriereschritt ist.
- *Man unterschätzt das Interesse des Unternehmens.* Wer ein Angebot erhält, darf das dahinter stehende Eigeninteresse nicht verkennen. Eine wichtige Position zu besetzen, liegt im massiven Interesse des Unternehmens. Die verantwortlichen Entscheider werden deshalb alles versuchen, den aus ihrer Sicht geeignetsten Mitarbeiter für die Position zu gewinnen.
- *Man weicht dem Druck aus dem Umfeld.* Die vermeintlichen und tatsächlichen Erwartungen der Kollegen und Freunde können starken Einfluss ausüben. Manchmal ist es dann der Rat des Ehepartners, der den Ausschlag gibt, dieses »tolle Angebot« anzunehmen – und nicht die eigene individuelle Entscheidung.
- *Man folgt den Karriereratgebern.* Es gibt zahllose, manchmal durchaus brauchbare Karrierebücher. Viele Tipps gehen jedoch ins Leere oder können sogar gefährlich sein, wenn eine Führungskraft ihnen unkritisch folgt und dadurch vom eigenen Karriereweg abkommt.

Das in diesem und im nächsten Kapitel vorgestellte Karrieremodell hilft Ihnen, diese Fallen zu vermeiden. Ausgangspunkt ist ein Verständnis von Karriere, das auf persönliche Zufriedenheit und die Entfaltung der eigenen Stärken setzt. Karriere heißt zunächst »persönliche Laufbahn im Berufsleben«. Diese gängige Definition möchte ich zuspitzen: *Karriere heißt, die für sich selbst bestmögliche Rolle und Position finden.*

Die bestmögliche Rolle und Position finden Sie, wenn die berufliche Entwicklung im Einklang mit den eigenen Fähigkeiten und Talenten sowie den Werten, Zielen und

Motiven der eigenen Persönlichkeit steht. Erst dann eröffnet eine Karriere die Chance, tatsächlich etwas zu bewegen, eigene Ziele zu erreichen und dabei auch in der Arbeit aufzugehen – den Flow zu erreichen, wie der Psychologe Mihaly Csikszentmihalyi das Gefühl des völligen Aufgehens in einer Tätigkeit nannte.

Ausgehend von dieser Karrieredefinition stellen sich für die berufliche Entwicklung einer Führungskraft zwei Kernfragen:
- Welches Umfeld ist für mich karriereförderlich? Welche Rahmenbedingungen müssen unbedingt erfüllt sein, welche Rahmenbedingungen unterstützen meine berufliche Entwicklung?
- Wie finde ich im bestehenden Umfeld die für mich beste Position?

Mit dem ersten Aspekt, den Rahmenbedingungen, befassen wir uns in diesem Kapitel, mit der zweiten Frage in Kapitel 20. Dort wird es dann darum gehen, innerhalb dieses Rahmens den bestmöglichen Karriereweg zu finden. Beide Aspekte ergeben ein Konzept, das sich von normalen Karriereratgebern stark unterscheidet, in der Praxis jedoch sehr erfolgreich ist. In meinem Buch »Was wirklich zählt! Mit Überzeugung führen« lesen Sie ganz genau, wie das geht – auch für Sie!

Normalerweise beginnt ein Karriereratgeber mit der Aufforderung, Visionen und Lebensperspektiven zu entwerfen. Ich schlage zum Start einen anderen, pragmatischeren Weg vor, der Ihnen ein Instrument an die Hand gibt, das Sie sofort einsetzen können. Mit der im Folgenden vorgestellten »U-Liste« lernen Sie ein einfaches Werkzeug kennen, um ihre Karriere zu steuern.

## 19.2 Den Rahmen festlegen

Wir erinnern uns an die Bougainvillea (Kapitel 7): Die tropische Pflanze entfaltet ihre ganze Blütenpracht auch in unseren Gefilden, sofern sie hier alle notwendigen Lebensbedingungen vorfindet. Fehlt jedoch nur ein Faktor, verkümmert sie. Nicht anders ist es mit Ihrer Karriere: Auch sie gedeiht und entwickelt sich, wenn alle notwendigen Rahmenbedingungen erfüllt sind – und verkümmert, wenn auch nur eine von ihnen fehlt. Weder ein tolles Gehalt noch die spannende Aufgabe oder die große Entscheidungsbefugnis können dieses Defizit dann aufwiegen.

Es kommt also darauf an, diese *Muss-Faktoren* herauszubekommen. Der Grundgedanke der folgenden Ausführungen liegt darin, eine Liste mit genau den Rahmenbedingungen zu erarbeiten, die für Sie persönlich *unbedingt* erfüllt sein müssen. Anhand dieser »U-Liste« können Sie dann bei jedem Angebot prüfen, ob es im Rahmen Ihres Karrierewegs liegt oder nicht. Die U-Liste lässt sich als einfaches Instrument für Ihr

Karriere-Controlling nutzen: Einfach die darauf notierten fünf bis sieben Bedingungen abhaken! Ist ein U-Kriterium nicht erfüllt, heißt das: »Stopp, die Ampel steht auf Rot!«.

Wie kommen Sie nun zu dieser U-Liste?

### 19.2.1 Die Wunschliste: Der ideale Rahmen

Im ersten Schritt entwickeln Sie eine Wunschliste: Welche Rahmenbedingungen sollten im Idealfall erfüllt sein? Gehen Sie zunächst von Ihrer aktuellen Situation aus. Rufen Sie sich einige Situationen ins Gedächtnis, in denen Sie sehr erfolgreich waren – und überlegen Sie: Was haben Sie und was die anderen Beteiligten damals getan? Wie waren die Rahmenbedingungen? Inwiefern haben diese zum Erfolg beigetragen?

Die Vielfalt möglicher Rahmenbedingungen kann Ihnen die folgende Checkliste erschließen. Nutzen Sie die einzelnen Fragen als »Ideen-Inspirator«:
- Welche Art von Unternehmen soll es sein?
- Wie soll der Einsatzort sein (fester Ort, variabler Ort, zu Hause etc.)?
- Wie sieht die Arbeitsumgebung aus (Büro, Werkstatt, außer Haus etc.)?
- Für welche Tätigkeiten erfolgt die Bezahlung?
- Welche (vielleicht unbeliebten) Aufgaben sind damit verbunden?
- Welche Branche gefällt mir (spezifische Regeln und Gepflogenheiten)?
- Wie sollten die Arbeitszeiten sein (feste oder variable Zeiten, Überstunden etc.)?
- Wie sollte die Entlohnung sein (regelmäßiges Gehalt, Fixum, Sonderleistungen etc.)?
- Wer sind die Kollegen und Vorgesetzten?
- Welcher Führungsstil dominiert?
- Wie groß soll der Gestaltungsspielraum sein?
- Wodurch ist das Betriebsklima geprägt?
- Welche Möglichkeiten der Weiterentwicklung gibt es?
- Wie sollte der Verantwortungs- und Entscheidungsspielraum sein?
- Wie viele Hierarchiestufen gibt es? Welche Hierarchiestufe wäre mir lieb?

Fangen Sie einfach beim Punkt »Unternehmen« an und notieren Sie, welche Bedingungen idealerweise erfüllt sein sollten: Soll es ein großes oder kleines Unternehmen sein, ein konservatives oder modernes, ein junges oder etabliertes, eine Aktiengesellschaft oder ein inhabergeführtes Unternehmen? Wie soll der Arbeitsplatz aussehen, soll es ein Einzelbüro oder Großraumbüro sein? Und wie die Arbeitsform? Sollen es flexible oder feste Arbeitszeiten sein?

Zugegeben: Die Erarbeitung der Wunschliste kostet einige Zeit, sie kann zwei bis drei Stunden dauern. Am Ende erhalten Sie jedoch eine gute Vorstellung von Ihrem idealen

Arbeitsumfeld. Die Mühe lohnt sich also, zumal Sie diesen Aufwand möglicherweise nur einmal in Ihrem Leben betreiben müssen.

### 19.2.2 Die U-Liste: Der unbedingt notwendige Rahmen

Die Wunschliste ist meistens lang, manchmal umfasst sie mehrere Seiten. Sie beschreibt den idealen Rahmen, den Sie sich für Ihre Karriere wünschen. Je gründlicher Sie die Liste erarbeitet haben, desto bewusster sind Ihnen die Rahmenbedingungen, die Sie für Ihre berufliche Entwicklung gerne hätten. Wirklich entscheidend ist jedoch ein anderer Punkt: Was davon ist existenziell notwendig? Welche Rahmenbedingungen sind für Sie die U-Bedingungen, also *unbedingt* notwendig?

Destillieren Sie aus Ihrer langen Wunschliste nun also die unbedingt notwendigen Bedingungen heraus – zum Beispiel:
- »Ich benötige ausreichende Entscheidungsbefugnisse.«
- »Ich möchte keine Auslandsaufenthalte von mehr als einem Monat.«
- »Ich möchte in Berlin bleiben.«

Am Ende bleiben in der Regel fünf bis sechs Rahmenbedingungen übrig, von denen Sie überzeugt sind, dass sie *unbedingt* erfüllt sein müssen. Es handelt sich um Ihre U-Liste, eine individuelle Liste, die Ihnen künftig als persönlicher Wegweiser dient. Wenn Sie Ihre U-Liste mit der eines Kollegen vergleichen, wird sie sich immer unterscheiden – was aber nicht heißt, dass einer der Listen falsch ist. Interessanterweise steht jedoch meiner bisherigen Erfahrung nach das Thema Geld oder »hohes Gehalt« fast immer auf der Wunschliste, niemals bislang jedoch auf der U-Liste.

Bevor Sie Ihre U-Liste einsetzen, sollten Sie noch einen Sicherheitscheck vornehmen. Vergewissern Sie sich, dass es sich tatsächlich um U-Bedingungen handelt. Fragen Sie hierzu bei jedem Punkt: »Könnte ich auch darauf verzichten?« Stellen Sie sich vor, dass diese Bedingung nicht erfüllt ist. Malen Sie sich die Situation aus und prüfen Sie, ob Sie dann tatsächlich nicht klar kommen würden.

## 19.3 Karrieresteuerung mit der U-Liste

Mit der U-Liste verfügen Sie nun über ein einfaches Instrument, um Ihre Karriere im Blick zu behalten und zu steuern. Wenn Sie ein Angebot erhalten oder sich auf eine neue Position bewerben wollen, nehmen Sie die Liste zur Hand und prüfen, ob in der neuen Position alle Muss-Bedingungen erfüllt sind. Wenn dies nicht der Fall ist, lohnt der Gedanke an die Bougainvillea – und daran, dass dieses so prächtige Gewächs unweigerlich verkümmert, wenn auch nur eine ihrer lebenswichtigen Rahmenbedingungen fehlt.

Alle Punkte Ihrer U-Liste müssen erfüllt sein, sonst laufen Sie unweigerlich in eine Karrierefalle. Bei der Wunschliste können Sie Abstriche machen, niemals jedoch bei den U-Bedingungen!

### 19.3.1 Check der Rahmenbedingungen: Veränderbar oder fix?

Selbstverständlich besteht die Möglichkeit, über Bedingungen zu verhandeln. Bevor Sie deshalb auf ein interessantes Angebot wegen eines nicht erfüllten U-Punktes verzichten, sollten Sie prüfen: Lässt sich diese Bedingung vielleicht doch noch erreichen?

Wenn alle U-Bedingungen erfüllt sind, lohnt sich immer auch noch ein Blick auf die Wunschliste: Welche Punkte sind erfüllt, welche lassen sich durch Verhandlungen eventuell noch erreichen? Versuchen Sie, Ihrer Idealposition möglichst nahe zu kommen, indem Sie prüfen, welche Rahmenbedingungen fix, welche möglicherweise noch veränderbar sind. Viele Führungskräfte sind immer wieder überrascht, dass ein Großteil der Rahmenbedingungen veränderbar ist und Verhandlungen hier fast immer einen Versuch wert sind.

Kürzlich erlebte ich eine Führungskraft, die mit Ohropax in den Ohren arbeitete. Der Grund: Sie kam mit dem Großraumbüro nicht klar. Den Versuch jedoch, ein Einzelbüro zu erhalten, hatte sie gar nicht erst unternommen. Sicher: Manche Rahmenbedingungen sind unveränderbar, man kann aus einer konservativen Unternehmenskultur kein jung-dynamisches Unternehmen machen. Aber an 90 Prozent der Rahmenbedingungen lässt sich feilen. Wenn ein ruhiger Arbeitsplatz zu den U-Bedingungen zählt, wird ein Arbeitgeber eine Einstellung kaum allein an diesem Punkt scheitern lassen. Die Initiative muss jedoch vom Mitarbeiter ausgehen.

Somit lässt sich festhalten: Die U-Liste schafft Klarheit bei Karriereentscheidungen. Ist eine der darauf genannten Rahmenbedingung nicht erfüllt und auch nicht veränderbar, sollte selbst das lukrativste Angebot tabu sein. Ist in der eigenen Firma eine U-Bedingung nicht erfüllt, erscheint auch der Wechsel in ein anderes Unternehmen angezeigt.

**Digitales Extra: Standortanalyse**
U-Liste und W-Liste zum Ausfüllen
https://www.galileo-institut.de/buch-downloads

## 19.3.2 Die U-Liste als Steuerungsinstrument – zwei Beispiele

Wie die U-Liste in der Praxis eingesetzt werden kann, verdeutlichen zwei Beispiele. Im ersten Fall handelt es sich um einen Manager aus einem Luftfahrtunternehmen, der vor dem Aufstieg in die zweite Führungsebene stand. Er setzte sich intensiv mit seinen Rahmenbedingungen auseinander – und stellte folgende U-Liste auf:

- *Unternehmenskultur:* »Ich möchte auf keinen Fall auf die vertraute Unternehmenskultur verzichten.«
- *Wenig Politik:* »Ich möchte etwas bewegen, ohne zu sehr auf taktische und politische Spiele Rücksicht nehmen zu müssen.«
- *Entscheidungsbefugnis:* »Ich benötige einen großen Entscheidungsspielraum.«
- *Standort:* »Ich möchte in den nächsten zehn Jahren im Raum Frankfurt bleiben.«

Der Manager dachte zunächst daran, in der Konzernzentrale Karriere zu machen. Doch dann erkannte er: Je näher er der Zentrale des Unternehmens kam, desto politischer wurden die Verhältnisse und desto mehr zählten Taktik, Beziehungen und Einflussnahme. Hinzu kam, dass längere Auslandsentsendungen im Zuge der üblichen Konzernkarriere unvermeidlich waren. Darauf wolle er sich jedoch nicht einlassen, da er zwei kleine Kinder hatte, die er aufwachsen sehen wollte. Eben deshalb zählte der Punkt, am Standort zu bleiben, zu seinen U-Bedingungen. Kurzum: Die ursprünglich gedachte Lösung war obsolet.

Die U-Liste half ihm, einen anderen Weg zu finden. Warum nicht Geschäftsführer eines Tochterunternehmens werden? Das wäre ein anderer Karriereweg, doch die U-Bedingungen könnten alle erfüllt werden:

- Unter dem Dach des Konzerns bleibt die vertraute Unternehmenskultur erhalten.
- Ein Tochterunternehmen liegt ziemlich weit weg vom politischen Geschehen der Konzernzentrale.
- Eine Konzerntochter wird eher wie ein mittelständisches Unternehmen geführt und bietet damit große Gestaltungsspielräume.
- Da mehrere Töchter ihren Sitz im Raum Frankfurt haben, erscheint auch der vierte U-Punkt realisierbar.

Das Beispiel zeigt: Nahe gelegen hätte die klassische Konzernlaufbahn, wie sie in diesem Unternehmen üblich ist und empfohlen wird. Dank der U-Liste hatte der Manager diese Karrierefalle rechtzeitig erkannt und eine Alternative gefunden.

Mit dem zweiten Beispiel kommen wir zurück auf jenen Berliner Informatiker, der das »Super-Angebot« aus München erhalten hatte. Auch seine U-Liste enthielt nur vier Punkte:

- *Umfeld:* »Ich möchte in einem großen Unternehmen (keinem Beratungsunternehmen) als Informatiker tätig sein.«
- *Arbeitsform:* »Ich möchte in einem Team arbeiten.«

- Arbeitsinhalt: »Ich möchte keine Routinetätigkeit, sondern im Projektteam an etwas Neuem arbeiten.«
- Standort: »Mein vertrautes Umfeld ist mir wichtig, ich möchte in Berlin bleiben.«

Die angebotene Position erfüllte die ersten drei Bedingungen, nicht jedoch die vierte. Den Fortgang der Geschichte kennen Sie bereits: Obwohl das Thema Geld nur auf seiner Wunschliste stand, ließ der Informatiker sich vom lukrativen Gehalt verleiten und zog nach München. Dort kam er mit der fremden Mentalität nicht klar und sehnte sich zurück in sein vertrautes Umfeld. Das auf über 200.000 Euro verdoppelte Gehalt reichte nicht aus, um den unerfüllten U-Punkt »Berlin« zu verschmerzen. Mit fliegenden Fahnen kehrte er in seine Heimatstadt zurück – arbeitslos inmitten der Wirtschaftskrise.

## 19.4 Zusammenfassung

In diesem Kapitel haben Sie ein Instrument kennengelernt, mit dem Sie auf einfache Weise Ihre Karriere im Auge behalten und steuern können.

Grundlage hierfür ist ein Verständnis von Karriere, das auf persönliche Zufriedenheit und die Entfaltung der eigenen Stärken setzt. Karriere heißt hier, die für sich selbst bestmögliche Rolle und Position finden. Dies gelingt nur, wenn die berufliche Entwicklung mit den eigenen Fähigkeiten und Talenten sowie mit den Werten, Zielen und Motiven der eigenen Persönlichkeit im Einklang steht.

Die Gefahr ist groß, sich von diesem *eigenen Karriereweg* abbringen zu lassen – sei es durch ein lukratives Gehalt, schlechte Ratgeber oder einen mehr oder weniger sanften Druck des Vorgesetzten. Stimmt jedoch die Position nicht mehr mit den eigenen Stärken und Wünschen überein, verliert ein Karriereschritt schnell seinen Glanz. Die Arbeit fällt schwer, die Motivation leidet, die Leistungen verschlechtern sich. Eine Negativspirale beginnt, die am Ende Gesundheit und Karriere gefährden kann.

Um dieser Entwicklung zu entgehen und den eigenen Weg nicht aus den Augen zu verlieren, kommt es darauf an, seine »U-Bedingungen« zu kennen. In der Regel sind es fünf oder sechs Rahmenbedingungen, die bei der eigenen beruflichen Entwicklung *unbedingt* erfüllt sein müssen.

Anhand dieser »U-Liste« können Sie dann jedes Angebot auf einfache Weise überprüfen: Liegt es im Rahmen Ihres Karrierewegs oder nicht? Ist auch nur ein U-Kriterium nicht erfüllt, bedeutet das: Die Ampel steht auf Rot! Bevor Sie das Angebot nun ablehnen, sollten Sie gegebenenfalls versuchen, die fehlende Bedingung durch Verhandlungen doch noch zu erreichen. Gelingt das nicht, lautet die Empfehlung: Verzichten Sie auf die Position, selbst wenn die Vergütung noch so verlockend erscheint.

**Digitales Extra**
Gebündelte Fragen und Impulse auf den Punkt gebracht. In meinem kostenlosen Audio-Coaching finden Sie die wichtigsten »Knackfragen« zu Ihrer Karriereplanung. In neun kurzweiligen Sequenzen beginnen Sie mit dem Commitment, der Standortanalyse, und vielen weiteren Impulsen, die für ihre erfolgreiche Karriere wichtig sind. Laden Sie sich die ganze neunteilige Serie »**Karriereplanung: Unzufrieden – ich weiß nicht, was ich will**« herunter.
https://www.galileo-institut.de/audiocoaching-unternehmenslenker/

# 20 Die Chipkarte – Finden Sie Ihre beste Position!

Um Karriere zu machen, denken die meisten Menschen, braucht es einen Stellenwechsel – und dass man sich bewerben müsse. Sie halten nach offenen Positionen Ausschau, lesen Stellenanzeigen oder reagieren auf ein Angebot, das ihnen zugetragen wird.

Dieses Reagieren auf äußere Gelegenheiten ist zwar gängig, birgt aber eine Gefahr: Da eine angebotene Position nur selten vollständig dem eigenen Profil entspricht, fängt man an, sich ein wenig anzupassen – schließlich möchte man die Position ja bekommen. Dieser Vorgang wiederholt sich im Laufe eines Berufslebens immer wieder, vielleicht zehn-, vielleicht sogar dreißigmal. Langsam, zunächst kaum merklich driften eigenes Profil und Profil der Position auseinander. Wenn die Diskrepanz dann auffällt, ist es zum Gegensteuern oft schon sehr spät. Eine tiefsitzende Unzufriedenheit tritt zutage, die schnell zu einer Negativspirale aus fehlender Motivation, Überforderung und abfallenden Leistungen führen kann.

In diesem Kapitel lernen Sie eine Möglichkeit kennen, um diese Gefahr zu vermeiden. Anstatt bei jedem Angebot neu zu entscheiden und sich dabei womöglich jedes Mal ein wenig mehr zu verbiegen, gehen Sie die Sache andersherum an: Sie entscheiden sich zunächst ein einziges Mal für ein klares Profil – nämlich Ihr eigenes Profil mit Ihren persönlichen Stärken, Motiven, Werten und unbedingten Rahmenbedingungen. Dieses Profil ist von nun an die Grundlage für alle künftigen Karriereentscheidungen.

## 20.1 Setzen Sie auf das Evolutionsprinzip

Eine weitverbreitete Fehlinterpretation der Evolutionslehre liegt in der Annahme, dass der Stärkere gewinnt. Tatsächlich geht es beim »survival of the fittest« jedoch um denjenigen, der am besten um seine Stärken weiß und in der Lage ist, sich an die permanent verändernden Rahmenbedingungen anzupassen. Damit ist Evolution ein biologischer *und* sozialer Prozess, bei dem diejenige Art überlebt, die ihre besonderen Fähigkeiten am besten kennt und einsetzt – und zudem in der Lage ist, sich mit diesen Stärken ihrem Umfeld, das sich ständig verändert, erfolgreich anzupassen.

**Abb. 21:** Evolution (Bildnachweis: filo / istockphoto.com)

Überträgt man diese Erkenntnis auf das Agieren und Interagieren von Menschen, lässt sich daraus eine klare Botschaft ableiten. Mit einer erfolgreichen und persönlich zufriedenstellenden Entwicklung kann derjenige rechnen, der folgende Aspekte beherzigt:

- Er weiß um seine wirklichen Stärken, um das Besondere und Einzigartige, das in ihm angelegt ist.
- Er vertraut diesen Anlagen und sorgt dafür, dass sie sich entfalten können.
- Er ist sich der Tatsache bewusst, dass sich das Umfeld permanent ändert. Deshalb nutzt er seine Fähigkeiten auch dafür, sich an die ständig verändernden Rahmenbedingungen anzupassen.

Vorgänge aus der Natur haben uns bereits an vielen Stellen geholfen, Zusammenhänge besser zu verstehen und Lösungen für Führungs- oder Organisationsprobleme zu finden. Nach meiner Überzeugung lohnt es sich gerade bei der persönlichen Karrieregestaltung ganz besonders, die Natur und hier speziell das Muster der Evolution zum Vorbild zu nehmen. Es geht hier, wie gesagt, nicht um Überlegenheit durch Macht und Stärke. Vielmehr verlangt das Prinzip der Evolution, sich sehr genau mit sich selbst auseinanderzusetzen, sich auf die eigenen Potenziale zu besinnen – um so mit einem eigenen, klar definierten und unverwechselbaren Profil auf den Markt zu gehen. Das schafft nicht nur persönliche Zufriedenheit und eine gute Verhandlungsposition gegenüber möglichen Arbeitgebern. Ein solches Angebot ist gleichzeitig glaubwürdig und kompetent, weil es auf den ureigenen Stärken und Talenten des Anbieters beruht.

Tatsächlich verstoßen jedoch die meisten Menschen gegen das Evolutionsprinzip, wenn es um die eigene berufliche Entwicklung geht. Anstatt ihren eigenen Anlagen den Vorrang einzuräumen, nehmen sie externe Vorgaben zum Maßstab. Sie orientieren sich an Mitbewerbern oder Kollegen, ahmen diese nach und werden dadurch untereinander immer austauschbarer, während gleichzeitig die individuellen Besonderheiten immer mehr verblassen.

Was heißt das in der Konsequenz? Halten Sie inne, besinnen Sie sich zunächst auf sich selbst. Entwerfen Sie zunächst Ihr eigenes Profil und bringen Sie darin Ihre Stärken zur Geltung. Designen Sie Ihr persönliches Angebot, anstatt dem Markt weiterhin mit ständig wechselnden Bewerbungen hinterherzulaufen. Genau darin liegen der Kerngedanke – und der besondere Charme – des nun vorgestellten »Chipkarten-Modells«.

Abb. 22: Chipkarte (Bildnachweis: MimaCZ / istockphoto.com)

## 20.2 Das Chipkarten-Modell: Der andere Weg

Wir kennen sie von den Krankenkassen: die Chipkarten. Äußerlich sehen sie alle gleich aus, in der Mitte jedoch haben sie einen individuellen Chip. Dieser enthält alle relevanten Informationen – auf engstem Raum komprimiert und zugleich schnell und leicht abrufbar. Genau so könnte es mit Ihrem Profil sein, das Sie für Ihre Karriere einsetzen: Sie tragen ein Mal alle Informationen zusammen, konzentrieren diese in einem Kern – ^einem Chip –, dessen Inhalt für Sie künftig jederzeit verfügbar ist. Das hat zwei große Vorteile: Zum einen können Sie ein Stellenangebot sofort mit Ihrem Chip abgleichen und feststellen, inwieweit es von Ihrer Wunschposition abweicht. Zum anderen können Sie mit Ihrem Chip selbst auf den Markt gehen und Ihrem Arbeitgeber oder einem anderen Unternehmen ein Angebot machen.

Die Situation unterscheidet sich nun substanziell vom üblichen Bewerbungsgespräch: Es entsteht ein Dialog auf Augenhöhe. Indem Sie mit einem festgelegten Profil ins Gespräch gehen, können Sie gegenüber Ihrem Gesprächspartner klar nachvollziehbar Zugeständnisse machen, was diesen wiederum zum Entgegenkommen bewegt. Anstatt sich an die Konditionen des Unternehmens einfach anzupassen, sind nun auch Ihre Bedingungen transparent und Sie können gemeinsam mit Ihrem Gegenüber eine für beide Seiten gute Lösung finden. Die Wirkung ist enorm: Sie treten selbstbewusst auf und überzeugen durch Ihre tatsächlichen Stärken. Das verbessert nicht nur die Erfolgschancen; eine Unterhaltung auf Augenhöhe ist auch viel angenehmer als ein Bewerbungsgespräch.

Das Vorgehen ist also genau andersherum als üblich: Nicht das Unternehmen bietet Ihnen eine klar definierte Stelle an, sondern Sie selbst haben ein klar definiertes Profil und können daraus ein Angebot entwickeln, mit dem Sie sich an das Unternehmen wenden. In der Praxis hat sich das Verfahren inzwischen vielfach bewährt, sowohl Mitarbeiter wie Unternehmen äußern sich sehr angetan. »Es beschleunigt nicht nur die eigene Karriere enorm, sondern trägt auch dazu bei, im Unternehmen die besten Leute an den richtigen Stellen zu platzieren«, urteilt zum Beispiel der Personalleiter eines weltweit tätigen Konzerns.

## 20.3 Den Chip entwickeln: Designen Sie Ihre Position

Was genau enthält Ihr Chip? Einen wichtigen Teil des Profils haben wir bereits in Kapitel 19 erarbeitet: die U-Liste. Selbstverständlich zählt diese Liste zu Ihrem Profil, gibt sie doch an, welche Rahmenbedingungen unbedingt erfüllt sein müssen. Doch ist das Umfeld, in dem sich Ihre berufliche Entwicklung bewegen soll, natürlich noch längst nicht alles. Jetzt muss noch all das hinzukommen, was in den Rahmen hineingehört – letztlich also Ihre ideale Position. Diese wiederum resultiert vor allem aus Ihren Talenten, Stärken und Werten.

Fragt man einen Leistungsträger direkt nach seinen Stärken, führt das meist zu wenig aussagefähigen Ergebnissen. Der Grund liegt darin, dass gerade die besten Führungskräfte manche Aufgabengebiete auch deshalb gut beherrschen, weil sie in der Lage sind, die Zähne zusammenzubeißen und sich die erforderlichen Fähigkeiten anzueignen. Disziplin und Durchhaltevermögen sind hohe Tugenden, doch bei der Frage nach der idealen Position verschleiern sie möglicherweise die echten Talente.

Um die tatsächlichen Stärken einer Führungskraft aufzuspüren, habe ich früher eine recht aufwendige, aber durchaus zuverlässige Methode eingesetzt. Ich gab meinen Klienten ein Papier mit der Überschrift »Meine Stärken«, darunter 20 leere Felder – und bat sie, die Felder auszufüllen. Als Anleitung gab ich mit auf den Weg, dass eine Stärke keine Einzigartigkeit sein muss, sondern eine Eigenschaft, die viele andere Menschen auch haben können. Zum Entsetzen meiner Klienten habe ich die Liste noch zwei weitere Male ausfüllen lassen, sodass es am Ende 60 Stärken waren. Dieses Vorgehen hat zwangsläufig dazu geführt, dass der Ausfüllende die Messlatte immer niedriger hängen musste und auch Dinge notierte, die er zunächst als selbstverständlich angesehen und gar nicht explizit zu seinen Stärken gezählt hatte.

Es geht aber auch einfacher – wie die im folgenden Abschnitt vorgestellten Methoden zeigen.

### 20.3.1 Drei Methoden, wie Sie Ihre wirklichen Stärken entdecken

Neben der beschriebenen »Methode der 60 Stärken« gibt es drei einfachere Möglichkeiten, um die tatsächlichen Stärken eines Menschen herauszufinden: den Stärken-Finder durch Erfolgsgeschichten, das Stärken-Interview und den Motiv-Finder.

**Methode 1: Stärken-Finder durch Erfolgsgeschichten**
Suchen Sie nach erfolgreichen Aufgaben, Projekten oder Entscheidungen, die Ihnen Spaß gemacht haben. Es können auch kleine Beispiele sein, Hauptsache Sie denken gerne daran zurück. Untersuchen Sie die Erfolgsgeschichten nach folgendem Fahrplan:
1. Was war das Ergebnis?
2. Was war das Ziel?
3. Welches Problem musste gelöst werden?
4. Was genau haben Sie selbst getan, um das Problem zu lösen und das Ziel zu erreichen? Welche Rolle haben Sie dabei gespielt?
5. Analyse: Welche Fähigkeiten mussten Sie wohl haben, die Ihnen geholfen haben, das Ergebnis zu erreichen?

Spielen Sie mindestens zehn Beispiele auf diese Weise durch. Dann können Sie Bilanz ziehen und noch einmal zusammenfassen,
- worauf Ihre Erfolge in den Beispielen zurückzuführen sind,
- welche Stärken, Begabungen und Fähigkeiten dahinter stehen und
- welche Rahmenbedingungen und Faktoren für Ihre Leistungen offensichtlich förderlich oder hemmend sind.

**Methode 2: Stärken-Interview**
Jetzt sind die anderen dran: Befragen Sie Menschen aus Ihrem beruflichen und privaten Umfeld, deren Antworten für Sie Gewicht haben. Als Hilfestellung kann der folgende Fragenkatalog dienen:
- Was kann ich deiner Meinung nach sehr gut?
- Was kann ich, was du nicht so gut kannst?
- Wo bin ich deiner Meinung nach besser als der Durchschnitt?
- Wann und wo hast du schon einmal erlebt, dass ich etwas besonders gut gemacht habe?
- Was ist deiner Meinung nach meine herausragende Fähigkeit?
- Welche Aufgabenstellungen, glaubst du, kann ich besonders gut lösen?
- Für welche Situationen würdest du mich einsetzen?
- Habe ich dich schon einmal durch etwas, was ich kann, beeindruckt? Was war das?
- Denkst du, dass ich X gut kann?

Für X setzen Sie die Stärken ein, die Sie zum Beispiel über Methode 1 bereits gefunden haben. Da Sie bei den Interviews immer subjektive Meinungen erhalten, ist es sinnvoll, relativ viele Personen aus unterschiedlichen Zusammenhängen zu befragen. Nach etwa zehn Interviews dürften Sie jedoch ein recht zuverlässiges Bild erhalten.

**Methode 3: Motiv-Finder**
Fragen Sie direkt nach den Tätigkeiten, die Sie besonders motiviert angehen, die Ihnen leicht fallen und Spaß machen – und leiten Sie hieraus Ihre Stärken ab. Bewährt haben sich hierzu folgende Leitfragen:
- Frage 1: Was macht Ihnen Spaß, was fällt Ihnen leicht?
- Frage 2: Was könnten Sie den ganzen Tag tun und würden dabei die Zeit vergessen?
- Frage 3: Was würden Sie auch tun, wenn Sie kein Geld dafür bekämen?

Was ist das Besondere an diesen Fragen? Hinter *Frage eins* steht die Annahme, dass Dinge, die leichtfallen und Spaß machen, in der Regel auf eine besondere Stärke hinweisen. *Frage zwei* zielt direkt auf Ihre Leidenschaften ab, über die Sie die Zeit vergessen, wenn Sie darin eintauchen. *Frage drei* kommt den vermeintlichen Stärken auf die Spur: Wenn Sie eine Aufgabe allein deshalb übernehmen, weil sie dafür bezahlt werden, dürfte dahinter kaum eine genuine Stärke stehen. Vielmehr handelt es sich dann vermutlich um eine jener Fertigkeiten, die sie sich nur angeeignet haben, weil Ihr Job es so verlangte.

Geben Sie Ihren Gedanken freien Lauf. Es hat sich bewährt, diese Übung schriftlich durchzuführen. Beginnen Sie mit einem Blatt Papier, auf das Sie zunächst alles schreiben, was Ihnen auf die drei Fragen einfällt. »Ich gehe gerne spazieren«, »ich beobachte gerne Menschen«, »ich habe Spaß daran, komplexe Zusammenhänge zu analysieren« – notieren Sie alles, Berufliches und Privates.

Lassen Sie die Sache dann einen Tag ruhen – und geben Sie dem Prozess ruhig ein oder zwei Wochen Zeit. Wenn Sie Ihre Notizen täglich wieder zur Hand nehmen, werden Sie sich wundern: Es kommen ständig neue Aspekte hinzu. Das Unterbewusstsein beschäftigt sich mit diesen Fragen und spült immer wieder Antworten an die Oberfläche. Es lohnt sich – und macht obendrein Spaß.

### 20.3.2 Ziehen Sie Ihre persönliche Bilanz

Ihre wirklichen Stärken, also all das, was Ihnen leicht fällt und Spaß macht, haben Sie herausgefunden. Nun folgt der nächste Schritt, bei dem Sie Ihre Leidenschaften hinterfragen: Was genau bereitet Ihnen daran Freude?

Nehmen wir das Beispiel »Spazieren gehen«. Was vermittelt Ihnen daran positive Gefühle? Die Antwort könnte lauten: »Ich spüre die körperliche Bewegung, genieße die frische Luft, erfreue mich an der Natur, beobachte Menschen, mit denen ich nicht reden muss …« Mit anderen Worten: Es geht nun darum, Ihren Bedürfnissen und Werten auf die Spur zu kommen – also dem, was Sie tatsächlich antreibt und motiviert. Es zählt also nicht nur die Stärke »Spazierengehen«, sondern insbesondere das *Warum*, also das hinter dem Spazierengehen stehende Bedürfnis. Ich frage an dieser Stelle gerne so: Was ist die Karotte vor der Nase, für die Sie meilenweit gehen würden?

Während Sie die Leidenschaften und Stärken auf diese Weise analysieren, entdecken Sie vermutlich bald einen roten Faden. Es tauchen immer wieder bestimmte Bedürfnisse und Motive auf, die Sie bei Ihren Aktivitäten reizen. Gegen Ende der Analyse ergibt sich dann in der Regel ein ziemlich klares Bild davon,

- was Sie wirklich gerne tun, wo also Ihre Leidenschaften und tatsächlichen Stärken liegen und
- welche Rahmenbedingungen Sie hierfür brauchen.

Ziehen Sie nun Ihre persönliche Bilanz. Halten Sie fest, welche Eigenschaften Ihre Persönlichkeit ausmachen. Definieren Sie eine Stärken-Kombination, in der Ihre Einzigartigkeit liegt. Im Marketing-Jargon würde man sagen: Formulieren Sie Ihre »Alleinstellung« oder »USP«. Im Idealfall finden Sie einen Claim oder zumindest einen einfachen Satz, der den Kern Ihres Profils zusammenfasst. Lassen Sie sich nicht davon beirren, wenn es dieses Angebot oder diese Position in dieser Form auf dem Markt oder in Ihrem Unternehmen nicht gibt.

Ihr Profil ist nun fertig, die Chipkarte einsatzbereit.

**Abb. 23:** Liste Chipkarte

Digitales Extra: Chip-Karte – die originale Vorlage
https://www.galileo-institut.de/buch-downloads

## 20.4  Die Chipkarte einsetzen: Realisieren Sie Ihre Karriere

Der Haupteinwand, den ich an dieser Stelle höre: »Wer soll denn Interesse an meiner Chipkarte haben?« Das Organigramm, so wird gerne argumentiert, sieht doch gar keine Position vor, »bei der ich mein Profil mit meinen Talenten, Fähigkeiten und Werten einsetzen kann.«

Zugegeben: Es ist ungewohnt, diesen umgekehrten Weg konsequent zu gehen. Nun ist man selbst der Anbieter, man steht plötzlich im Mittelpunkt. Andererseits sind die Rahmenbedingungen und das Ziel klar formuliert, mithin ist es schlicht und einfach eine strategische Aufgabe, nun auch dorthin zu kommen. Ganz logisch gedacht: Wenn Sie etwas anbieten können, was für das Unternehmen einen hohen Nutzen hat – welchen vernünftigen Grund sollte es dann geben, dieses Angebot abzulehnen?

Im Grunde bewegen Sie sich auf einem Terrain, das Ihnen als Führungskraft vertraut ist. Es geht darum, ein strategisches Ziel zu erreichen. Also benötigen Sie eine Strategie. Wie bei jedem Marketingziel fragen Sie: Wer hat Interesse an meinem Angebot? Wer ist mein Ansprechpartner? Worin genau liegt der Nutzen, den mein »Kunde« daraus ziehen kann?

Manchmal entstehen dann Ideen, die auf eine Position hinauslaufen, die es im Unternehmen so noch gar nicht gibt. Dann kommt es darauf an, sich seinen Platz im Unternehmen erst noch zu schaffen. Sie meinen, das klingt zu idealistisch? Mit der notwendigen Konsequenz und etwas strategischem Geschick ist das einfacher, als Sie denken. Das zeigen die folgenden beiden Beispiele, die für viele andere stehen.

### 20.4.1  Beispiel 1: Die Nebenbei-Tätigkeit zur Hauptsache gemacht

Ein Abteilungsleiter im Bereich Vertrieb suchte im eigenen Unternehmen eine berufliche Weiterentwicklung. Intern waren zwei Stellen ausgeschrieben, die jedoch beide nicht so recht passten. »Wohl oder übel muss ich eine von denen nehmen«, meinte er, »ich habe ja sonst keine Wahl.« Diese Argumentation ließ ich nicht gelten. Stattdessen stellte ich ihm das Chipkarten-Modell vor.

Hieraus ergab sich ein völlig neues Bild. Die Stärken des Abteilungsleiters legten eine Position nahe, die es im Unternehmen noch nicht gab. Bei seiner Tätigkeit im Bereich

Vertrieb hatte er über die Jahre ein unschätzbares Netzwerk an Kontakten zu Verbänden und anderen Gremien aufgebaut. Hierüber kommt er an Informationen, die normalerweise erst Monate später zugänglich sind. Zudem ist er in der Lage, seinerseits in diesen Gremien Informationen zu lancieren. Bislang hatte er diese Tätigkeit nebenbei mitgemacht und ihr deshalb nur wenig Bedeutung beigemessen. Ihm machte diese Form der diskreten Kommunikation einfach Spaß. Erst jetzt entdeckte er hierin seine besondere Stärke.

Das ist typisch: Wenn uns etwas Spaß macht, denken wir nicht weiter darüber nach, welchen Wert diese Tätigkeit hat. Wir merken gar nicht, dass genau hier der Hebel für unsere berufliche Weiterentwicklung liegt.

Der Abteilungsleiter erstellte nun ein Konzept, in dem er die Vorteile dieser Netzwerktätigkeit für das Unternehmen darstellte. Ansprechpartner für das Thema – das war eigentlich sofort klar – würde der Vertriebsvorstand sein, der an vertraulichen Außenkontakten generell sehr interessiert war. Der Abteilungsleiter vereinbarte mit ihm einen Termin, und dann ging alles ganz schnell: Der Vorstand zeigte sich sehr angetan – wahrscheinlich auch deshalb, weil er die Chance sah, über das Netzwerk des Abteilungsleiters auch selbst an Einfluss zu gewinnen. Jedenfalls initiierte er eine neue Vorstandsstabstelle. Der frühere Abteilungsleiter ist jetzt unmittelbar dem Vorstand zugeordnet und berichtet an ihn – für ihn ein fantastischer Karriereschritt.

Fassen wir zusammen, wie dieser schnelle und reibungslose Erfolg möglich war:
- Zunächst hatte der Abteilungsleiter herausgefunden, wo genau seine Stärken und Kernkompetenzen sowie seine Werte und Triebfedern lagen.
- Dann entschied er sich, in diesem Bereich tätig zu werden; er entwickelte seinen Chip und hieraus ein Konzept für seine Position.
- Nun ging es darum, diese Position tatsächlich zu bekommen. Sein Vorteil: Er agierte in der Gewissheit, seinem Gegenüber einen wirklichen Nutzen bieten zu können. Auf diesem Nutzen baute er seine Strategie auf.

### 20.4.2 Beispiel 2: Auf den Engpass gezielt

Einer meiner Klienten, Seniormanager im Vertrieb eines großen Konzerns, bemerkte bei einem Coachingtermin eher nebenbei, dass ihm eine Sache doch sehr auf die Nerven gehe: »Da generiere ich mit meinen Vertriebsaktivitäten einen wirklich guten Umsatz für das Unternehmen, doch in anderen Abteilungen kommt es bei der Projektumsetzung regelmäßig zu so großen Verzögerungen, dass der Erfolg zum großen Teil wieder verloren geht. Die Projektschäden schießen ins Unermessliche.« Dieser Frust war umso verständlicher, als ein Teil seines Gehaltes an den Unternehmensgewinn gekoppelt war. »Ich verdiene dieses Jahr weniger als im letzten Jahr, obwohl ich das doppelte an Umsatz reingeholt habe. Das ist doch echt ein Unding. Ich verstehe nicht, warum es den anderen nicht möglich ist, diese Projektschäden zu verhindern. Das wäre doch im Grunde ganz einfach …«

Einfach? Bei diesem Stichwort merkte ich auf. Denn Sie wissen ja: Wenn etwas leicht fällt, ist das ein starkes Indiz für eine besondere Stärke. Ich hakte also ein – und im Laufe des Coachingtermins wurde deutlich, dass mein Klient tatsächlich die Fähigkeit besaß, große Projekte so gut aufzusetzen, dass sie bei der Abwicklung mehr oder weniger reibungslos abliefen. Er hatte dies bereits einige Male bewiesen. Die Idee lag also nahe: Warum ihm nicht die Verantwortung für die Steuerung von Großprojekten übertragen? Das Unternehmen könnte die Stelle eines Projektkoordinators einrichten, der den Projektschäden ein für alle Mal ein Ende setzen würde.

Der Seniormanager war begeistert: Gäbe es eine solche Stelle, wäre er sofort bereit, sie zu übernehmen. Er trug die Argumente zusammen, erstellte ein erstes Konzept und überlegte, wie er den zuständigen Vorstand ansprechen sollte. Wo lag dessen brennendstes Problem, mit welchem Engpass hatte er gerade zu kämpfen? Inwiefern könnte eine professionelle Projektsteuerung dazu beitragen, diesen Engpass zu beseitigen? Der Seniormanager fand heraus, dass der Mutterkonzern bereits auf die steigenden Projektkosten in Deutschland aufmerksam geworden war und den Vorstandsvorsitzenden zu einer Lösung drängte. Damit war klar: Die Argumentation musste auf den Engpass »Projektverluste« abzielen. Der Seniormanager erarbeitete eine Lösung, wie sich diese Verluste durch ein professionelles Projektcontrolling abstellen ließen. Der Plan war konkret, detailliert und gut aufbereitet, sodass der Vorstand ihn unmittelbar nachvollziehen konnte.

Und tatsächlich: Es bedurfte nur zweier Meetings, und die neue Position war geschaffen, inklusive Budget und erforderlichem Personal.

War es Zufall, dass auch in diesem Fall der Karriereschritt so reibungslos gelungen ist? Sicherlich nicht. Denken wir noch einmal zurück an das Prinzip der Evolution: Demnach ist derjenige erfolgreich, der auf seine eigenen Stärken setzt – und zudem in der Lage ist, sich seinem Umfeld anzupassen. Genau so handelte mein Klient: Er agierte innerhalb seiner Kernkompetenz und passte sich an die gerade entscheidende Rahmenbedingung, nämlich den aktuellen Engpass der Unternehmensleitung, an.

### 20.4.3 Achten Sie auf den Preis Ihrer Traumposition

Jede Entscheidung hat ihren Preis – auch die für eine ideale Position. Ich bin nicht der Meinung, dass jeder, der seinen bestmöglichen Platz in der Theorie gefunden hat, diesen nun auch auf Biegen und Brechen realisieren soll. Zunächst gilt es zu überlegen:

Was bin ich bereit, für dieses Ziel wirklich zu tun? Welchen Preis bin ich bereit, dafür zu zahlen?

Wenn der Preis zu hoch, die Nummer zu groß oder der Zeitpunkt falsch erscheint, sollten Sie erst einmal Abstand von dem Vorhaben nehmen. Einer meiner Klienten träumte von Spanien. Er wollte unbedingt dorthin, um sich beruflich zu verwirklichen. Den Preis jedoch, seine Familie in Deutschland zurückzulassen, wollte er dann doch nicht zahlen. So entschied er sich, zu bleiben – und erzielte damit einen bemerkenswerten Effekt: Die bewusste Entscheidung für seine Familie führte dazu, dass er mit einer bestehenden Situation deutlich zufriedener war, als noch vor diesem Entscheidungsprozess.

Doch auch wenn Sie bewusst auf Ihre Traumposition verzichten: Vergessen Sie nicht, Ihre Chipkarte auf Ihren weiteren Berufsweg mitzunehmen. Sie wird Ihnen bei künftigen Abzweigungen zuverlässig die richtige Richtung weisen.

## 20.5 Zusammenfassung

Die meisten Menschen lassen sich bei ihren beruflichen Entscheidungen von außen leiten. Anstatt ihren eigenen Anlagen den Vorrang einzuräumen und dadurch hochwertige und unersetzbare Leistungen zu erbringen, orientieren sie sich an Mitbewerbern oder Kollegen, ahmen diese nach und werden dadurch untereinander immer austauschbarer. Damit wird auch ihre Leistung auf dem Markt austauschbar – und sinkt im Preis.

Das in diesem Kapitel vorgestellte Modell schlägt den gegenteiligen Weg vor. Anstatt sich primär an den äußeren Vorgaben zu orientieren, wird das eigene Profil zum Maßstab. Grundgedanke dahinter ist das Prinzip der Evolution, das sich – bezogen auf die eigene Karriere – wie folgt zusammenfassen lässt: »Je besser ich meine Stärken und Werte herausfinde und anwende, um so besser geht es auf der einen Seite mir, auf der anderen Seite aber auch dem Unternehmen, für das ich tätig bin.« Es entsteht eine symbiotische Beziehung im besten Sinne, von der alle Beteiligten profitieren.

# 21  Karriereziel Topmanagement – Traum oder Albtraum?

Eine echte Traumkarriere. Herr A ist gerade 40 Jahre alt, Prokurist, eine Ebene unter dem Vorstand. »Ich war eigentlich immer faul«, meint er rückblickend über sich selbst. Er hat lange studiert, war einer der ältesten Studenten, bevor er dann mit Anfang 30 als Trainee bei seinem Unternehmen, einem großen Maschinenbauunternehmen, einstieg. »So richtig hatte ich keinen Plan, was ich da wollte«, erinnert er sich – und fügt grinsend hinzu: »Eigentlich wusste ich nur, dass ich nicht zu viel arbeiten wollte.« In Inhalte mochte er sich nicht einarbeiten, in dieser Hinsicht blieb er immer sehr oberflächlich. »Hier im Unternehmen arbeiten sehr viel Ingenieure, die sind da ganz anders. Ich war schon ein Exot.«

Nach wenigen Jahren fand er sich in der Strategieabteilung wieder. Er verstand es, gute Präsentationen abzuhalten, auch vor Vorständen und anderen wichtigen Gremien. Mit seinem Chef verstand er sich hervorragend. »Der hatte einen echten Narren an mir gefressen und förderte mich wo er nur konnte – ganz ohne mein Zutun. Ich fiel die Karriereleiter regelrecht hinauf.« Nun ist er Prokurist und die nächste Stufe, Vorstand eines Tochterunternehmens, ist bereits im Gespräch.

Was waren die Schlüsselfaktoren dieses Erfolgs? Er hatte einen Förderer, leistete in seinem Bereich gute Arbeit, lernte hierbei auch viele einflussreiche Menschen kennen – und er verstand es, sich selbst zu verkaufen. Hinzu kommt, dass er sich mittlerweile auch sehr konkret mit seiner Karriere und seinen Zielen auseinandersetzt. Er plant sehr konkret die nächsten Schritte, weil er genau weiß, dass er noch weiter nach oben will. In den ersten Jahren mag seine Karriere eher zufällig gewesen sein, heute ist sie das Ergebnis von strategischer Planung, politischem Kalkül, dem Aufbau der eigenen Reputation und einer gekonnten Einflussnahme. Mit anderen Worten: Er beherrscht die gesamte Klaviatur des Topmanagements – und hat ganz offensichtlich auch seinen Spaß, darauf zu spielen.

Eine scheinbare Traumkarriere. Herr B war Hauptabteilungsleiter, Anfang 50. Auch er bekleidete eine Position in der zweiten Führungsebene. In der Branche galt er als »Netzwerker« mit hervorragenden Kontakten. Deshalb war es auch kein Wunder, dass er eines Tages ein Angebot von einem Konkurrenzunternehmen erhält, das sich von diesen Beziehungen einen Wettbewerbsvorteil verspricht. Da Herr B in seinem bisherigen Unternehmen bereits eine hohe Position innehatte, war dem Abwerber klar, dass er nicht nur ein gutes Gehalt bieten musste, und er lockte ihn daher mit einem Vorstandsposten. Herr B fühlte sich geschmeichelt und nahm an.

21 Karriereziel Topmanagement – Traum oder Albtraum?

Wenige Jahre später klagte er mir im Coaching sein Leid: »Wenn ich gewusst hätte, was in dieser Position auf mich zukommt, hätte ich diesen Schritt wahrscheinlich nicht gemacht. Früher hat es mehr Spaß gemacht« Er tat sich schwer, mit den Spielregeln und Aufgaben im Topmanagement zurechtzukommen. Letztlich war er ein Mann der Linie, dessen Stärke darin lag, mit seinem Mitarbeiterteam ehrgeizige Abteilungsziele zu erreichen. Für sein gesamtes Umfeld, für seine Freunde, Kollegen und Bekannten sieht es allerdings so aus, als hätte er sein Traumziel erreicht: einen Posten ganz oben.

Das Karriereziel Topmanagement kann beides sein – Traum oder Albtraum. Doch wann ist es das eine, wann das andere?

## 21.1 Illusion Topmanagement: Das Bild ist trügerisch

Topmanagement und Traumziel setzen karrierebewusste Menschen gerne gleich. »Wenn ich ganz oben bin, habe ich es geschafft«, denken sie. Topmanagement verbinden sie mit Freiheit, Gestaltungsmöglichkeiten, Macht und Einfluss. Das stimmt auch – und doch ist dieses Bild trügerisch. Erinnern wir uns an Kapitel 13 (So bewegen Sie sich auch auf hochpolitischem Parkett sicher und souverän): Während im mittleren Management Werte wie Berechenbarkeit, offene Kommunikation und Klarheit zählen, ist die Kommunikation im Topmanagement oft doppelbödig. Auf den obersten Ebenen wissen Sie nicht von vornherein, wem Sie trauen dürfen – und das heißt auch: Die Luft wird dünner, es wird einsamer.

Wer ins Topmanagement aufsteigt, gelangt oft in eine Welt des Einflussnehmens und politischen Taktierens. Die Leistung, auf die es hier ankommt, besteht nicht mehr in der Führung eines Mitarbeiterteams, sondern darin, das Unternehmen als Ganzes zu leiten. Und da zählen vor allem Beziehungen, Einfluss und Verhandlungsgeschick. In den Ebenen darunter ist dieser Unterschied kaum bekannt. Und so kommt es, dass sich für manchen Aufsteiger der ersehnte Vorstandsposten dann als Albtraum entpuppt. Statt zur beruflichen Erfüllung wird er zum Stolperstein für die Karriere – insbesondere dann, wenn man sich darauf verlassen hat, dass »ganz oben« der Job genauso gemacht wird, wie man es im mittleren Management gelernt und erfahren hat.

Wo liegt der Kern des Problems? Nach meiner Überzeugung führt auch hier wieder das falsche Karriereverständnis, von dem bereits in Kapitel 20 die Rede war, zur falschen Entscheidung. Man lässt sich von äußeren Einflüssen leiten – dem hohen Gehalt, dem Renommee und der Strahlkraft einer Stelle, »die man auf keinen Fall ausschlagen darf«. Das gilt umso mehr, wenn es um die hierarchisch höchste Position geht. Doch selbst da, oder vielmehr *gerade da* sollte der Grundsatz gelten: Halten Sie inne, wenn Sie Erfolg haben wollen. Besinnen Sie sich auf Ihre Stärken und suchen dann den für Sie richtigen Platz. Dieser *kann* im Topmanagement sein, *muss* es aber nicht.

Das haben auch die beiden Eingangsbeispiele vor Augen geführt: Herr A, der machtbewusste Stratege und Taktierer, findet in der obersten Unternehmensetage sein ideales Tätigkeitsfeld, während Herr B, das fleißige Arbeitspferd, dort fehl am Platz ist und sich deshalb unglücklich fühlt. Der Aufstieg ins Topmanagement ist keineswegs immer das anzustrebende Ziel. Wie die folgenden Fälle zeigen, kann das Traumziel durchaus auch an anderer Stelle liegen.

## 21.2 Schwierige Entscheidung: Wie Topmanager ihren Platz finden

### 21.2.1 Überfordert und gescheitert

Herr C hatte es geschafft: Als Partner rückte er in die Leitung eines großen Beratungsunternehmens auf. In den ersten Wochen genoss er Anerkennung und Ruhm, die mit seiner neuen Position verbunden waren. »Wenn ich als Partner vorgeschlagen werde, bin ich ja auch richtig gut«, sagte er sich – und wirkte auch tatsächlich eine Zeit lang ruhig und selbstbewusst. Doch als der Alltag ihn einholte und eine Vielzahl unterschiedlicher Aufgaben auf ihn einstürzte, fiel er in sein altes Muster zurück: Er sah überall nur Baustellen, für die er sich verantwortlich fühlte. Übergroß erschienen ihm seine Lücken und Defizite. Die anfängliche Gelassenheit wich dem Hamsterrad, das sich immer schneller drehte.

»Ich verdiene wirklich viel Geld, fast eine halbe Million Euro«, gestand er mir bei einer Coachingsitzung, »aber meine Gedanken kreisen sieben Tage die Woche um meine Arbeit. Wenn ich mein Jahresgehalt zur tatsächlichen Arbeitszeit und zur Höhe der Verantwortung ins Verhältnis setze, bekomme ich bestenfalls ein Schmerzensgeld. Ich bin in den letzten zwei Jahren verdammt alt geworden, und Spaß habe ich schon lange nicht mehr. Wie komme ich hier wieder raus?«

Noch schlimmer erging es einem anderen Berater. Herr D war in seinem Metier ein absoluter Spezialist gewesen. Als Strategieberater hatte er vielen Unternehmen geholfen, auf den Wachstumspfad zurückzufinden. Nun eröffnete sich, wie es schien, die Chance seines Lebens: Bei einem Kundenunternehmen, der Tochterfirma eines Energieversorgers, ging der langjährige Geschäftsführer in Ruhestand. Herr D sollte Nachfolger dieses Geschäftsführers werden und hatte die Aussicht, einige Jahre später ins Topmanagement der Muttergesellschaft aufzusteigen. Begeistert sagte der einstige Strategieberater zu, krempelte die Ärmel hoch und legte los.

Zufällig traf ich einige Wochen später den ausscheidenden Geschäftsführer, der von seinem Nachfolger tief enttäuscht war. Dieser sei »eine absolute Katastrophe«, klagte er. »Der mag zwar inhaltlich ganz fit sein, aber er versteht es überhaupt nicht, die

Mannschaft mitzunehmen. Mit seinem Beraterdeutsch verschreckt er die Mitarbeiter. Er macht eine Strategiesitzung nach der anderen, trifft aber keine Entscheidung. Wenn der sich nicht radikal ändert, sehe ich schwarz für ihn.«

Und tatsächlich: Nach knapp einem Jahr verlor Herr D seine Geschäftsführungsposition. Der Rauswurf brachte ihn in eine existenzielle Krise. Über mehrere Ecken habe ich gehört, dass er fast ein weiteres Jahr brauchte, um diesen Schlag zu überwinden. Zusammen mit seiner Familie ist er an einen weit entfernten Ort gezogen, an dem ihn niemand kannte. Dort versucht er heute sein Glück als selbstständiger Unternehmensberater. Die Familie jedoch unterhält seine Frau mit ihrem Einkommen.

Wenn das eigene Profil nicht zu den Anforderungen der Position passt, so zeigen die beiden Beispiele, kann ein Karriereschritt schnell ins Abseits führen. Im Falle der Herren C und D könnte man auch sagen, dass bei ihnen das Peter-Prinzip zugeschlagen hat. In einer Hierarchie, so besagt dieses Prinzip, neigt jeder Beschäftigte dazu, bis zur Stufe seiner Überforderung aufzusteigen.

### 21.2.2 Ungewollt ins Topmanagement geraten

Herr E ist Geschäftsführer seines selbst gegründeten Unternehmens – und damit automatisch ins Topmanagement gekommen. Zufrieden ist er in seiner Rolle jedoch nicht. Was war passiert?

Während des Studiums hatte er nebenbei ein Unternehmen gegründet. »Nach Abschluss des Studiums wollte ich eigentlich etwas ›Vernünftiges‹ machen«, erzählt er. »Doch das Unternehmen lief so gut an, dass es ziemlich blöd gewesen wäre, es zu diesem Zeitpunkt zu verkaufen. Also machte ich weiter.« Heute ist das Unternehmen sehr erfolgreich, er als Geschäftsführer natürlich auch. Und doch behagt ihm seine Position nicht: »Ich bin da hineingeschlittert, bewusst ausgesucht habe ich mir diesen Job nicht.«

Herr E ist kein Einzelfall, ähnliche Konstellationen sind mir schon öfter begegnet. Manche Top-Führungskraft ist »hochgespült« worden oder ihr ist als Gründer oder Familiennachfolger die Position des Geschäftsführers praktisch zugefallen. Wieder sind es äußere Mechanismen, die über die Karriere bestimmen. Nach den persönlichen Potenzialen, die vielleicht einen ganz anderen Weg nahelegen, wird gar nicht erst gefragt. Mein Rat, auch hier wieder: Machen Sie sich genau Gedanken, ob die Geschäftsführung für Sie wirklich der beste Platz im eigenen Unternehmen ist – auch dann, wenn Ihnen der Posten zufällt.

Diesen Rat befolgten am Ende auch zwei Programmierer, die über ein Management-Buy-out zu Chefs ihrer eigenen Firma wurden. Sie steckten ihr Vermögen in das junge Unternehmen, mussten dann aber doch noch einen weiteren Geldgeber hinzuziehen. Dieser war ein guter Branchenkenner, investierte mehr als eine Million Euro, verfügte damit über die Mehrheitsanteile am Unternehmen – und übernahm die Position des Geschäftsführers. Das Unternehmen wuchs, alle mussten viel arbeiten, Geld gab es noch keines zu verteilen, doch die Stimmung war gut.

Das änderte sich, als erstmals eine Gewinnausschüttung anstand. Von da an wurde ständig diskutiert und gestritten. Das Unternehmen drohte auseinanderzubrechen. Die beiden ursprünglichen Gründer sahen sich als eigentliche Chefs und überwarfen sich mit dem Geschäftsführer, der sich ebenfalls als Chef fühlte und noch dazu die Mehrheitsanteile hielt.

Als Coach erhielt ich den Auftrag, die Situation zu retten. Mein Lösungsansatz lag darin, die Rollen der drei Chefs zu klären, also ihre jeweiligen Stärken und Wünsche herauszubekommen. Im nächsten Schritt ließe sich dann feststellen, so die Überlegung, welche Position idealerweise für jeden der drei infrage käme. Tatsächlich ergab sich auf diese Weise eine durchaus brauchbare Lösung:

- Der eine Informatiker stellte fest, dass ihm die Unternehmenskultur nicht mehr behagte und er das Unternehmen verlassen werde. Er wollte lediglich weiterhin als Gründer genannt und als stiller Gesellschafter beteiligt sein.
- Der andere Informatiker möchte ebenfalls als Gründer geführt sein, zudem auch als Gesellschafter sein Stimmrecht nutzen. Ansonsten wollte er aber im eigenen Unternehmen als Programmierer tätig sein. Diese Rolle des »Chefprogrammierers« sollte auch als einzige nach außen kommuniziert werden.
- Der dritte Gesellschafter hatte großen Spaß an der Rolle des Geschäftsführers gefunden. Sein Wunsch war es, diese Aufgabe künftig ungestört wahrnehmen zu können, ohne das »ständige Reingequatsche« der beiden Gründer.

Auf dieser Grundlage war es nicht schwer, eine Lösung zu finden. Die Idee auch hier: Jeder findet *seinen* Platz. Von den drei Chefs verließen zwei das Topmanagement, ohne dabei das Gefühl eines Karriereknicks zu haben. Im Gegenteil: Sie sehen nun einer beruflichen Entwicklung entgegen, bei der ihre wirklichen Stärken und Talente zum Zuge kommen.

### 21.2.3 Unterlegen im politischen Ränkespiel

Nach mehr als zehn Jahren verlor Herr F – für ihn völlig überraschend – seinen Vorstandsposten bei einer großen Bank. Er fühlte sich als Versager, zog sich zurück und ging jedem Kontakt aus dem Weg. Er hatte keine Ahnung, wie er gegenüber seinem

Umfeld mit dieser Situation umgehen sollte. Angst bereitete ihm der Gedanke an die Fragen der vielen Kollegen und hochkarätigen Bekannten, die er im Laufe der letzten Jahre kennengelernt hatte. »Herr F, was ist denn passiert?«, würden sie fragen. »Wie kam es dazu, dass Sie nicht mehr Vorstand sind?« Er hatte keine Ahnung, wie er darauf antworten sollte.

Was die Sache so schwierig machte: Er wusste wirklich nicht, warum er gehen musste. »Ich war wohl nicht gut genug«, sagte er, aber überzeugend klang das nicht. Er ist ein ehrlicher und offener Mann, der in der Regel sagt, was er denkt. Mit dieser Einstellung ist er zehn Jahre gut gefahren, was jedoch – so erkläre ich ihm – im Topmanagement eher ungewöhnlich ist. Im Gegensatz dazu war sein Vorstandskollege aus anderem Holz geschnitzt: politisch mit allen Wassern gewaschen, strategisch geschickt, sehr auf den eigenen Vorteil bedacht. Eigentlich war es ein Wunder, dass die beiden so viele Jahre miteinander auskamen.

Es dauerte eine Weile, bis wir dem eigentlichen Grund für den »Rauswurf« auf die Spur kamen. Zu den Bekannten meines Klienten gehörte schon seit vielen Jahren der Bürgermeister des Orts, den er gelegentlich auch privat traf. Nun standen bald Wahlen an und es gab Indizien, dass der Vorstandskollege versuchte, mit dem Bürgermeister zu dealen. Die Beziehung meines Klienten zum Bürgermeister konnte da schnell gefährlich werden. Zu Recht fürchtete der Vorstandskollege, dass der ehrliche Herr F von dem Deal Wind bekommen und einige unbequeme Fragen stellen könnte. So lag es nahe, ihn unter einem Vorwand loszuwerden. Und der findet sich bekanntlich immer, wenn man nur danach sucht.

Die Quintessenz aus diesen Überlegungen: Herr F erkannte, dass er nicht aufgrund eigenen Unvermögens seine Position verloren hatte, sondern aufgrund seiner offenen und ehrlichen Art, die dem gesetzlich fragwürdigen Verhalten des Kollegen gefährlich werden konnte. Da mein Klient stolz auf seine menschlichen Qualitäten war, sah er sich nun nicht mehr als Versager. Auf die Frage seiner Freunde und Kollegen, warum er den Vorstandsposten verlassen hatte, antwortete er nun ganz selbstbewusst: »Wir haben lange und gut zusammengearbeitet, nun war es Zeit, dass sich unsere Wege trennten.« Dieser Satz brachte ihm Wertschätzung und Anerkennung ein. Im Laufe des nächsten halben Jahres erhielt er vier Angebote, durchweg Vorstandsposten in der näheren und weiteren Umgebung.

Herrn F nahm die Zwangspause zum Anlass, ein persönliches Resümee zu ziehen. In der Regel hatte er in den letzten zehn Jahren 14 Stunden am Tag gearbeitet und für nichts anderes mehr Zeit gehabt. »Meine beiden Kinder sind quasi ohne mich groß geworden, meine Ehe ist auseinandergebrochen, Hobbys habe ich kaum nachgehen können«, konstatierte er. »Damals dachte ich, ich habe keine andere Wahl, so ist eben das Arbeitsleben. Heute erkenne ich: Das stimmt nicht, ich hätte öfter darüber nachdenken sollen, ob ich noch auf dem richtigen Weg und in der richtigen Position bin.« Rückblickend bedauert Herr F, dass er nicht hin und wieder eine Kurskorrektur vorgenommen hat, um das Auseinanderbrechen seiner Familie zu verhindern. Jetzt, mit knapp 60, entdeckt er sein Leben neu und ist fest entschlossen, andere Prioritäten zu setzen.

### 21.2.4 Nachdenkliche Worte eines erfolgreichen Topmanagers

Herr G war lange Jahre CIO in einem internationalen Konzern. Zuletzt suchte er einen Nachfolger, ohne dass ihm das so recht gelingen wollte. Er sah schon seinen Eintritt in den Ruhestand gefährdet, als es endlich klappte. Der Neue etabliert sich gut und Herr G zieht sich langsam aus dem Tagesgeschäft zurück. Die Hauptaufgabe seines letzten Berufsjahres sieht er darin, den Nachfolger einzuarbeiten und die Geschäfte ordentlich zu übergeben.

Die neue Situation stimmt ihn nachdenklich. »Ich bin jetzt fast immer schon um 18 Uhr zu Hause«, erzählt er bei einem Coachingtermin »Manchmal kann ich sogar während der Woche mit meiner Frau am Rhein spazieren gehen. Meine Frau sagt, dass sie das mit mir in den letzten 30 Jahren nie erleben durfte. Mir ist das nie aufgefallen, aber sie hat recht. Seit ich im Topmanagement war, drehte sich alles um die Firma, es gab ständig irgendwelche Treffen und Meetings, auch abends. Meine Familie hat zurückstecken müssen, sie war – wenn man es so nimmt – immer in der zweiten Reihe.«

Und dennoch: Jetzt, mit 65 Jahren, blickt Herr G stolz auf ein erfolgreiches und erfülltes Berufsleben zurück. Alles in allem habe er viel Spaß gehabt, sagt er. Belastend sei allein die »Fremdsteuerung« gewesen, der er sich immer ausgesetzt fühlte. »Am Anfang, als junger Spund, dachte ich: Wenn ich erst einmal ganz oben bin, kann ich frei entscheiden, dann bin ich ja *der* Chef.« Diese Überlegung erwies sich jedoch als Illusion, wie er feststellen musste: »Je höher man kommt, um so größer wird die Fremdsteuerung durch andere.« Jungen Nachwuchskräften gibt er den Tipp, sich den Schritt ins Topmanagement genau zu überlegen: »Entweder man macht es wie ich mit Haut und Haaren und aus Überzeugung, oder man sollte lieber die Finger davon lassen. Sonst ist der Preis einfach enorm hoch – und das Schmerzensgeld nicht hoch genug.«

## 21.3 Viele Wege führen ins Topmanagement

Beim Aufstieg in die oberste Etage durchleben Sie als Führungskraft eine Metamorphose, wie wir diesen Veränderungsprozess vom mittleren zum Topmanagement in Kapitel 1 genannt haben. Es erwartet Sie eine ganz andere Welt mit eigenen Spielregeln (siehe Kapitel 13), mit denen Sie sich als frisch geschlüpfter Schmetterling erst noch vertraut machen müssen.

Spielen Sie also schon im Vorfeld durch, was auf Sie zukommen kann. Unterschätzen Sie zum Beispiel nicht die repräsentativen Aufgaben und Meetings, denken Sie auch daran, dass Sie viel mehr im Blickpunkt der Öffentlichkeit stehen. Verschaffen Sie sich ein klares Bild von der Welt des Topmanagements; sprechen Sie hierzu auch mit Leuten, die diesen Schritt bereits getan haben. Und überlegen Sie dann genau, ob Ihr Platz tatsächlich im Topmanagement ist. Nur dann ist dieser Karriereschritt sinnvoll – und zugleich eine großartige Herausforderung, die Sie unbedingt angehen sollten.

Wie Sie den Weg finden und auf welche Weise sich die Metamorphose vollzieht, lässt sich nicht vorhersagen. Hier gibt es keine Standards. Im einen Fall war es hilfreich, öfter mal das Unternehmen zu wechseln, um so schneller die Karrierestufen zu meistern. In anderen Fällen führte die Kontinuität im eigenen Unternehmen die Stufen hinauf zum Ziel.

Vorteilhaft sind Förderer, zumindest für einen Aufstieg innerhalb eines Konzerns. Ein Vorgesetzter, der an Sie glaubt und Sie fördert, ist da von unschätzbarem Wert. Ebenso wichtig ist ein strategisches Netzwerk, das weit über die eigene Abteilung hinausreichen sollte (siehe Kapitel 15). Denken Sie an die Faustregel, die im Topmanagement gilt: Es kommt zu 10 Prozent auf das Fachwissen, zu 30 Prozent auf das Auftreten und zu 60 Prozent auf Beziehungen an. Je höher Sie im Unternehmen kommen, desto mehr sollten Sie sich diesem Verhältnis zwischen Fachwissen, Auftreten und Beziehungen annähern.

Strategische Planung, Beziehungen, Förderer, Glück, langer Atem – die Zutaten für einen erfolgreichen Aufstieg ins Topmanagement sind vielfältig. Ein Rezept hierfür gibt es jedoch nicht.

## 21.4 Zusammenfassung

Das Karriereziel Topmanagement kann beides sein – Traum oder Albtraum. Wer ins Topmanagement aufsteigt, muss damit rechnen, dass er in eine Welt des Einflussnehmens, des politischen Taktierens und strategischen Kalküls gelangt. Die Leistung, auf die es hier ankommt, besteht nicht mehr in der Führung eines Mitarbeiterteams, sondern darin, das Unternehmen als Ganzes zu leiten. Und da zählen vor allem Beziehungen, Einfluss und Verhandlungsgeschick.

Eine Führungskraft sollte sich deshalb gut überlegen, ob sie ihre Perspektive tatsächlich im Topmanagement sieht. Nur dann ist dieser Karriereschritt sinnvoll – und eine Herausforderung, die sie annehmen sollte. Einen Leitfaden für den Aufstieg gibt es jedoch nicht. Die Wege ins Topmanagement sind so individuell wie verschieden.

Mehr noch als bei anderen Karriereentscheidungen liegt die Gefahr darin, sich von äußeren Einflüssen leiten zu lassen – dem hohen Gehalt, dem Renommee und der Strahlkraft der Position. Mehr denn je gilt daher der Grundsatz: Halten Sie inne, besinnen Sie sich auf Ihre Stärken und suchen dann den für Sie richtigen Platz. Dieser *kann* im Topmanagement sein, *muss* es aber nicht.

Mehr dazu in »Was wirklich zählt! Mit Überzeugung führen«.

**Ihr AUFSTIEGS-CHECK-UP:**
Sie wollen Ihren Aufstieg planen und Ihre Aufstiegschancen erhöhen? Oder Sie wollen wissen, ob Sie das Zeug fürs Topmanagement haben? Nutzen Sie hier den kostenlosen Online-Aufstiegs-Check-Up und finden Sie heraus, wo Sie selbst gerade stehen und wie Sie mit weniger Aufwand Ihren Aufstieg an die Spitze ermöglichen bzw. beschleunigen.
https://leistungstraeger-blog.de/online-aufstiegs-check-up/

# 22 Schalten Sie ab!

Stellen Sie sich vor, ein Frosch springt versehentlich in einen Topf mit kochendem Wasser. Was passiert? Er wird zappeln, strampeln und alles daran setzen, sich irgendwie zu retten. Möglicherweise schafft er es. Nehmen wir nun den Fall an, dass auf der Herdplatte ein Topf mit normal temperiertem Wasser steht. Wieder springt ein Frosch hinein, der sich dieses Mal recht wohl darin fühlt. Wenn Sie nun jedoch die Temperatur ganz langsam erhöhen, nimmt die Geschichte ein tödliches Ende: Das Tier verkocht, ohne dass es auf die Idee kommt, um sein Leben zu kämpfen.

Wie ist das möglich? Der Frosch ist ein sehr anpassungsfähiges Wesen und in der Lage, sich an kleine Veränderungen immer wieder anzupassen. So stellt er sich auch auf jede kleine Temperaturerhöhung ein – so lange, bis eine tödliche Schwelle überschritten ist.

Der tragische Tod des Frosches sollte uns eine Mahnung sein, denn auch wir Menschen sind sehr anpassungswillige und anpassungsfähige Wesen. Auch uns kann ein schleichender Anpassungsprozess unbemerkt in Situationen und Positionen bringen, zu denen wir gar nicht hin wollten. Wenn ich die Geschichte vom Frosch erzähle, erlebe ich es immer wieder, dass einige meiner Zuhörer regelrecht bestürzt sind: Sie erkennen plötzlich, wie weit sie sich von ihrem eigenen Weg entfernt haben – und dass sie Dinge tun, die ihrem Typ gar nicht mehr entsprechen. Es ist wie beim Frosch: Wenn die Veränderung schleichend erfolgt, wenn also die Veränderungsschritte nur klein genug sind, merken wir oft nicht, dass die Richtung nicht mehr stimmt und wir uns allmählich verbiegen. Das heißt, wir passen uns an Umstände oder Rahmenbedingungen an, die uns nicht gut tun oder sogar Schaden zufügen. Die Temperatur steigt unmerklich aber stetig, bis das Burn-out uns dann aus der Bahn wirft.

Deshalb ist es wichtig, immer wieder aufs Thermometer zu sehen und die Heizung rechtzeitig zurückzudrehen. Schalten Sie ab!

## 22.1 Balance-Management: Das Gleichgewicht wiederfinden

Ziel ist es, das zu finden, was gemeinhin als »Work-Life-Balance« bezeichnet wird – wenn ich auch diesen Begriff nicht ganz treffend finde. Denn im Kern geht es nicht um ein Gleichgewicht zwischen Beruf und Privatleben. Es geht vielmehr darum, einen Ausgleich zwischen Anspannung und Entspannung, zwischen Aktivität und Ruhephasen zu erreichen. Besser trifft es der Begriff »Balance-Management«: Ziel ist es, die Balance zu finden und zu managen, ganz gleich ob dies den beruflichen, persönlichen oder einen anderen Bereich betrifft. Es geht also darum, das Gleichgewicht insgesamt zu finden, und nicht nur bezogen auf Beruf und Privatleben.

Abschalten: Damit ist nicht gemeint, dass Ihnen Ihre Aufgaben nunmehr gleichgültig sind, dass Sie Verantwortung einfach abschütteln und Ihre Vorgesetzten und Mitarbeiter im Stich zu lassen. Ganz im Gegenteil: Es geht darum, überflüssige, nicht konstruktiv zur Sache gehörende Gedanken abzuschalten und dadurch Freiraum zu gewinnen – einerseits um das eigene Gleichgewicht wiederzufinden, andererseits um sich auf die wirklich wichtigen Aufgaben konzentrieren zu können.

In diesem Sinne abzuschalten, erfordert einige Übung. Auch sind die Lösungen individuell. Die folgenden Beispiele können Anstöße und Anregungen geben, einen eigenen Weg zum Abschalten zu finden.

## 22.2 Eins nach dem andern

Eine Bereichsleiterin, Mutter zweier schulpflichtiger Kinder, zählt zu den wenigen Führungskräften der zweiten Ebene, die in Teilzeit tätig sind. Sie arbeitet an fünf Tagen in der Woche, jeweils sechs Stunden; ihr Mann ist freiberuflicher Architekt und viel unterwegs. An ihr liegt es, den größten Teil für das Familieneinkommen beizutragen, die Erziehung der Kinder zu übernehmen, das Familienleben in Gang zu halten und beruflich eine gute Arbeit zu leisten.

Auf die Frage, wie sie das alles hinbekommt, huscht ein Lächeln über ihr Gesicht: »Das ist im Grunde ganz einfach«, verrät sie. »Es funktioniert durch klare Struktur, gute Organisation und eindeutige Prioritäten.« Das Erfolgsrezept sei für sie, stets eines nach dem anderen zu tun. »Wenn ich Nummer eins mache, dann bin ich zu 100 Prozent bei der Sache – so lange, bis die Aufgaben abgeschlossen ist, ich nicht weiterkomme, die Zeit um ist oder eine andere Priorität ruft. Dann folgt Nummer zwei, dann Nummer drei. Eins nach dem anderen. Das können Dinge sein, die nur fünf Minuten dauern, andere vielleicht 20 Minuten, in Ausnahmefällen auch einmal eine Stunde. Aber immer gilt: Ich widme mich der Aufgabe zu 100 Prozent.«

Die Strategie lautet also: eins nach dem anderen. Man könnte auch sagen: einschalten, abschalten, einschalten, abschalten ... – manchmal auch: einschalten, abschalten, umschalten.

### 22.2.1 Rituale einführen: Freitags 17 Uhr Rad fahren

Wesentlich schwerer mit dem Abschalten tat sich der Abteilungsleiter eines Konsumgüterkonzerns. Er ist von Natur aus eher chaotisch und unstrukturiert. Der Versuch, immer mal wieder abzuschalten, missglückte früher regelmäßig. Er schaffte es einfach nicht, für sich eine Grenze zu setzen. Sein Ausweg: Er richtete Rituale ein, die zu bestimmten Zeiten die Hektik unterbrechen – quasi um den heiß gelaufenen Motor abzukühlen.

Der erste Schritt lag darin, sich zu überlegen, in welchen Situationen es ihm gelingt, loszulassen und zu entspannen. Die Antwort war schnell gefunden: beim Sport. Also nahm er sich vor, hier sein erstes Ritual einzurichten. Die Maßnahme sollte nicht zu aufwendig sein, um nicht durch diese selbst wieder in Stress zu kommen, aber doch so, dass ein Abschalten möglich sein würde. Er blockte freitagabends von 17 bis 19 Uhr ein Zeitfenster für Tennis und Radfahren. Die Zeit ließ sich mit seinen beruflichen Verpflichtungen gut vereinbaren. Zudem bot die sportliche Aktivität einen idealen Übergang ins Wochenende und erleichterte das Umschalten vom Beruf zum Privatleben.

Einige weitere Regeln folgten dann. Da er ein neugieriger Mensch war, wäre es unrealistisch gewesen, sich am Wochenende ein »E-Mail-Verbot« aufzuerlegen. Deshalb erlaubte er sich einen kurzen E-Mail-Check samstagvormittags, während der Rest der Familie das Frühstück zubereitete. Zudem reservierte er am Sonntagnachmittag zwei Stunden, um E-Mails zu lesen und die Prioritäten für die kommende Woche zu setzen. Eine weitere Neuerung: An Arbeitstagen legte er das erste Meeting nicht vor zehn Uhr. So kann er den Tag strukturiert beginnen und bereits wichtige Aufgaben erledigen, bevor die Hektik des Tages beginnt.

Um die Einhaltung der Rituale sicherzustellen, weihte der Abteilungsleiter seine Assistentin ein. Sie erhielt den Auftrag, ihn unbedingt an die Regeln zu erinnern und auch die Termine entsprechend zu planen. Inzwischen sammelte er Erfahrungen, verfeinerte sein »Konzept der Rituale« und näherte sich langsam seiner Balance zwischen An- und Abschalten und damit auch zwischen Berufs- und Privatleben.

### 22.2.2 Der Theater-Trick: Komödie oder Krimi?

Ein gestandener Manager, Bereichsleiter in einem großen Unternehmen, hat sein Leben eigentlich im Griff. Er ist gut organisiert, pflegt auch konsequent seine Rituale. So geht er zum Beispiel jeden Samstag mit seiner Frau auf den Markt. Am Sonntag gönnt er sich zwei Stunden »E-Mail-Lesen«, damit er den Rest des Wochenendes gut entspannen kann. Er achtet also wirklich auf seine Balance zwischen Beruf und Privatleben.

Und doch plagten ihn vor einigen Monaten Zweifel. »Ich habe das Gefühl, nur noch zu leisten und zu funktionieren«, eröffnete er mir in einer Coachingsitzung. Wie sich dann herausstellte, lag das Problem an seinem neuen Vorgesetzten, dessen Arbeitsweise er als vollkommen uneffektiv empfand. »Zudem nervt er mich, weil er permanent etwas von mir will«, klagte mein Klient. Offensichtlich fiel es ihm schwer, von seinem Vorgesetzten innerlich Abstand zu nehmen. Stattdessen fühlte er sich für dessen Verhalten verantwortlich, was ihn stark unter Druck setzte.

Die Lösung lag darin, die notwendige Distanz zu seinem Chef zu finden. Was dieser tat und dachte, durfte den Bereichsleiter nicht weiter tangieren. Nur so würde er erfolgreich abschalten können. Doch wie konnte er dahin kommen?

Der Bereichsleiter fand eine sehr eigene Lösung, mit der er es erfolgreich schafft, den notwendigen Abstand zu halten. »Ich stelle mir einfach vor, mein Arbeitsumfeld ist ein Theater oder eine Filmbühne«, erzählt er. »Morgens auf dem Weg zur Arbeit überlege ich schon, was mich wohl erwartet: Komödie oder Krimi? Das zaubert mir ein Schmunzeln ins Gesicht. Ich kann das ganze Geschehen mit einer gewissen Distanz betrachten und nehme die Dinge nicht mehr so persönlich.« Seit ihn die unsinnigen Gedanken über seinen Chef nicht mehr zermürben, hat er seine alte Leistungsfähigkeit und Kreativität zurückgewonnen. Die Arbeit macht ihm Spaß und es fällt ihm leicht, die hohen Anforderungen seiner Position souverän zu meistern.

Im Ergebnis lässt sich festhalten: Mein Klient hat es geschafft, mit seinem Theater-Trick den notwendigen Abstand zu bekommen. Das setzte zunächst voraus, den Vorgesetzten so zu akzeptieren, wie er nun einmal ist – nach dem Motto: »Reg dich nicht über Dinge auf, die du nicht verändern kannst.«

### 22.2.3 Wie Sie zum Gleichgewicht zurückfinden

Entscheidend ist, frühe Warnsignale zu erkennen und ernst zu nehmen, um auch schleichende Veränderungen rechtzeitig wahrzunehmen. Schon ein vermehrtes Engagement und das Gefühl der Unentbehrlichkeit können erste Anzeichen sein. Deutlich schneller dreht sich das Hamsterrad, wenn eine Führungskraft nie Zeit hat, eigene Bedürfnisse verleugnet und anfängt, Hyperaktivität zu entwickeln. Kommen Schlafstörungen, Unlustgefühle und sozialer Rückzug hinzu, nähert sich die Situation dem Burn-out.

Ziehen Sie deshalb in regelmäßigen Abständen eine Bilanz. Machen Sie mindestens ein Mal im Jahr eine gründliche Inventur, reflektieren Sie zudem immer wieder Ihre aktuelle Situation, zum Beispiel freitags auf dem Nachhauseweg: Bin ich noch auf dem richtigen Weg? Oder bin ich dabei, mich zu verbiegen? Laufen die Dinge in die gewünschte Richtung? Diese Bilanz ist so wichtig, weil Veränderungen sich oft schleichend vollziehen und unmerklich ins Verderben führen können.

Wenn Sie Korrekturbedarf erkennen, sollten Sie handeln. Suchen Sie nach einer Strategie, um dem Hamsterrad zu entkommen und zum Gleichgewicht zurückzufinden –

zum Beispiel indem Sie die Prioritäten neu setzen, eins nach dem anderen tun, Rituale einführen oder innerlich auf mehr Distanz gehen.

## 22.3 Extremsituationen: Abschalten und Ruhe bewahren

Abschalten ist nicht nur dann wichtig, wenn allmählicher Druckanstieg eine kritische Obergrenze erreicht und die Work-Life-Balance gefährdet. Auch im Falle einer Extremsituation, wenn zum Beispiel eine wichtige Präsentation oder entscheidende Verhandlung ansteht, kommt es darauf an, ruhig zu bleiben und nicht den Kopf zu verlieren. Auch hier hilft es, erst einmal abzuschalten. Wie das selbst in besonders kritischen Situationen gelingen kann, zeigen die folgenden Beispiele.

### 22.3.1 Den Worst Case durchspielen

Eine junge Entwicklungsleiterin, gerade erst in diese Funktion aufgerückt, sollte für ein Vorstandsmitglied eine Präsentation vorbereiten. Der Vorstand, ein eher wortkarger Mann, war für seine vernichtenden Kritiken bekannt. Seine Reaktionen waren kaum vorhersehbar, gelegentlich zählte auch ein Rausschmiss zu seinen Methoden.

Das Thema der Präsentation war heikel. Der Vorstand war aufgefordert worden, zu einem Projekt Stellung zu nehmen, das er jedoch ablehnte. Dennoch sollte die Präsentation natürlich so erfolgen, dass er als »strahlenden Held« dastand. Keine leichte Aufgabe. Die Entwicklungsleiterin gab sich viel Mühe und sandte ihre Ausarbeitung dem Vorstand mit der Bitte um Feedback zu. Es vergingen Tage, wertvolle Zeit, in der sie die Präsentation hätte umarbeiten oder nachbessern können. Sie fragte bei Kollegen nach, ob die etwas gehört hatten, vergeblich – eine Antwort blieb aus.

Die Frau wurde immer nervöser. Fünf Tage vor der Präsentation hatte sie einen Coachingtermin. Völlig in sich zusammengesunken kam sie damals zur Tür herein – ein nervliches Wrack. Sie erzählte, was passiert war, und schloss mit den Worten: »Ich glaube, ich suche mir einen neuen Job, denn das war es dann wohl mit der neuen Position.« Das Schlimme daran: Sie meinte das bitterernst.

Ich forderte sie auf, einmal den Worst Case in allen Einzelheiten durchzuspielen. Dann fragte ich Sie, nach einer kürzeren Pause und mit voller Ernsthaftigkeit, ob sie diesen schlimmsten Fall überleben würde. Und immerhin: Sie erkannte, dass es auch eine Zeit danach geben würde: »Das Leben geht weiter, und es muss kein schlechteres Leben sein«, konstatierte sie. Diese Erkenntnis tat ihr gut. Sie gewann sichtlich an Lebenskraft und wirkte am Ende des Coachings deutlich entspannter.

Was war geschehen? Indem sie ihre negativen Gedanken zu Ende dachte, wich das nebulöse Grauen einem realistischen Bild. Der schlimmste anzunehmende Fall, nämlich der Rausschmiss, war zwar keine angenehme Perspektive, aber eben doch überlebbar. Das nahm dem Schrecken seine existenzielle Bedrohlichkeit. Es wäre falsch gewesen, der Frau in dieser Situation gut zuzureden – etwa in der Art: »wird schon gut gehen, alles halb so schlimm.« Sie hätte sich mit ihrer Angst weder angenommen noch ernst genommen gefühlt.

Kurz vor dem Präsentationstermin dachte die Entwicklungsleiterin noch einmal an den Worst Case, stellte fest, dass sie ihn immer noch überleben würde – und hielt dann recht entspannt und konzentriert ihren Vortrag. Nun kam es, wie es im Grunde kommen musste: Die Präsentation war in den Augen des Vorstandes so glänzend vorbereitet gewesen, dass er keinerlei Anmerkungen dazu hatte. Auf die Idee, seiner Mitarbeiterin diesbezüglich ein Feedback zu geben, war er nicht gekommen.

### 22.3.2 Person und Sache trennen

Der Auftrag kam etwas überraschend: Ein Teamleiter in der Forschungsabteilung eines Chemieunternehmens, ein sehr sorgfältiger, fast schon perfektionistischer Mann, sollte ein ziemlich schwieriges Thema auf Vorstandsebene präsentieren. Eigentlich war das gar nicht seine Aufgabe, mit dem Vorstand hatte er normalerweise nie zu tun. Doch sein Chef und dessen Chef kamen überein, die Sache dem Teamleiter zu übertragen. Zum einen war er inhaltlich tatsächlich Spezialist des Themas. Vor allem aber wussten sie nur zu genau, dass das Ergebnis, das man vorstellen musste, dem Vorstand überhaupt nicht gefallen würde, und wollten beide die unangenehme Situation vermeiden.

Natürlich war auch dem Teamleiter die Lage bekannt. Doch was blieb ihm anderes übrig, als die Präsentation zu übernehmen? Wie ein Weltmeister bereitete er sich vor, wurde dabei aber immer nervöser, was die kreativen Teile seines Hirns nur noch mehr blockierte. Ihm dämmerte, dass so nun tatsächlich nichts Gutes herauskommen konnte. Er musste abschalten, Ruhe finden – sonst würde er scheitern. Ganz bewusst entschied er: Erst einmal kräftig durchatmen!

Nun änderte er seine Strategie und teilte seine Vorbereitung in zwei Teile ein: die Inhalte der Präsentation und die Person des Vorstands. Er achtete strikt darauf, die beiden Bereiche nicht zu vermischen, sich also erst das eine und dann das andere vorzunehmen. Er entschied sich, mit dem inhaltlichen Teil anzufangen, da er sich in der Materie auskannte und sicher war, hier relativ schnell ein gutes Ergebnis zu erzielen. Um seinem Hang zum Perfektionismus zu begegnen, überlegte er genau, auf welche Inhalte es wirklich ankam – und was in die vorhandene Zeit hineinzupacken war. Als die Präsentation aus seiner Sicht inhaltlich rund war, stimmte er sich mit seinen beiden Chefs ab.

Im zweiten Teil der Vorbereitung widmete er sich der Persönlichkeit des Vorstandes. Mit welchem Typ Mensch hatte er es zu tun? Was war dem Vorstand wohl wichtig? Welche Reizworte sollte man vermeiden? Was dagegen möchte er unbedingt hören? Nachdem der Teamleiter diese Informationen recherchiert hatte, überlegte er sehr genau, wie er die Kernbotschaft in seinem Vortrag so verpacken konnte, dass der Vorstand sie verstehen und akzeptieren konnte.

Nun, da alles gut vorbereitet war, galt es, Ruhe zu bewahren. Der Teamleiter wusste, dass der Vorstand unkalkulierbar war. Hatte ihn etwas geärgert, konnte es vorkommen, dass er alles ablehnte – egal um was es ging und wer es ihm präsentierte. Genau so gut konnte er aber auch ein aufmerksamer Zuhörer sein, der konstruktive Fragen stellte. »Das sind nun einmal Dinge, die sich nicht ändern lassen«, machte sich der Teamleiter klar. Als es dann soweit war, atmete er tief durch, zählte für sich langsam bis fünf und begann mit einem vorbereiteten Satz. Alle störenden Gedanken waren abgeschaltet – die Präsentation erfolgreich.

### 22.3.3 Wie Sie in Extremsituationen abschalten

Entscheidend, so zeigen beide Beispiele, ist vor allem eines: das Annehmen der Situation. Anstatt die Herausforderung anzunehmen, neigen viele Menschen jedoch dazu, eine Situation verändern zu wollen, die nicht veränderbar ist. Genau dadurch geraten sie erst recht in Stress.

Für den Umgang mit einer Extremsituation hat sich die »4-A-Strategie bewährt«, die aus folgenden Schritten besteht:
1. *Annehmen.* Nehmen Sie die Situation so an, wie Sie ist – selbst wenn sie noch so schlimm ist. Ärger, Vorwürfe und Schuldgefühle helfen ebenso wenig weiter wie Weggucken oder Nicht-wahr-haben-Wollen.
2. *Abkühlen.* Atmen Sie durch, trinken Sie ein Glas Wasser, machen Sie eine Entspannungsübung. Es geht darum, die überschießende Erregung einer akuten Stresssituation in den Griff zu bekommen, sich zu sammeln, die eigene Mitte wiederzufinden und einen klaren Kopf zu bekommen. Wichtig ist es, sich bewusst zu entscheiden – für das Abkühlen und gegen das Hineinsteigern in die Erregung.
3. *Analysieren.* Nehmen Sie sich einen Augenblick Zeit, um zu einer Einschätzung der Situation zu kommen: Können Sie momentan etwas ändern? Wenn ja, ist es Ihnen die Sache wert? Wenn es das ist, dann lautet die Konsequenz: Aktion! Wenn nicht oder wenn die Situation nicht zu ändern ist: Ablenkung!

4. *Aktion oder Ablenkung.* Handeln Sie gleich, wenn Sie etwas gegen die Situation unternehmen können – zum Beispiel indem Sie Nein sagen, eine Grenze ziehen, die Aufgabe delegieren oder Unterstützung suchen. Wenn Sie nichts tun können, heißt es tatsächlich: Ablenken! Hören Sie Musik oder gehen Sie spazieren. Ich rate gerne zu einer kleinen Notfallliste, die Sie im Portemonnaie bei sich tragen. Sie enthält mögliche Aktionen, die Ihnen persönlich fast immer helfen wie zum Beispiel Shoppen gehen, mit der Freundin telefonieren oder Musik hören. Wenn Sie dann in einer Notsituation Ablenkung benötigen, hilft ein kurzer Blick auf die Liste.

## 22.4  Zusammenfassung

Je höher die Hierarchieebene, desto größer wird der Anforderungsdruck. Mehr Verantwortung, längere Arbeitszeiten – schnell wachsen bei vielen Führungskräften Überforderung und Gereiztheit, während Gelassenheit und innere Ruhe auf der Strecke bleiben. Früher oder später leidet das Privatleben, was wiederum die berufliche Leistung beeinträchtigt. Ein Teufelskreis entsteht.

Deshalb ist es so wichtig, immer wieder abzuschalten. Grundsätzlich gibt es zwei Situationen, bei denen die Fähigkeit zum Abschalten gefragt ist:
- Das Gleichgewicht ist gefährdet, es fehlt die Work-Life-Balance. Hier ist es entscheidend, frühe Warnsignale zu erkennen und ernst zu nehmen, um auch schleichende Veränderungen rechtzeitig wahrnehmen und stoppen zu können.
- Es steht eine Extremsituation bevor, zum Beispiel eine wichtige Präsentation oder entscheidende Verhandlung. Hier kommt es darauf an, die Situation anzunehmen, Unveränderliches als unveränderlich zu akzeptieren – und sich dann gut vorzubereiten.

Abschalten heißt: Überflüssige, nicht konstruktiv zur Sache gehörende Gedanken abschütteln. Ziel ist es, hierdurch den Freiraum zu gewinnen, um einerseits das eigene Gleichgewicht wiederzufinden und sich andererseits auf die wirklich wichtigen Aufgaben zu konzentrieren.

**Digitales Extra: Balance-Management**
Wie Sie aktives Balance-Management betreiben
https://www.galileo-institut.de/buch-downloads

# 23 So bleiben Sie dauerhaft leistungsfähig

Eher nebenbei erwähnte Dr. Z., leitender Oberarzt in einem großen Klinikum, dass er gelegentlich umkippt. Dann ist der Punkt erreicht, an dem sein Organismus ihm eine Zwangspause auferlegt. Auf die Frage, warum er es so weit kommen lässt, schließlich müsse ihm als Arzt doch klar sein, dass ein solcher Zusammenbruch ein Alarmsignal sei, antwortete er: »Ich kann nicht anders, ich laufe wie ein überdrehter Motor permanent auf Hochtouren. Natürlich weiß ich, dass ich es anders machen müsste, auch meine Frau warnt mich ständig. Aber es geht einfach nicht.«

Ganz ähnlich der Teamleiter eines IT-Unternehmens: »Zwei bis drei Mal im Jahr haut es mir die Füße weg«, gesteht der 35-Jährige, »und ich werde ins Krankenhaus eingeliefert.« Wenn er dann nach einigen Tagen wieder entlassen wird, stürzt er sich in seine Arbeit, als wäre nichts gewesen. »Dass das nicht gut ist, das weiß ich schon. Aber wie soll ich aus dem Rad herauskommen?«

Wie diesen beiden Top-Leistungsträgern stehen viele Führungskräften vor der Notwendigkeit, dauerhaft enorm leistungsfähig zu bleiben, ohne dabei jedoch auf einen Burn-out zuzusteuern. Wie gelingt das? Wie wir gesehen haben, sind vor allem zwei Dinge entscheidend: Zum einen müssen die Rahmenbedingungen stimmen (s. Kapitel 19), zum anderen müssen Aufgabe und berufliche Entwicklung den eigenen Vorstellungen entsprechen (s. Kapitel 20).

Hinzu kommt noch ein dritter Aspekt, von dem hier die Rede ist: Wer dauerhaft Höchstleistung erbringen möchte, muss seinen eigenen Leistungstyp kennen und beachten.

## 23.1 Welcher Leistungstyp sind Sie?

Nicht jedes Lebewesen erbringt seine Leistung gleich. Unter den Raubkatzen zum Beispiel gibt es zwei Leistungstypen: den Geparden und den Löwen. Der Gepard jagt alleine und schleicht sich an sein Opfer heran. In einem kurzen Sprint beschleunigt er auf über 110 Stundenkilometer und ist damit das schnellste Säugetier der Welt. Nach dieser Höchstleistung ist er erschöpft und braucht eine Pause. Selbst das Fressen der Beute muss warten. Der Löwe hingegen kann nicht so schnell laufen und ist daher auf geringere, dafür aber konstante Leistung eingestellt. Er jagt im Team und ist der gewissermaßen der Dauerläufer unter den Raubkatzen.

Gepard und Löwe, beide sind erfolgreich – jedoch mit unterschiedlichen Leistungssystemen. Nicht anders ist es bei den Menschen. Auch hier gibt es unterschiedliche Leistungstypen, auch hier gibt es die Sprinter und die Dauerläufer. Wenn ich im Folgenden nur zwischen diesen beiden Typen unterscheide, ist das natürlich eine starke Vereinfachung. In der Praxis hat sich diese simple Einteilung jedoch erstaunlich gut bewährt. Für viele Führungskräfte ist sie eine große Hilfe, ihren Leistungstyp auf diesen Weise im Groben zu erkennen und daran ihr Verhalten auszurichten.

### 23.1.1 Der Gepard: Einzelgänger und Sprinter

Der Gepard erjagt seine Beute im Sprint, benötigt dann aber eine Pause. Sind auch Sie ein Gepard, also ein Sprinter, der gerne alleine loslegt und gleich voll Gas gibt? Wenn ja, wie systematisch gönnen Sie sich Pausen, um Kraft für den nächsten Sprint zu tanken?

Die Pausen gehören zum Leistungssystem des Geparden dazu. Sie zu ignorieren, hat fatale Folgen. Davon zeugen der umkippende Oberarzt und der junge Informatiker, der drei Mal im Jahr ins Krankenhaus eingeliefert wird. Beiden erzählte ich dann vom Geparden – und sie erkannten sich sofort wieder. Nachdenklich stimmte sie, wie negativ bislang für sie das Thema »Pause« besetzt war. Anstatt eine Pause als notwendige Regeneration anzuerkennen, assoziierten sie damit Begriffe wie »faul«, »unnötig«, »für die anderen vielleicht, aber nicht für mich«. Der Gepard half ihnen, diese Einstellung zu revidieren und die Pause als Teil ihres individuellen Leistungssystems zu akzeptieren.

Ganz abgesehen davon: Wenn das erfolgreichste einzeln jagende Raubtier der Welt sich Pausen erlaubt, dann darf das doch auch ein Topmanager? Von Herrn Dr. Z., dem Oberarzt, weiß ich, dass ihm das Vorbild des Gepards imponierte. Er hält sich konsequent an seine Pausen und kippte seitdem – und das ist jetzt immerhin schon sechs Jahre her – kein einziges Mal mehr um.

Die Regel für den Gepardentyp lautet also: Akzeptieren Sie die Erschöpfung nach dem Sprint und planen Sie Pausen ein – denn diese gehören zu Ihrem Leistungssystem dazu.

### 23.1.2 Der Löwe: Teamplayer und Dauerläufer

Der Löwe ist nicht schnell genug, um alleine erfolgreich zu jagen. Sein Ziel erreicht er, indem er sich mit anderen zusammenschließt und gemeinsam mit ihnen die Beute einkreist. Passt eher dieser Typ zu Ihnen? Sind Sie eher ein Dauerläufer und Teamplayer? Der schnelle Sprint, die totale Erschöpfung und die lebensnotwendige Regenerationspause sind dann nicht Ihre Sache.

Natürlich gibt es auch Löwentypen, die gerne mal eine Pause einlegen. Wenn sie nichts Besseres zu tun haben, schlafen Löwen in der Natur manchmal 20 Stunden am Tag. Kommt es jedoch darauf an, ein Beutetier zu erlegen, liegt ihre Stärke in der Ausdauer. Aus dem Blickwinkel des Vorgesetzten bedeutet das, dass er schlafende Löwen ohne schlechtes Gewissen wecken sollte.

Wenn Sie ein Löwentyp sind, lautet Ihre Regel also: Legen Sie ein mäßiges Tempo ein, arbeiten Sie im Team – und bleiben Sie an Ihrer Aufgabe dran. Lassen Sie sich nicht von den Geparden beirren, die zuerst an Ihnen vorbeisprinten und dann die Füße auf den Tisch legen.

## 23.2 Zusammenfassung

Viele Führungskräfte möchten dauerhaft enorm leistungsfähig sein, ohne dabei auf ein Burn-out zuzusteuern. Das kann durchaus gelingen, sofern drei Voraussetzungen erfüllt sind:
- Die Rahmenbedingungen stimmen (s. Kapitel 19).
- Aufgabe und berufliche Entwicklung entsprechen den eigenen Stärken und Vorstellungen (s. Kapitel 20).
- Die Arbeitsweise entspricht dem eigenen Leistungstyp.

Der dritte Aspekt ist das Thema dieses Kapitels. In der Praxis hat es sich bewährt, zwischen zwei Leistungstypen zu unterscheiden: den Geparden und den Löwen. Der Gepard erjagt seine Beute im Sprint, muss dann aber eine Pause einlegen, während der Löwe sich durch Teamarbeit und Ausdauer auszeichnet. Wenn Sie ein Gepardentyp sind, gehören Regenerationspausen unbedingt zu Ihrem Leistungssystem. Sind Sie ein Löwentyp, erreichen Sie die gewünschte Leistung am besten zusammen mit den passenden Teamkollegen.

**Digitales Extra: Leistungstypen**
Leistungstypen berücksichtigen, um dauerhaft leistungsfähig zu bleiben
https://www.galileo-institut.de/buch-downloads

# 24 Wie Sie den richtigen Sparringspartner finden

Von Zeit zu Zeit ist es sinnvoll, wie es ein Klient einmal formulierte, »aus dem Aquarium auszusteigen und das Treiben von außen zu beobachten.« Das hilft, den Überblick zu bewahren. Vor allem aber bietet es die Möglichkeit, das Geschehen auch einmal aus der Distanz zu betrachten, sich emotional davon zu trennen und zu einer objektiveren Beurteilung der Lage zu gelangen. Bei diesem Vorhaben kann ein neutraler Sparringspartner eine wertvolle Unterstützung sein. Er kann zum Beispiel dabei helfen, eine Situation bewusst und zielgerichtet zu beleuchten, Stimmungen zu analysieren, Entscheidungen zu hinterfragen, Strategien zu entwickeln oder die Zukunft zu gestalten.

Je höher in der Hierarchie, desto häufiger wird ein Sparringspartner oder Coach genutzt, um auch ohne konkreten Anlass aus dem Aquarium auszusteigen. »Sobald ich anfange, mir über ein Problem den Kopf zu zerbrechen, notiere ich es auf meiner Coachingliste«, verrät ein Vorstandsmitglied. »Dann ist es erst einmal aus dem Kopf.« Seit er ein festes »Coachingzeitfenster« eingerichtet habe, könne er sich gelassener und konzentrierter auf das Jetzt konzentrieren. »Ich weiß ja, dass die Punkte auf der Coachingliste dann zu gegebener Zeit professionell angegangen und gelöst werden.«

Wenn Sie in die oberen Führungsetagen gelangen, wird es einsamer um Sie. Offenes Feedback findet immer seltener statt. Die eigenen Mitarbeiter, selbst wenn sie Ihnen nahe stehen, sind stets auch Unterstellte, die um die disziplinarische Macht des Vorgesetzten wissen und sich oft mit Kritik zurückhalten. Aber auch Freunde, Bekannte, Lebenspartner, Kollegen, Vorgesetzte oder Konkurrenten sind keine neutralen Ratgeber. Was deshalb fehlt, ist ein Spiegel auf gleicher Augenhöhe, der es ermöglicht, auch schwierige Situationen zu reflektieren – um dadurch schneller und zuverlässiger Lösungen zu finden, Entscheidungen zu treffen und die gewünschten Ziele zu erreichen.

Um es mit einem Bild aus der Biologie auszudrücken: Ein Sparringspartner oder Coach hat die Funktion eines Katalysators, der einen Prozess beschleunigt, ohne in dessen Substanz einzugreifen. Der Beratene erreicht *seine* Ziele auf *seine* Weise und mit *seinen* Potenzialen – nur eben schneller und zuverlässiger. Der Coach verändert den Klienten nicht, sondern setzt vorhandene Potenziale und Ressourcen frei, um Prozesse zu beschleunigen.

**Abb. 24:** Katalysator (Bildnachweis: francescoch / istockphoto.com)

Doch wie finden Sie einen solchen Partner?

## 24.1 Was den guten Coach ausmacht

Vor allem zwei Anforderungen sollte der Coach erfüllen:
- Er muss im weitesten Sinne zu Ihnen passen, sprich: Die Chemie muss stimmen. Nur wenn Sie den Eindruck haben, mit ihm offen und vertrauensvoll über Ihre Themen sprechen zu können, kann er der richtige Coach sein.
- Er braucht Erfahrung – und zwar nicht nur generell als Coach, sondern speziell in dem Bereich, für den Sie ihn suchen. Ein Karrierecoach für Nachwuchskräfte kann zu Führungsthemen im Topmanagement nur wenig beitragen.

Wenn Sie einen Spezialisten für den schnellen 100-Meter-Lauf suchen, wen würden Sie engagieren: den 100-Meter-Sprinter-Coach oder den Coach für Zehnkämpfer? Achten Sie also darauf, einen Coach zu suchen, der sich auf Ihre Fragestellungen konzentriert.

Die Erfahrung eines Coaches sollte sich dabei nicht nur in Berufsjahren, sondern auch in der Zahl der Klienten bemessen. Wenn ein Anbieter zehn Jahre Coaching macht, aber nur zwei Klienten im Jahr hat, ist das kein Erfahrungsnachweis. Viele Coachs betreiben Coaching eher nebenbei, weil sie hauptsächlich zum Beispiel als Unternehmensberater tätig sind. Ein wirklicher Profi sollte, um eine Richtgröße zu nennen, mindestens sieben Jahre im Coaching dabei sein und im Jahr mit 20 oder mehr Kunden Coachingsitzungen abhalten.

## 24.2 Wie Sie den richtigen Coach auswählen

Zunächst benötigen Sie einige Adressen von Coachs, die infrage kommen. Wenn Sie selbst nach einem Coach suchen, finden Sie auf den gängigen Wegen relativ schnell eine Auswahl – durch Umhören, Empfehlungen, im Internet zum Beispiel bei den Coach-Datenbanken von Christopher Rauen (www.coach-datenbank.de) oder beim Deutsche Bundesverband Coaching (DBVC). Sollte Ihr Unternehmen Ihnen ein Coachingangebot machen, erhalten Sie oft auch schon zwei oder drei Vorschläge über Ihren Vorgesetzten oder die Personalabteilung.

Wenn das Unternehmen die Kosten übernimmt, sollten sie folgende Vorgehensweisen in Betracht ziehen:
- Möglichkeit 1: Erkundigen Sie sich in der Personalabteilung, ob ein Coach-Pool existiert. In größeren Unternehmen sammelt das Personalmanagement häufig die Namen von Coachs nach Kriterien, die für das Unternehmen relevant sind. Meistens erhalten Sie dann zwei bis drei Vorschläge. Lassen Sie sich jedoch auf keinen Fall zu einem bestimmten Coach drängen. Es ist ein ungeschriebenes Gesetz, dass Klient und Coach stets selbst zueinanderfinden, niemals jedoch der Coach vom Vorgesetzten oder Personalchef ausgesucht werden sollte.
- Möglichkeit 2: Sie suchen selbst einen Coach und binden anschließend die Personalabteilung ein. Das könnte konkret so ablaufen: Sie haben einen Coach gefunden, mit dem Sie arbeiten wollen. Nun wenden Sie sich an die Personalabteilung mit der Bitte, diesen Coach zu prüfen. Wichtig: Formulieren Sie Ihren Wunsch als *Vorschlag*, denn häufig genug reagieren die Personalleute sehr empfindlich, wenn man ihnen kein Mitspracherecht gewährt.

Auch wenn die Personalabteilung nicht in der Lage ist, Vorschläge zu nennen und Sie deshalb selbst auf die Suche nach einem Coach gehen, sollten Sie das Unternehmen einbinden. Geben Sie dem Personalchef die Gelegenheit, Ihre Wahl kennenzulernen. Das hat auch den Vorteil, dass es später kaum mehr Probleme mit der Bezahlung geben dürfte.

Haben Sie nun drei oder vier Adressen, nehmen Sie Kontakt auf. Führen Sie jeweils ein ausführliches Gespräch per Telefon oder online z. B. per Zoom oder Skype. Sie dürfen den Coach alles fragen, es gibt kein Tabu – schließlich geht es darum, Vertrauen und Sicherheit zu einem möglichen Kandidaten zu gewinnen. Versuchen Sie Antworten auf folgende Fragen zu bekommen: Haben Sie den Eindruck, dass Sie mit ihm über Ihre Themen sprechen können? Vertrauen Sie ihm? Wirkt er glaubwürdig? Fühlen Sie sich gleichwertig? Vieles davon lässt sich bereits im Gespräch erkennen. Unterm Strich ist dann, wie schon gesagt, die Chemie entscheidend.

In der Regel beginnt das Coaching bereits mit dem ersten Termin. Das hat den Vorteil, dass Sie sogleich die Arbeitsweise Ihres künftigen Sparringspartners kennenlernen. Achten Sie nun auch auf Ihr Gefühl: Passt der Coach wirklich? Stört Sie etwas an ihm? Haben Sie zum Beispiel den Eindruck, einen bloßen Ratgeber vor sich sitzen zu haben, der Ihnen Anweisungen gibt, bei dem Sie sich aber eher klein, minderwertig, gegängelt oder abhängig fühlen? Wenn ja, sprechen Sie das Thema an und warten Sie ab, wie er reagiert. Fühlen Sie sich auch nach dem zweiten Termin noch unwohl, sollten Sie aussteigen. Machen Sie es wie bei einem Zahnarzt, der Ihnen nicht behagt: Gehen Sie zu einem anderen.

## 24.3 Zusammenfassung

Ein guter Sparringspartner erfüllt vor allem zwei Anforderungen: Die Chemie stimmt, und er hat einschlägige Erfahrung. Die Frage nach der Chemie klären Sie im Vorgespräch, spätestens jedoch bei den ersten Coachingsitzungen. Das Thema Erfahrung sollten Sie im Vorfeld gründlich prüfen:

- Hat der Kandidat eine Coachingausbildung?
- Hat er Erfahrung in dem Bereich, in dem Sie Unterstützung suchen?
- Seit wie viel Jahren ist er in diesem Bereich als Coach tätig? Es sollten mindestens sieben Jahre sein.
- Wie viele Kunden coacht er derzeit im Laufe eines Jahres? Es sollten 20 oder mehr sein.
- Hat er Erfahrung mit einer vergleichbaren Unternehmenskultur? Wer vorwiegend Erfahrung in Non-Profit-Organisationen gesammelt hat, passt möglicherweise weniger als Sparringspartner für Führungskräfte in der freien Wirtschaft. Wer nur kleine Mittelständler coacht, wird sich nur schwer in die Strukturen eines Großkonzerns einfinden.

Ein Coach sollte ein Gesprächspartner auf Augenhöhe sein, der es Ihnen ermöglicht, auch schwierige Situationen zu reflektieren. Dabei kommt ihm die Funktion eines Katalysators zu: Er trägt dazu bei, dass Sie Ihre Ziele schneller und zuverlässiger erreichen, ohne dabei jedoch Ihren eigenen Weg zu verlassen.

Im Sport hat jeder Spitzensportler seinen individuellen Coach. Er weiß, dass er die notwendigen Leistungen niemals durch ein normales Training erreichen kann. Immer mehr Spitzenmanager sehen das genauso.

**Digitales Extra: SparringsPartner/Executive Coach**
So finden Sie Ihren SparringsPartner/Coach
https://www.galileo-institut.de/buch-downloads

Gerne können Sie dieses Buch bei Amazon bewerben – und/oder mir persönlich unter g.happich@galileo-institut.de schreiben. Damit ich meine Arbeit noch nützlicher für Sie gestalten kann, bin ich sehr an Ihrer Rückmeldung interessiert. Ich freue mich auf den Austausch mit Ihnen!

**Profitieren Sie jetzt von dem kostenlosen Strategie-Gespräch**
Wenn Sie wissen wollen, wie ich Ihnen in Ihrem konkreten Führungsalltag helfen kann, weiterzukommen, zu gestalten, zu bewegen, erfolgreich Karriere zu machen ... Kurz: Wie SIE Ihre Ziele leichter, einfacher und schneller erreichen – und das alles, ohne sich zu verbiegen, lade ich Sie zu einem kostenlosen Strategie-Gespräch ein.

In diesem Gespräch:
- erarbeiten wir Ihre kristallklare Vision für Ihren einzigartigen Führungserfolg, Ihre ideale Lebensvision und legen Ihre Ziele fest.
- decken wir Ihre versteckten Herausforderungen auf, die Sie davon abhalten, Ihren Führungserfolg wachsen zu lassen. Wo hängen Sie fest? Wie kommen Sie wieder vorwärts?
- geben wir Ihrer Motivation einen gehörigen Schub, um Ihnen in Ihrer Führungsarbeit leichter, einfacher und produktiver zum Erfolg zu verhelfen, kontinuierlich und mit weniger Zeit bessere Ergebnisse zu erzielen und deutlich mehr Leichtigkeit zu gewinnen, damit Ihre Visionen Wirklichkeit werden.
- klären wir, ob und wie ich Ihnen dabei helfen kann.

Melden Sie sich am Besten gleich zu diesem kostenlosen Strategie-Gespräch, bevor es in der Hektik des Alltags untergeht. info@galileo-institut.de

# Über die Autorin

Vielleicht fragen Sie sich: Was berechtigt die »Happich« eigentlich so einen Führungs-Praxisratgeber zu schreiben? Hat die's drauf? Oder schreibt die nur von den anderen ab und verkauft es als eigenes Wissen? Aus meiner Sicht sind dies absolut berechtigte Fragen, auf die ich Ihnen gerne ein paar Antworten geben möchte:

Kurzfassung:

Gudrun Happich, Diplom-Biologin, Unternehmerin, Buchautorin, Bloggerin, Podcasterin. Master Certified Coach (ICF), Senior Coach (DBVC) und noch manches mehr.

Ein wenig mehr:

Als Executive Business Coach, Mentorin und Sparringspartnerin unterstütze ich seit 1998 »Leistungsträger« in Wirtschaftsunternehmen. Die Positionen reichen vom Geschäftsführer, C-Level, Vorstand bis zur Führungskraft. Was alle eint, ist ein ähnliches Ziel: Sie wollen etwas bewegen und – gemeinsam mit Ihren Mitarbeitern – das Unternehmen zukunftsorientiert führen – und dabei sich selbst treu bleiben.

Mittlerweile durfte ich in der individuellen 1:1-Begleitung mehr als 1.000 »Gute« aus allen Branchen und Unternehmensgrößen online und offline auf ihrem Weg unterstützen. In Online- und Offline-Gruppenprogrammen durfte ich mehrere Hundert Gleichgesinnte begrüßen. Dabei ist jede Lösung und jeder Weg so einzigartig wie die Führungspersönlichkeit, die vor mit steht. Entscheidend ist das Ergebnis: Ziele besser erreichen, mit deutlich mehr Leichtigkeit und Zeitgewinn – ohne sich zu verbiegen.

Mein Grundsatz: Ich vermittle nichts, was ich nicht selbst erlebt habe!

Mein Leben war schon früh vom Leistungsprinzip geprägt: Ich stamme aus einem Familienunternehmen der x-ten Generation, zählte als Jugendliche zu den schnellsten Sprinterinnen Deutschlands. Nach Abschluss meines naturwissenschaftlichen Studiums wurde mir gleich eine Führungsposition angetragen. Mit knapp 30 war ich als Mitglied der Geschäftsleitung für ca. 1.000 Mitarbeiter im Raum DACH verantwortlich.

Das sieht nach einer Bilderbuchkarriere aus, nicht wahr? Aber so manches Mal habe ich Blut und Wasser geschwitzt. Ich habe unendlich viele Seminare besucht, Bücher gelesen, doch bei der einen oder anderen Situation half mir das alles nicht weiter.

## Über die Autorin

Ich wollte »mehr«, als die klassische Managementlehre zu bieten hatte. Als Diplom-Biologin und Führungskraft suchte ich für all die kniffligen Führungsherausforderungen ein glaubwürdiges Vorbild wurde beim erfolgreichsten Unternehmen der Welt fündig: Der Natur!

Die Natur existiert seit Millionen von Jahren und entwickelt sich permanent weiter. Sie hat schwere Krisen überstanden, ohne je ein Buch über Krisenmanagement gelesen zu haben. Sie verfolgt immer ihr Ziel, das »Überleben – Überleben absichern«, danach folgen Wachstum und Vermehrung. Für mich das ideale glaubwürdige Vorbild für pragmatische und intuitive Führung.

Als Führungskraft und Mitglied der Geschäftsleitung entwickelte ich einen eigenen sehr erfolgreichen Führungsstil, indem ich natürliche Organisationen als Vorbild wählte. Eine Führungskultur, die auf Selbstorganisation, Vernetzung, Transparenz und Eigenverantwortung basiert, hat den großen Vorteil, dass sie flexibel ist und Unsicherheit aushalten kann. Eine Dimension, die Führung heute unbedingt erfüllen sollte. So entwickelte ich das »bioSystemik®«-Managementkonzept. Darin verbinde ich mein systemisches Wissen, meine naturwissenschaftlichen Kenntnisse und mein Führungs-Know-how. Dieses Konzept stand mir bei den Herausforderungen im Führungsalltag mehr als einmal Pate und ist sicherlich die Basis für meinen Erfolg. Hätte ich damals so einen Führungsratgeber gehabt, wie den, den Sie jetzt lesen … Wahrscheinlich hätte ich den ein oder anderen Misserfolg vermieden. Auf der anderen Seite, hätte ich nicht so ziemlich alle Führungsherausforderungen, die Sie hier lesen, selbst erlebt und eine passende Lösung dafür gefunden – wäre es dann genau dieses Buch geworden? Ich glaube, nein. Wie Sie sehen, hat das Leben immer mindestens zwei Seiten.

Vor diesem Führungshintergrund gründetet ich 1998 Galileo. Institut für Human Excellence in Berlin, 2008 zogen »wir« nach Köln. Das »bioSystemik®«-Managementkonzept entwickelte ich immer weiter. Für meine Arbeit und Konzepte wurde ich mehrfach ausgezeichnet, u. a. mit dem Coaching Award für das beste Coachingkonzept, als **Top Business-Coach mit der besten Prozessbewertung, als Top-Consultant und Top-Coach für den Mittelstand.** In meinem Leistungstraeger-Blog erhalten Sie wöchentlich Führungsimpulse, in meinem Podcast »Leben an der Spitze« – der C-Level Podcast – hören Sie hautnah Praxisbeispiele meiner Klienten und deren Herausforderungen an der Führungsspitze und erhalten Lösungen, die ganz allein für sie gemacht sind und wirken. Über 200 Publikationen in renommierten Medien dokumentieren meine Arbeit der letzten Jahre und machen mich zu einer gefragten Expertin in den Medien. Unter anderem bin ich (Blog-)Autorin beim Harvard Business Manager und schreibe als Expertin bei CIO. Mittlerweile sind mehrere Bücher zusammengekommen: »Was wirklich zählt! Mit Überzeugung führen«, »Coaching im Mittelstand – Praxistipps und Anregungen für Coaches, Unternehmer und Führungskräfte«, »Führungsfrauen im Blick – Führung im Wandel«.

Ich richte mich an mutige und moderne Führungspersönlichkeiten.

Mehr Infos finden Sie unter:

www.galileo-institut.de und www.leistungstraeger-blog.de und www.leistungstraeger-blog.de/podcast

Hören Sie den Podcast auch hier oder mit Ihrem bevorzugten Podcast Player:

Apple Podcasts: https://apple.co/359vUBq

Spotify: https://spoti.fi/2y5oR0t

Google Podcasts: https://bit.ly/3f3U9oY

# Literatur

Assig, Dorothea/Echter, Dorothee: Ambition: Wie große Karrieren gelingen, Campus, 2019.

Blüchel, Kurt: Krisenmanagerin Natur – Was Wirtschaft und Gesellschaft vom erfolgreichsten Unternehmen aller Zeiten lernen können, DWC, 2009.

Böhning, Uwe/Fritschle, Brigitte: Coaching fürs Business, Was Coaches, Personaler und Manager über Coaching wissen müssen, 2. Auflage, managerSeminare, 2008.

Campbell, Neil A.; Reece, Jane B.: Biologie, 6. Überarbeitete Auflage, Pearson Studium, 2006.

Czihak, G./Langer, H./Ziegler, H.: Biologie – Ein Lehrbuch, 3. Auflage, Springer Verlag, 1981.

Filbert, Wolfgang/Fildhaut, Birgitta/Happich, Gudrun/Höher, Friederike/Krahé, Wolfgang/Messerschmidt, Jasmin/Reinhard, Britta/Seewald, Cornelia/Weigt, Hans-Jürgen: Coaching im Mittelstand – Praxistipps und Anregungen für Coaches, Unternehmer und Führungskräfte, Schäffer-Poeschel, 2019.

Fildhaut, Birgitta/Happich, Gudrun/Höher, Friederike/Kiggen, Katrin/Messerschmidt, Jasmin/Reinhard, Britta/Seewald, Cornelia: Führungsfrauen im Blick – Führung im Wandel, EHG-Verlag, 2020.

Fritsche, Wolfgang: Umweltmikrobiologie – Grundlagen und Anwendungen, Gustav Fischer, 1998.

Gandolfi, Alberto: Von Menschen und Ameisen, Denken in komplexen Zusammenhängen, Orell Füssli, 2001.

Happich, Gudrun: Mikrobiologische Untersuchen des Wurzelraumes einer Pflanzenkläranlage hinsichtlich der Reinigung PAK-haltigen Abwassers, Diplomarbeit, Universität Bielefeld, 1991.

Happich, Gudrun: Was wirklich zählt! Mit Überzeugung führen, 1. Auflage, Springer, 2018.

Kaluza, Gert: Gelassen und sicher im Stress, 3. Auflage, Springer, 2007.

Kaluza, Gert: Stressbewältigung, Trainingsmanual zur psychologischen Gesundheitsförderung, Springer, 2009.

Larcher, Walter: Ökologie der Pflanzen, 4. Auflage, UTB Ulmer, 1984.

Lippmann, Eric D.: Coaching – Angewandte Psychologie für die Beratungspraxis, 2. Auflage, Springer, 2009.

MZG St. Gallen/Managementzentrum St. Gallen, 1.–3. Internationaler Bionik-Kongress für das TopManagement, DVD, 2006, 2007, 2008.

Nachtigall, Werner: Bionik – Grundlagen und Beispiele für Ingenieure und Naturwissenschaftler, Springer, 1998.

Nebel, Jürgen und Nane: Die CEO-Bewerbung: Karrierebeschleunigung ohne Netzwerk und Headhunter, Campus 2017.

Nebel, Jürgen/Nebel, Nane: Die CEO-Auswahl: Die drei Hürden zur neuen Verantwortung und wie Sie diese meistern, Campus, 2020.

Nolte, Barbara/Heidtmann, Jan: Die da oben, Innenansichten aus deutschen Chefetagen, edition suhrkamp SV, 2009.

Reinauer, Philipp: bionicprocess – Bionik als Vorbild für die Gestaltung von Organisationsprozessen, VDM-Verlag, 2008.

Wissing, Friedrich: Wasserreinigung mit Pflanzen, Ulmer, 1995.

Untersuchung der Unternehmensberatung Compensation Partner in Kooperation mit dem Gehaltsportal gehalt.de (https://www.compensation-partner.de/de/news-und-presse/umfrage-deswegen-kundigen-beschaftigte-ihren-job, 2.4.2019).